触摸有温度的语文

汤会娥◎著

西北农林科技大学出版社

图书在版编目（CIP）数据

触摸有温度的语文 / 汤会娥著. -- 杨凌 : 西北农林科技大学出版社, 2021.4

ISBN 978-7-5683-0944-8

Ⅰ. ①触… Ⅱ. ①汤… Ⅲ. ①中学语文课—教学研究—初中 Ⅳ. ①G633.302

中国版本图书馆CIP数据核字(2021)第060231号

触摸有温度的语文

汤会娥　著

出版发行	西北农林科技大学出版社
地　　址	陕西杨凌杨武路3号　　邮　编：712100
电　　话	总编室：029-87093195　　发行部：029-87093302
电子邮箱	press0809@163.com
印　　刷	陕西天地印刷有限公司
版　　次	2021年4月第1版
印　　次	2021年4月第1次
开　　本	787 mm × 1092 mm　1/16
印　　张	17.5
字　　数	277千字

ISBN 978-7-5683-0944-8

定价：58.00元

蓄积与勃发

高凤香

攒足力量与热情，只待春天的某一个时辰，你恰好路过，她恰好盛开。仿佛前世的约定，从未谋面，从未擦肩，却结下三生尘缘，一世相伴。

与会娥相遇，恰是在她文字盛开的春天。彼时，我刚接手示范区作协的文学杂志《杨凌文苑》，我入道浅，文学圈认识的作家寥寥无几，即便是在杨凌作协，接触的会员也不太多。杂志新设的邮箱，投来的稿件屈指可数，能读进心里去的更是凤毛麟角。2011年年底的一天，忙完工作，打开邮箱，突然跳出一行字“滚滚红尘，你比烟花还寂寞”，我的心瞬间被击中，仿佛平静的水面被谁深深划了一桨，拉起一层激荡不已的涟漪。标题的前四个字，有空间的开阔感，有时间的纵深感，有情事的变迁感，有难以掌控的无奈感；后七个字，人物出场，渺小如烟花，轻飘如烟花，绚烂如烟花，寂寞升空如烟花；中间一个逗号隔开，短暂停歇，人物的命运起伏，情感的悲剧色彩，迤逦而出。而第二人称“你”的呈现，让我觉着，她好像是隔着屏幕，坐在我的对面，专给我说的，要我好好听着。

我坐在灯下，细细阅读。她写的是三毛。三毛的爱与恨，三毛的情与愁，三毛的痴与迷，三毛的轻与重，三毛的欢喜与悲忧，三毛割断的红尘与生前难捱的寂寞，逼真地跳跃在密密麻麻的字里行间。她没有见过三毛，更谈不上是朋友。而我读她的文字，却总觉着她是在写一个故人，并熟悉其前世今生。岂止是熟悉，简直就是莫逆之交！她的文字顺畅、贯通，须得一口气读完；她的语言干净，挤不出多余的一点水分；她的词句清丽，诗文化用极妙，诗意葳蕤；她的标点独特，在不该断句处，标出一个点号，境界全出；她的情感汩汩滔滔，沿着文字的河，一泻千里……

这是真诚的文字，也是成熟的文字，更是让人读过难以忘掉的文字。一眼，我记住了会娥，记住了她文字与众不同的味儿，记住了她的善良与寂寞。我约她写稿，约她见面，约她游山玩水。更欣慰的是，她也是一名语文教师，在距离我只有十分钟行程的另一所初中任教。我们在一起，聊文学，聊语文，聊课堂，聊调皮可爱的学生，聊他们精彩的发言，聊自己出彩的课堂设计。她的教学效果显著，教学成绩突出。我常去她的课堂。听她讲老王的故事，看她跟学生一起洞察人性的良善与命运的坎坷；看她在昆明的雨季里，一字一句，揣摩汪曾祺语言的神韵；跟她走进《诗经》的长河，站在蒹葭苍苍的水边，寻觅伊人的身影；同她一起注视悬在峭壁上的男孩，走一步，再走一步……

教学是一门缺憾的艺术。正因为如此，于漪才会穷其一生不敢懈怠；正因为如此，程红兵才会办起一方学校，不断历练年轻人；也正因为如此，陕西省才会启动三级三类骨干培养体系，打造名师。会娥深谙此理，所以，她虚心求教，精钻细研，从未停下前行的脚步，从未中断深入的思考。每次上公开课，她都要一遍遍设计，一遍遍征求我的意见。我打破，她重建；我再打破，她再重建。直到走进课堂前的一分钟，她还在不断思考，反复调整。课堂上，她也能相机而动，临时调整她的既定思路，以期抵达更好的课堂境界。课上完了，她会跟着我，让我给她讲还有哪些地方需要改进。回家后，立即写反思。她出手很快，三五千字的文章，往往一气呵成。第二天早上，公众号就编发出来。我说过，她写文章的时间比较长，语言功底也很扎实。她写出来的文章，即便修改，也很难找出明显的错误。

认识十年，会娥在不断成长。我和她一起磨课，一起搞课题研究，一起参加全国各种各样的报告会，听各种层次的公开课。她会坐在我旁边，让我把听过的课一节一节分析给她听，有些与她相投，有些与她相悖。相悖的地方她会记下来，慢慢琢磨。我们住在酒店里，聊课聊到凌晨两点，她还兴奋异常。她要参加省级赛教，找来二十篇文章，一篇一篇设计，再找到我，把我拉到西北农林科技大学幽静的苦楝广场，坐在石凳上，一篇一篇讨论。斑驳的阳光落在她忽而紧皱、忽而舒展的眉头里，照亮了她心底一股子不服输的倔犟。生完二胎，她抱着还未断奶的孩子去临汾开课题会；把一篇《昆明的雨》讲过三遍，同行十分认可，她自己还在找问题；买来一大摞语文名家的课堂实录、教学论文集，带着名师工作室的年轻教师一起阅读，一起尝试，一起往前冲。她的体内，蓄着一股看不见的力量，鼓荡着她，走一步，再走一步。这样坚持下去，若干年后，她该在语文教育的大潮里，激荡起诗意的浪花；她该在语文教学的天地里，开辟出五彩的花圃。

会娥的第一部教育文集二十余万字，终于结集出版。这个春天，你恰好路过，她恰好盛开。她思考，她记录，她践行，她引领，她把语文世界的一切行诸文字，她把有限的生命融入无限的教育生涯。她用文字丈量脚印的深浅，她用思想衡量行进的缓急。她在广阔的田野里呼吸南来北往的芬芳，她在时间的长河中汲取西来东去的养分。

会娥的第一部教育文集，沉淀着她二十年的从教历史，凝聚着她对语文清澈的爱与不懈追求。捧起这本沉甸甸的书，你能闻到那幽深的纸墨香，也能听到文字里麦子拔节般生长的渴望。她的人生，与语文结缘，与学生相约，与同道切磋，秉持赤诚的教育情怀，做有温度的语文事业。这是一个人的大爱！是一个生命存在的价值！

2021 年 3 月 14 日

目录
CONTENTS

第一辑

漫溯语文梦

有些路，需要慢慢地走。在浅吟低唱中，在驻足凝望时，那一道清澈的光，穿透文字的千山万壑，逶迤而来，折射出理性的色彩！

紧扣教材挖掘传统经典，立足课堂弘扬优秀文化

——刍议利用“教学五法”弘扬传统文化策略

中华民族有着五千年的悠久历史，无论是秦汉雄风还是唐宋诗韵，无论是屈原陶渊明还是李白杜甫，这些都如同一颗颗璀璨的明珠，在华夏民族生生不息的历史长河中，万年不没，熠熠生辉。习近平总书记《在文艺工作座谈会上的讲话》中提出，要“传承和弘扬中华美学精神”，“要坚守中华文化立场、传承中华文化基因，展现中华审美风范”。总书记的讲话，着重阐明了传承中华优秀文化的精神内涵和战略价值，是指导社会主义文化建设，特别是青少年教育的重要思想和工作指针，为学校教育、为语文课堂的改革发展指明了方向。

语文教学，无疑是传播历史文明、弘扬传统文化最有效的途径。作为一名语文教师，如何在自己的日常教学中，有效地渗透中华优秀传统文化，这是应该深思的问题。在开展省规划课题“语文教学中渗透中华优秀传统文化的策略研究”的研究工作中，我们课题组的老师倾注了大量的心血，查阅资料，研读名师课例，向有经验的老师请教，并结合自己的实际教学，初步探索出利用教材进行传统文化渗透的教学思路，我们称之为“教学五法”。下面，就此做一下具体阐述。

第一种方法：从课文预习资料、阅读提示入手，挖掘有关文化常识

现在使用的统编版教材在之前旧教材的基础上做了很大的改动，不仅仅是加进去了大量更能代表时代元素的美文，也更注重对传统文化的渗透。此

外，这部教材最大的亮点便是每篇教读课文前面都有预习资料，自读课文后面会有阅读提示及旁批，还有文本底下大量的注释，等等，这些都为学生阅读理解文章和老师引导学生学习提供了很大的便利。这些资料的补充，在很大程度上把该篇文章的写作背景、作者简介和文章的内涵呈现了出来，对学生是一个引领，引着他们去解读文本。例如《说和做——记闻一多先生言行片段》一文的预习资料，便简洁精准地介绍了闻一多先生的基本情况以及盛赞他的爱国精神，并用毛泽东同志的评价来凸显闻一多刚正不屈的民族气节。学生读了这个预习资料，首先就对闻一多先生有了一个大体的了解，那么下来再读文章，就不难理解他为民族解放而付出的艰辛和努力了。例如史铁生的《秋天的怀念》一文，预习资料便提供了史铁生一生与病魔抗争这个背景，并提出一个反思问题：沐浴在亲情中，我们是否只知接受，不会感动，也不懂回报呢？这其实是在向学生揭示这篇文章所蕴含的“学会感恩，懂得回报父母”这个思想主题。学生初读，便有了这样一个明晰的方向，在学习文章过程中，自然而然就会懂得母子之间的感人情怀。

课后提供的阅读提示，其实是对文章内容的一个补充，目的或者是为了升华主题，或者是揭示文章的写法，等等。例如《女娲造人》这篇自读文章，课后阅读提示主要涉及的是对先民们如何运用夸张和想象的手法，去试图解答自然界中他们无法理解的现象和事情，让学生体会到了古人对自然的探索精神和他们无穷的智慧；冰心的《荷叶母亲》这首散文诗，课后的阅读提示直截了当地向学生阐明了文章是写实与联想的结合，以荷叶喻母亲，赞颂伟大的母爱，并指出了冰心作品的特点：文风简洁、清晰、细腻，善于从日常生活中撷取细小的物象，捕捉刹那间的灵感，抒发内心丰富的情感，蕴含着深深的哲思。这些无疑对学生深入理解冰心的散文诗、理解这篇文章具有很好的指导意义，也能从中更好地体会到文章中所传承的对母爱的依恋和呵护，而这些，也正是传统文化里的精华部分。

第二种方法：从故事情节入手，挖掘整篇著作的文化内涵

探究故事情节，挖掘文章的文化内涵，这也是我们有效地在语文教学中渗透传统文化教育的一个重要策略。任何一篇文章，它的故事情节都是为主题思想服务的，反过来说，文章的中心思想，自然是要通过故事情节来呈现。读者只有读懂了故事的内容，自然也就明白了它想要表达的主题。这方面的典范首推杨绛先生的《老王》一文。这篇文章主要叙述了“我们一家”和老王之间交往的几件事情，看起来都是邻里之间互相关心互相帮助的小事，但是，如果你仔细解读，就会读出不一样的情怀来。在教授本课时，老师有意让学生把作者一家与老王交往的事件罗列出来，让他们细品慢嚼，思考作者写这些貌似日常的小事真的只是随手拈来？那么换成其他的一些家长里短的小事行不行？老师随机补充了几个例子，结果都被学生否定了。两相一对比，学生很快就把握了这些情节安排的深意：“文革”中“我们”冒着危险仍要坐老王的车——照顾老王的生意，让他有经济来源；老王送钱钟书先生去医院不收钱——突出老王知恩图报的品格；“我女儿”给他送鱼肝油——“我们一家”对他的细心关照；老王给“我们”送他舍不得吃的香油大鸡蛋——从内心深处拿“我们一家”当朋友、亲人；向别人打听老王的身后事——对老王的关心……似乎这些，就足以让学生明白这篇文章所包含的思想：关注底层劳动人民，给予他们关心和爱护。这也一直是我们民族精神里所倡导的——达则兼济天下。虽然作者一家并不是显达之人，但也愿意尽一己之力去帮助那些比自己更不幸的人。这些，通过情节就可以探究出来。王稼祥的《台阶》也是如此，父亲辛辛苦苦一辈子造台阶，造好了，父亲反倒不自在了，情节的叙述非常细腻、生动，把在中华五千年传统文化熏陶下的那种隐忍、内敛、谦卑的农民形象刻画得生动而感人。

第三种方法：从课文入手，挖掘传统美德

统编版的教材有很多文章都是弘扬传统文化的典范，例如莫怀戚的《散步》。这篇文章情节很简单，学生一读就懂。但是，能不能通过解读整篇文章，来把握文章蕴含的传统美德，这就需要老师引导学生深入解读文本。或许，大多数老师都会关注到这篇文章所涉及的“尊老爱幼”这个传统美德。可是，如果再细读一番，会发觉这篇文章蕴含更深的莫过于人到中年的责任：当他们处在上有老下有小的人生阶段时，如何更好地上抚老下育幼。作者实际上也是想通过这篇文章，让我们明白，处在时代过渡阶段的这一代人，要更好地承前启后，勇挑历史给予的重担。教学《木兰诗》，我们自然要把触角从表面上的“孝敬父母、热爱国家”的层面上再引申到淡泊名利、热爱和平这个高度。因为《木兰诗》是一首乐府民歌，这些歌曲都是当时民间老百姓口口相传的，大都是宣传民间那些奇人轶事，表达的主题多是老百姓对和平的渴望、对战争的厌恶，所以文章写战争部分只有短短的几句话，而用大量篇幅描写木兰如何为打仗做准备，如何辞官不受、回乡奉养双亲、建设美好家园等。这些，都是我们民族文化里值得好好弘扬的思想精髓。

再看《驿路梨花》。这篇文章的题目化用了南宋著名爱国诗人陆游的《闻武均州报已复西京》中的诗句，读过这首诗的人都知道，这是一首情真意切的爱国诗，因为收复失地而让作者涕泗横流。作家彭荆风选择化用里面的诗句来作为自己文章的题目，这本身就已经暗示读者，这篇文章的基调必然是与爱国爱家有关联的。学生通读文章后，自然能读出字里行间蕴含的美好情感——中华民族生生不息传承的“助人为乐精神”或者“善待他人”的品格。老师在教授这篇文章时，也是要把引导学生分析文章内容放在重要位置，文章中多次出现“梨花”这个意象的描写，当然也是要具体分析一下的。通过深入的解读，学生就会被这样一种“心中时刻为他人着想”和“把爱传递下去”的行为而感动，并从中获取有益的人生启迪。

第四种方法：从课文词句入手，挖掘相关的人物背景、文化背景、哲理内涵

文学写作中，有一个著名的“冰山理论”。好的文学作品就是这样，它们常常不会把要表达的意思或者情感一览无余地暴露出来，而是通过某些词句来传达，让文章读起来既有趣味，又引人深思。例如明朝张岱的《湖心亭看雪》，开篇“崇祯五年十二月”一句，便暗藏玄机，把作者写作时的背景和心境隐晦地传达出来。我们知道，张岱在写这篇文章时，清朝已经建国二三十年了，应该采用的是清王朝的纪年法，而张岱仍沿用自己故国的纪年法，不能不说别有深意。我们顺着这个思路去认识张岱这个人，他是明代官宦人家的子弟，少年时代过着锦衣玉食的生活，五花马千金裘，而他本人也是少年才俊，难免恃才自傲。可是世事难料，明王朝终被覆灭，张岱的生活一下子跌入了谷底，权利地位终化浮云。这一切的幻灭，让张岱始终从内心难以接受，他心心念念忘不了故国，所以在这篇文章中，他便用“崇祯五年”这几个字，来含蓄地表达他对故国的深切思念。了解了这个写作背景，学生对后面于写景中寄予的情感便能深刻地把握。唐朝诗人王湾的《次北固山下》，其中有两句千古流传的名句：“潮平两岸阔，风正一帆悬。”这里的“阔”和“正”两词，可谓神来之笔，它不仅仅写出了作者乘船顺江而行时，江面风平浪静、好风相送的惬意感，更重要的是，这两个词，其实隐含着作者身处大唐王朝盛世，自己又年轻有为，他的内心意气风发，踌躇满志，也寄予着作者对和平时代的歌颂。如此种种，如果老师不加以引导，这里面隐含的文化背景、哲理情趣，学生断然是不能晓悟的。

第五种方法：从课文插图、文后练习题入手，挖掘文化意趣

统编版教材另一个亮点便是在不少的课文中配有插图，这样，对于学生，尤其是低学段的学生感知课文内容起到了一定的帮助作用。因为，文章中所配的插图，绝对不是随随便便混搭的，一篇文章配什么图，放在什么位置，一定是经过编者深思熟虑的。我们可以看几个例子。《狼》这篇文章，课文很应景地配了一幅“人狼对峙”的插图。画面上，那个屠夫背靠柴草堆，右手举着一柄锋利的刀，左手做警戒状，他的面部表情甚是惊恐，地上是散乱一地的柴草梗。他的对面，就坐着那两只贪得无厌的狼中的一只，虽然狼是背对着的，我们看不清楚它的面部表情，但是从它悠闲放松的坐姿来看，必然是“目似瞑，意暇甚”，兜售着它麻痹敌人的险恶伎俩。这幅图可谓栩栩如生地再现了当时那紧张、恐怖的一刻，如果读文字还不能让学生感受到那种气氛，那看插图必然会对他们起到一定的震撼作用，让他们感受到屠户在危急时刻那种拼死以搏、不向恶势力低头的勇敢和果敢，坚持与敌人斗争到底，绝不轻易放弃。这不正是我们想让学生明白的一种民族精神文化吗?

再看《卖油翁》，我们在教学完了文本之后，且看一下有趣的课后题：

有人认为，从这个故事可以读出弦外之音：宋朝重文轻武的风气。但是有人可能会问：高超的箭法真的能等同于往葫芦里灌油吗？好箭法真的只是“手熟”而已吗？再读课文，谈谈你的看法。

这样的题目，是不是也很能激发你的探究兴趣呢？让学生课后去搜集相关资料，学生自然会知道，欧阳修写这篇文章其实对陈尧咨是带有一些贬义的。陈尧咨是武将，而且屡立战功，死后还被皇帝赐谥号，足见其功业之大。欧阳修却用这样一个非正史的故事来调侃康肃公，确实有点“轻武”的嫌疑；而对于射箭和灌油能不能相提并论，这就是见仁见智了，学生怎么理解都不为过。

当然，这“教学五法”只是在课堂教学中，对学生进行传统文化渗透的初步探索，它并不能囊括所有的教材内容，还有很大的局限性，有待后面不断完善。

从“桑竹之属”看陶渊明的写作匠心

《桃花源记》一直是古代游记文章的典范，也是许多“身在红尘，心在云端”、渴望隐居生活的人的至爱。不仅仅是因为这篇文章里面所描绘的那一片不沾染红尘丝毫的净土，也不仅仅是因了源中人那怡然自得的快乐生活。《桃花源记》更多寄托的是人们对于一种理想境界的追求，而这种理想的境界却从来都是可望而不可即的。因此，“桃花源”经过几千年传承成为中国人内心一种“乌托邦”式的生活梦想。

在这篇文章里，陶渊明用如花妙笔为我们描绘了一个“此景只应天上有”的人间仙境。这里景美情美：沃野平畴，阡陌纵横；夕阳余晖下，鸡犬在田间村舍自由自在地游走，或啄食，或轻吠，皆是无拘无束；头发已然花白的老人，拄着拐杖，站在落日的余晖里，惬意畅聊；发丝轻垂、满身泥巴的稚子在树下你追我赶，恣肆喧闹。

这样的生活，完全是脱离了人类社会政治、法律、礼教制度的约束后，人性彻底放松的至纯境界的体现，虽有其弊端的存在，但不可否认人们的确很渴羡这种安逸的生活。而在这篇文章里，描写桃花源自然景物的句子，历来也被人们称道：“土地平旷，屋舍俨然，有良田美池桑竹之属……”

“之属”在这里表示列举的省略，可以翻译为“之类”，由这个词我们尽可得知，桃花源里绿树成荫，品类繁多。除了“桑竹”之外，亦应该还有其他的树木，例如在农村随处可见的柳树、杨树、梧桐树，甚至槐花树也有可能。可是，作者为什么放着这么多树木不选，偏偏说“桑竹之属”呢？难道真的只是随手拈来两种树木？对此笔者有自己的一些思考。

先来了解一下“桑”这种植物的生物性质。

桑，即桑树。桑树属桑科桑属，为落叶乔木，高 3～10 米；它的根系发达，萌芽力强，长得快；桑叶是喂桑蚕的主要食料；桑树木材可以制家具、农具，并且可以做小建筑材料；桑皮可以造纸；桑条可以编筐；桑葚可以酿酒。

由百度里桑树的词条，我们可以知道，桑树其实是一种很普通的树木，和“名贵”这个词绝对不沾边。可是，我们也可以看出，桑树根系发达，萌芽力强，也就是说，桑树的生命力旺盛，绝对属于易种好活的一类，属于那种给点阳光就灿烂的“平民”树木。那么，这种树在偏僻落后、种植技术不发达的桃花源，就应该是非常受欢迎的一类植物了。而且，再看桑树的功用：桑叶可以喂蚕，而蚕吐丝可以织布，布匹则是人们穿衣戴帽的唯一原材料，因此在这样一个自给自足、自我封闭的“与世隔绝之境”，他们一定要大量地种植桑树养蚕，来保证布匹的来源，不然如何才能“无冻馁之患”？这也是桃花源人“不复出焉”却能衣着“悉如外人”之一证；桑树木材还可以制家具、农具，并且可以做小建筑材料，可以造纸，桑条可以编筐等，这些功用也能直接满足桃花源人日常的生产生活必需；至于酿酒，我们不妨想象一下，在温饱问题解决之后，这里的人们便开始追求有质量的生活，他们已经不满足仅仅只是活着，而在思虑该如何才能活得更好，所以他们的生活中日渐出现了娱乐，出现了享受，故采桑果以酿酒。在丰收时节的夜晚，燃一堆篝火，吃着自己种植的瓜果蔬菜，喝着亲手酿的桑葚酒，唱着乡音浓郁的歌曲，偶尔怀念一下曾经的故乡，并沉浸在现世的安逸中，岂不也是人生之美事？

再来看“桑树”在中华传统文化里代表的意义。

在中国古代“桑”与人们的生活息息相关，因而在文学作品中桑意象频频出现。在这些作品中桑不再是自然意义上的桑，而被赋予了更多的社会文化内容：桑既象征古代先民原始的生命与生殖力，也象征着男女之间甜涩忧伤的爱情；既是吉祥的化身，同时也象征死亡与悲伤，既流露出古人浓重的家园意识，同时也象征着岁月的永恒。仔细打量中国古代文学艺术中“桑”所呈现的丰富意蕴，便可窥见中国古代先民富有神话而诗意的栖居。

翻开《诗经》和唐诗，我们便不难发现，里面多有写到桑树。例如《魏风·十亩之间》："十亩之间兮，桑者闲闲兮，行与子还兮！十亩之外兮，桑者泄泄兮，行与子逝兮！"这首诗描写了一群采桑女在大片桑林中穿梭，在劳动行将结束时，相互招呼，结伴同归的情景，洋溢着愉快而轻松的氛围。在《诗·小雅·小弁》中写道："惟桑与梓，必恭敬止。靡瞻匪父，靡依匪母。"从这首诗里，我们可以看到，古人这样认为：桑树为父母亲手所栽，所以应该像敬奉祖先一样对待它。在这里，桑树业已成为代表家园的最重要的符号。所以，今天我们用"桑梓"来形容故土、形容自己的根脉便是这个道理了。

桑树在古人笔下，也有着不同寻常的韵味。

陶渊明自己也在《归园田居》里写道："暧暧远人村，依依墟里烟。狗吠深巷中，鸡鸣桑树颠。"简单几组意象，却把园田里那种宁静淡泊、祥和安宁的生活描述得让人神往。

唐宋时期，以桑树为题材的田园诗词最盛。孟浩然《过故人庄》："开轩面场圃，把酒话桑麻。待到重阳日，还来就菊花。"其中，桑麻便是农家最有代表性的植物。采桑喂蚕，养蚕收丝，一家老小的衣裳便有了着落。简简单单的几句诗，便让农家生活的恬静、安逸和主人的热情好客、淳朴厚道跃然纸上，令人神往。

宋范成大的《春日田园杂兴》中"柳花深巷午鸡声，桑叶尖新绿未成。坐睡觉来无一事，满窗晴日看蚕生"这几句，生动地刻画了诗人在春意融融的日子小憩，被鸡鸣吵醒后意兴阑珊，闲来无事透过窗户看外面的景致，看到桑树枝头新抽出的嫩芽，淡淡的黄，淡淡的绿，充满了盎然的生机。作者一眼瞥见放在窗户外的蚕，想着它们在这美好的春光里，被这新生的桑叶滋润着，一定会快快长大、吐丝，为勤劳的农家人做点贡献。字里行间透露出农村生活的那种悠然自得和随心所欲，完全脱离了世俗的藩篱，活出了真性情的自我。

由此，我们便可以得知，桑树在中国古代具有多重意义：其一，是家园的符号，比如"桑梓"一词。这种树木它所承载的是世人对家乡故园的浓浓情思，是一种根深蒂固的“家”的观念的外显。所以，我们可以大胆猜测陶渊明故意写“桑竹”的目的，就是用“桑树”这个意象暗含桃花源人对这片净土的赤诚热爱，他们宁愿老死、困死于其中，也不愿意离开自己的乐土——自己身体和灵魂的宿地。这是“家”的观念在他们内心深处厚植的具体表现。其二，桑树也是“生命力、繁殖能力旺盛”的表现。桃花源的人历经百代却依然鲜活而旺盛地栖居在这片“诗意”的土地上，这恰恰是他们生命力顽强的体现，也是他们生殖能力旺盛的体现。作者隐晦地用“桑树”来给予读者暗示，所以我们就不难理解这里的人虽然困于一隅却能生生不息的原因了。其三，“桑”也代表着岁月永恒，代表着美好事物的与世长存。这恐怕就是陶公一种美好的心灵祈愿了，他希望这样一片远离了人类烟火的“净土”，能永远存在于世，给所有向往美好的人们一点心灵上的慰藉。尤其是像自己一样，有着高尚的节操，却在现实生活中无法安身立命的人，让他们找到灵魂的家园。其四，“桑”也暗示着世事的变化，例如“沧海桑田”，这难道不是在暗指“桃花源”与外面世界的天壤之别吗？

再说竹。竹子的生物性质和桑树一样，非常有价值，除了可以食用（竹笋）之外，更多是可以拿来做房屋、器皿、农具、防身武器，等等。基于此，在桃花源这样“独立的社会”，生产生活所必需的一切皆是由人们就地取材而制作的，所以竹子这种性价比比较高的植物当然就是首选了。

而竹子所代表的文化意义就更不用说了，古人有“宁可食无肉，不可居无竹”之说。竹子以其顽强的韧性和不易被摧折的特性而被文人墨客吟咏；还有竹子的中空外直，常常被誉为“君子”之节——谦虚其心，端正其形，因此，它和梅兰菊被合称为“四君子”。同时，竹子也被赋予“幸福”和“长寿”的意义，这让竹子更加受人青睐。陶公亦然，他刻意摒弃世间其他树木，偏以“竹”来描写桃花源，必然是以竹子的精神赋予这片乐土。这里的人虽然远离文明社会，生活原始而蒙昧，可是他们内心却是纯净和高洁的。他们会在自己的房前屋后栽下一丛丛的竹子，来彰显室主人的优雅和自身美好的品格，这点从文中渔人受到全村人热情的款待就可窥一二。陶渊明是想借“竹子”告诉俗世之人，这里的人民虽然远离尘世生活，但是他们的精神世界一点也不贫瘠，相反，可能比我们俗世之下更加高贵。他们渴望幸福，渴望长久，渴望就这样和自己的家人族人乡人现世安稳地过一辈子……

此外，竹子历来也是高尚的象征，例如《庄子》一文里提及鹓鶵，赞道：“非梧桐不止，非练实不食，非醴泉不饮。”可见，竹子的果实何等高贵，否则，鹓鶵这样心性桀骜的鸟儿怎么会食用？作者偏偏将这高贵的食物赋予了桃花源中人，难道不也是对这些俗世“遗民”的高度赞美吗？其实，这或许更是作者高尚精神世界的外显。

竹子还彰显了古人悠闲、恬淡的一种生活方式。王维《竹里馆》“独坐幽篁里，弹琴复长啸”是一种独处的怡然；常建《题破山寺后禅院》“曲径通幽处，禅房花木深”是一种探幽的惬意；苏轼《记承天寺夜游》“何夜无月？何处无竹柏？但少闲人如吾两人者耳”是一种月夜赏景的恬淡……这些都充分说明了在古人的思想里，竹子是与一种高尚、超脱的生活方式联系在一起的，所以陶渊明应该也是想借用竹子来显示桃花源的人远离尘世纷扰、生活安然惬意的状态，更以此来表达自己对这种生活的向往和追求之情。

由此可见，我们在解读古代的经典作品时，也要注重将书本上的知识和生活实际联系起来,深度挖掘文本中出现的事物在现实生活中有什么特殊意义，这样才能更好地理解作者如此行文的原因，也才能更好地将对学生的教育与生活有机结合起来，指导学生用生活中积淀的经验知识来打通学习。陶行知先生提出来的“生活即教育”，即是这个思想，提倡要把生活、学习和教育有机结合起来，真正做到了“知行合一”，育人的功效也才会达到最大化！

一叶落而知天下秋。陶渊明在这篇千古美文中，处处暗藏玄机，巧设曲笔，让读者沉浸在他优美的文字里，“忘路之远近”，终于走到了他心神向往的“世外桃源”，也走进了每一个渴望平静美好生活的人的心中。尤其是他把“桑竹之属”在文中不露痕迹地巧妙运用，看似随笔一写，实则却暗藏乾坤，将他内心深处的生活理想和高尚节操不露痕迹地附着其中，不能不让人佩服陶公果然乃古今天下文章第一人也！

本文发表于《语文天地》 2021.1

你有什么权力让他写“三十遍”？

——谈作业布置的有效性

你有什么权力让他写“三十遍”？

贾玲老师这犀利的问句一出口，全场听报告的老师都笑了。我也不例外。

笑过之后，却陷入了沉思：自己不也曾这般“疯狂”地布置过作业。三十遍算什么，我认识的一位英语老师，每天晚上一个单元的单词，每个一页纸，基本上一晚上一个崭新的英语作业本就告罄了，请注意，是每天晚上。

后来那个班的孩子实在不堪重负，只好把三支笔用绳子捆在一起，一次三遍；有的家长心疼孩子熬夜，干脆代笔……

想起春晚上的相声《如此家长》，辛辣地讽刺了当前教育中的沉疴：不写作业，母慈子孝；一写作业，鸡飞狗跳。无怪乎相声中的那对父子最后抱头痛哭，爸爸崩溃地说：“这都不重要了，咱父子俩能活着就好啊！”

这相声引起了很多家长的共鸣，特别是家有“熊孩子”的家长，每每为了辅导孩子作业而大动肝火，从这个相声中仿佛看到了自己的影子。

令人痛心的是，这些貌似夸张的事例，却是我们生活中真实的存在。而这一切很大一部分都源于老师布置课后作业的不合理性。

课后作业，其主要目的是督促学生对当天或之前学过的知识进行复习和巩固，以达到熟练掌握的目的。尤其是小学生，学习生涯的初级阶段，需要学习大量的拼音和生字，这些不反复写肯定不能牢记。所以，布置课后作业实属为学生着想，出发点是好的，只是，很多时候，作业的布置，不仅没起到应有的正面作用，反而严重扼杀了学生对这门学科的兴趣，甚至于学习的兴趣。这又是为何呢？结合自己多年的从教经验，笔者有以下几点粗浅的看法：

一、作业缺乏针对性，老师布置作业随意性太强

现在很多老师布置课后作业，几乎都是随心所欲，没有结合学习内容进行针对性的布置。比如说，本节课学习的只是一个小知识点，那原本就布置和这个知识点对应的几道题目予以强化训练即可。但是老师或许觉得只布置这么少的作业，不足以体现学科的重要性，于是，在原本合理作业的基础上，再无限拓展N倍于此的作业。结果是学生作业没少写，可是第二天一提问学过的知识，依旧茫然一片。这就是作业布置缺乏合理的思考和缜密的规划，导致学和练之间出现了脱节，课后作业没有很好地起到课堂的补充作用，那学生的学习效果自然可想而知了。所以，布置作业，切不可由着性子来，一定要针对学过的内容，合理、科学地设置对应的作业，把好钢用在刀刃上，提高学生的学习效率。

二、作业缺乏科学性，老师布置作业攀比性太强

很多老师有一个认知的误区：把成绩的提升和作业量的多少直接等同，好像学生每天晚上笔耕不辍至午夜甚至凌晨，他就一定能迅速提高成绩一样，并没有仔细考虑这份作业能给予学生怎样的知识提升或者能力的拔高。说白了，就是为了布置作业而布置作业。你说，这样的作业其意义和价值在哪里？学生写起来能有兴趣吗？例如十个生字，每个写三十遍或者五十遍。很奇怪，老师们都喜欢用“遍”这个量词来布置作业，而且数词一定是“十”的整倍，老师们哪里知道，自己这么随意的一嘴，孩子们在底下点灯熬油写得手腕都快断了。很多孩子抄完生字，“手指僵硬不能动”。可是，有谁知道，可怜的孩子为了赶进度，书写龙飞凤舞一蹴而就，至于字的间架结构、笔画顺序，哪里还顾得上！都说汉字是世界上最美的文字，可是你从我们孩子的作业中还能感受到汉字的美吗？满本子的“撇胳膊搭腿”，惨不忍睹，优秀的民族文化逐渐淹没在大批量工厂流水线式的作业潮里，试问，谁该为

此负责？甚至有些老师提升学科成绩没有良方，却偏偏喜欢跟同课头的老师攀比谁的作业布置得多。你十遍，那我就二十遍；你三十遍，好吧，来吧，我就布置五十遍。可怜的孩子成了这种盲目攀比的牺牲品。

自己的学生什么情况，老师得有最起码的判断。布置作业也一定要结合本班学生的特点，不要盲目地追求“量”而无视“质”，本末倒置。少而精地布置适量作业，让学生能留大量的时间来反刍和消化，这才是最有效地提升学生学科能力的方法。何况，作业少了，学生对这门课的兴趣自然就会多一些，兴趣浓了，他学习的劲头才会足，成绩自然也就上去了。

三、作业缺乏层次性，老师布置作业盲目性太强

同一个教室，不同的学生，差异性也是客观存在的。一个知识点，有的孩子轻轻松松就可以掌握，而有的孩子，千千万万遍他就是不得要领。我们要承认天资的不同，也要承认学习能力的高低，所以布置作业尽量做到“量身订制”，也就是我们常说的“分层作业”。例如同样十个生字，悟性高的孩子一遍两遍就会了，那就让他写一两遍；而有的孩子，也许得三遍五遍，那就给他多布置几遍。我在教学文言文的时候，对于掌握重点字词和句子的作业，通常就是用“作业超市”的方式：能背下的同学，就写一遍，把字词熟练一下；背诵有难度的，先抄一遍，再试着默写一遍，然后把有错误的再进行反复抄写、背诵。至于选哪种作业，完全取决于你自己。第二天检查，如果没背诵下又不老实根据自己的实际情况写作业，那就不好意思了，加倍惩罚！理科作业更要注重层次性和差异性，学习好的同学就再布置些能拔高水平的作业，学习吃力的同学就布置点基础题，让他们把基础打扎实未尝不可，何必让学得好的“吃不饱”，或者让后进生“消化不良”呢？这样只能导致两类孩子都对学习失去了兴趣。

四、作业缺乏趣味性，老师布置作业粗糙性太强

这点在文科作业上最为明显。文科抄抄写写的作业太多，的确乏味。所以很多孩子晚上回去写作业，文科尤其是语文作业一定是放在最后才写的。

究其原因就是最后困得不行，其他作业没办法写，但是语文没关系啊，不带脑子，照着抄就行，实是减压放松的作业。久而久之，学生对语文学科也失去了兴趣。其实语文是很有文化内涵和艺术内涵的学科，我们的作业除了抄抄写写，我想更多的应该是一种对孩子思维发散、认知提升和思辨拓展的指向。例如，学完《谁是最可爱的人》，可以让孩子写一写自己身边“最可爱的人”，这是一种情怀的导引；学习完《卖油翁》，可以让学生谈谈“卖油翁”和“康肃公”哪个更厉害？这是一种思辨的延展；学完《大自然的语言》，可以让学生走到田间地头去感受大自然无声的“语言系统”，这是一种实践和认知的结合……当前，全民阅读是最大的短板，那何不每天给孩子们留一些阅读的时间，让他们沉浸在书海中自由成长呢！

教育的终极目标是培养“合格”的人，而不是培养写作业的机器。教书育人，是为了用人类伟大的知识去浸润孩子的灵魂，让他们活得诗意而高贵，并不是面目狰狞地用三五十遍的作业去摧残孩子稚嫩而脆弱的心灵。但愿，“回去抄三十遍！”的闹剧不再上演！请记住，您没有任何权力要求他写“三十遍”！

微型课教学误区探析

微型课，作为当下一种区别于常规课的授课模式，因其时间短、可不用学生，操作起来比较便捷省事而成为教师入职面试、职称评审、教学技能评比等活动的首选评审方法。

微型课，一般时间控制在十五分钟到二十分钟以内，课堂可以带学生也可以不用学生，看具体情况而定。这样短小精悍的课堂，确实和我们平时的常规课存在很大的差异，用徐杰老师的话说就是“螺蛳壳里做道场”，空间很小但是内容却一点也不能缩水，这往往让人很难掌控，不得微型课的要领。前一段时间受聘担任某地区教师职称评审的评委，眼见得很多老师对微型课的理解存在很大偏差，因此而错失良机，实在让人唏嘘。故此，谈谈当前微型课教学的一些误区。

1. 对微型课的认识不到位，把微型课和常规课混为一谈

最典型的表现就是依然按照常规课的思维和套路走，按部就班，什么时候时间到就停下，理解微型课就是常规课的“一个片段”。所以，设计课程、设置目标、组织活动依然是按照四十分钟的常规课去考量。一节十五分钟的微型课依旧设置了三四个目标、安排了繁复的内容和课堂活动。那次评审过程一共有十几位老师参加，结果只有一个老师在规定时间内完成了设计的内容，其余老师全部卡在“半路上”。甚至有些老师依旧开课便是详细的作者简介、背景介绍、字词复习、课文朗读……不疾不徐，结果，烦琐的前奏刚结束，对课文的分析还没开始，十五分钟就到了，她还一脸惊愕，觉得无法接受。可惜，钟表是不会撒谎的。这样连冰山一角都没显露的课，如何能打动评委从而取得高分呢？

微型课，顾名思义，是对常规课的高度浓缩。这不仅仅是时间上的压缩，也有对授课内容的提炼。微型课更多是考查老师短时间内，在完全没有参考资料的情况下，对文本的解读能力和课堂设计能力。因为只有十五分钟，那么讲什么内容、用什么形式去讲，就是非常关键的问题。首先要明确，用微型课这种方式来进行比赛，更多考量的是老师的基本功力和教学机智，看的是老师对课堂的驾驭能力。所以，一定要是环节完整、要素齐全的课堂，绝不可以只是常规课的删节片段。我比较倾向于“主问题”的教学思维，即一节课以一个主要问题为切入点，引导“学生”全面而深入地解读这个问题，从而达到对文本的左右勾连，真正做到“以点概面”，教学环节完整地展现出来，这样就避免了课堂枝蔓丛生而导致的时间紧张或者“面面俱到，面面俱不到”的尴尬，授课的侧重点、重难点明晰地突显，容易让人接受。

2. 上课过于依赖教案

最让人哭笑不得的就是有些老师全程都拿着教案上课，课本丢在一边，眼睛始终盯着手中的教学设计。这个细节，充分暴露了授课教师对课程的陌生化。众所周知，一般评比类的赛课，都是提前　个半小时抽题目，然后备课。平常我们备一节课至少需要两三个小时，而且要借助很多工具书进行资料的补充。可是这种片叶不带的“裸备”着实很考验功力，没有深厚的教学经验的积淀，在这点上还真是玩不转的。当然，也不排除天赋异禀的“吃教育饭”的苗子，可能不用几年便可驾轻就熟，但这毕竟少之又少，大部分老师还是需要长期的学习和积累的。参赛的这些选手目测最年轻的也过不惑之年了，在讲坛上绝对摸爬滚打不下二十年，上课还目不离教案，这实在让人有点无法接受。个人猜度，这绝对不是老师们的功力不到家，而是他们对微型课的理解不到位，突然面对没有学生的课堂，站在几个评委面前觉得无所适从。紧张、茫然、焦灼，导致他们的思路混乱，所以只好拿着教学设计，把课堂展示变成读教学设计。我提问一位头发近乎花白的老者，怎么理解微型课和常规课的区别。他思忖了半天犹豫地说，微型课主要展示的是老师，常规课主要展示的是学生。

其实，我想无论怎样的课堂，“学生是课堂的主体”这一点是绝对不容置疑的。微型课也是课，自然要用评价课堂的标准去衡量。不能因为没有学生，就完全成了老师一个人的“道场”。

3. 对课文的解读流于表面，问题设置过于简单或者大而无当

因为没有学生，所以许多老师便认为课堂主要是呈现上课流程给评委看，所以在设计课程时，往往只注重环节、注重形式，而忽略了对文本内容的合理解读。例如在讲授《卖炭翁》一课时，设置的问题诸如“描写的主要人物是谁？”“他年龄有多大？”“他的职业是什么？”虽然《卖炭翁》是一首唐诗，但是这些问题学生一读便一目了然，有提问的必要吗？而且这样毫无价值的问题在很大程度上是对课堂时间的浪费，十五分钟经得起这样挥霍吗？

要么，就是因为没有学生参与不怕冷场，于是就天马行空、肆意发挥，提出的问题大而无当，让“学生”无法具体操作。如“听录音，感受这首诗的意境？”这是一位老师在学习陶渊明的《饮酒》时，只简单地介绍了一下作者的身世背景后设置的问题。且不说学生能不能理解“意境”这个词，对学生听一遍录音能不能读懂诗意我都表示怀疑，让他们听一遍录音就感知作者写作的“意境”，这样的课堂设计的层次性、合理性在哪里？而且，只听一遍录音，学生倘若都能感知到“意境”，那学生得有多深的诗词赏析的功力啊？感知？怎么感知？教给学生方法！什么是教师？不是教给学生知识，而是教给学生学习知识的方法的人！

有老师讲授《昆明的雨》，这样一篇文质兼美、味道浓郁的散文，美美地赏析不好吗，却用一节课时间给学生总结赏析句子的方法。当然，方法的传授是值得提倡的，但是作为一节微型课，这样分不清主次是不是也值得警惕呢？还有些老师一节课问题的设置都是在一个平面上滑行，没有螺旋上升的层次感，这样的课堂也是迂腐而陈旧的。语文课堂，无论“微”还是“不微”，问题的设置是一门艺术，好的语文课堂，问题就是一把钥匙，带着你不断爬升、不断向上，从表面到深入、从现象到本质、从感性到理性，始终有着一个明确的螺旋上升的梯度，这样学生能力的提升就是循序渐进式、不断积淀的过程，而不是“原地踏步”或者“一口吞个胖子”这种生硬的灌输。

4. 把讲授课变成了习题讲解课

一位年近五十的老师，一站上讲台，就对着自己的教学设计，不断地发“连珠炮”，一个问题接一个问题。中间的过渡语就是“好，解决了这个问题，我们来看下一个问题”。每一个问题抛出来之后，停顿几秒钟，然后面带笑容给予肯定“同学们回答得很好，看来大家都理解这道题目了……”搞得几个评委在下面很是无奈。

这位老师很明显适应不了这种不带学生的课堂形式，所以面对空荡荡的教室，他就束手束脚了，不知如何应对，唯一的方法就是不断地提问，不断地自我回答，拖延时间。其实，想想我们平时的常规课，有多少老师也在自觉不自觉地“满堂问”，四十分钟的课堂就是问题的“集结号”，一节课追着学生夺命连环问，问得学生怀疑人生。本来语文课应该是美美地听，美美地读，美美地赏，美美地悟，结果却成了学生感觉最枯燥和乏味的课程，这难道不是我们语文老师的失职吗？看董一菲老师的课堂实录，真心被这种诗意唯美的课堂所打动，老师的每一句话几乎都是莲花绽开，芬芳四溢；学生沉浸在这种诗意的氛围中，徜徉在唯美的语言文字的气场里，文学、文化造诣如何能不提高？

5. 眼中无学生，心中亦无学生

部分老师站在没有学生的讲台上，显得手足无措，一整堂课就盯着教室后面的某一个高处，机械地讲授；或者，干脆把头扭向教室门口，一节课看着门外讲课；又或者自己直接把课文的分析理解长篇累牍地念出来，惯用的模式就是“这节课的主要内容是……文章共分了……部分，第一部分讲的是……某某人物是一个……的人，文章要表达的主题是……”听得人昏昏欲睡。

诚然，没有学生的课堂真的不好驾驭，很多精彩的课堂便是在师生之间的互相激趣中不断引向高潮的，特别是如果再碰到几个语文“奇才”，一节普普通通的课立马就可以“化腐朽为神奇”，我就亲见过很多这样的课堂。

可是，没有学生，老师在讲台上面自说自话，自问自答，课堂就难免显得单调而无趣，师生的互动也没有办法开展，即使老师有心设计一些有趣的课堂环节，也无法实施。可是，转念一想，天下武学的最高境界是什么——无招胜有招。那么，推及到教育上来说，把没有学生的课堂上得“师生”其乐融融、效果良好，这才是真功夫。听起来是不是有点天方夜谭。实则不然，往往很多精彩的课都是四两拨千斤，越是无人处越是彰显功力时。

曾听过一个小学美术老师讲的微型课，着实精彩。十五分钟的课程，内容剪裁合理适度，教学辅助工具运用得当，尤其让人赞叹的是，面对七八个评委、没有一个学生的教室，她愣是上出了“满教室争抢回答问题的声音”“满教室都是高高举起的手”“满教室的欢声笑语”，老师穿行在“学生中间”，不断鼓励、表扬，通过各种手段激发“学生”参与的热情，那双会说话的眼睛闪烁着灵动的光芒，像一汪秋水，给“孩子们”以爱的抚慰和激励。

好课是一道风景，微型课亦如此。只要选准点、布好局、心有情、行有序，那么，即使在小小的“螺蛳壳里”，我们也一定能翻云覆雨，让课堂精彩纷呈，活力盎然，成为法力高深的“道场”！

莫让多媒体成为语文课堂的“坑”

多媒体作为一种现代化的教学辅助手段，在课堂教学中有着非常明显的优势。曾经一段时间，因为其直观、便捷、容量大、时尚等因素，颇受广大教师的青睐。很多老师也因此而苦学技艺，尤其是在课件制作、微课的录制等方面潜心学艺，以求课堂教学的高效。

不可否认，这种现代化教学手段，在丰富课堂内容、激发学生学习兴趣方面确实有着不可忽略的优势。但是，让人忧虑的是，好的事物如果不加节制地滥用，那么其最终的效果可能适得其反。例如，多媒体在课堂上的滥用，很大程度上已经不再是为教学服务，反而掣肘着课堂，成为课堂的“坑”。下面以语文课堂为例，谈谈自己的一点认识。

一、多媒体的滥用，让语文课堂失去了“语文味儿”

现在网络上的资源很丰富，尤其是针对文本的资源更是琳琅满目。只要是你想要的，百度一下，一定不会让你失望。老师们为了课堂教学内容的充实和生动有趣，不惜寻找大量的资料来填充PPT。有形的，例如图片、微课、视频等；有声的，例如课文朗读、背景音乐等。总之，一节课下来，课堂形式、内容多姿多彩，呈现出“乱花渐欲迷人眼”的态势，学生的眼睛耳朵都忙不过来。诚然，这样的课堂或许会很吸引学生的注意力，可是授课的效果真的好吗？换句话说，这节课应该培养学生的语文能力和语文素养都得到落实了吗？学生听说读写的训练到位了吗？正是因为多媒体的无节制使用，一节课学生的时间大都在听现成的课文朗诵、或者看相关的视频中度过，留给学生自己去阅读、感悟、思考的时间则非常有限。久而久之，语文课便成了“放映室”，成了没有学生的声音，没有学生的思维火花迸射的课堂，这真的是我们想要的语文课吗？

二、多媒体的滥用，阻碍了学生思维能力的发展

语文课本中很多课文内容都非常的优美，文字描绘出来的意境引人入胜。如果老师能抓住文本中的关键句引导学生展开丰富的想象和联想，那么课堂一定会呈现出“百花齐放”的精彩场面。例如教学《念奴娇·赤壁怀古》这首词，尤其是其中“乱石穿空，惊涛拍岸，卷起千堆雪”这句，可谓是旷古烁今的千古名句。这句话是很有画面感的，而且气势磅礴，老师领着学生打开思维和想象的空间，让学生想象自己站在波涛滚滚的江边，看着浩渺无垠的江水催逼起伏、拍打岩石，一定可以激起学生的无限遐思，进而有自己的独特体验。特别是那种时空的浩渺感和词人内心意气风发的豪迈气势，学生可以更加充分地感受到。可是如果直接播放一段视频让学生观看，一带而过，这样的课堂，波澜不兴，学生的主观能动性不能得到发挥，又如何能有成效呢？

另外，我们一直强调课堂要培养学生的创新思维，原生态的语文课堂是开放的，可以给学生提供很大的创新空间，让学生的思维自由驰骋，自由联想。可是一旦多媒体过度介入，什么内容都直白明确地呈现出来，先入为主的内容会把他们内心那一簇创新的火苗瞬间浇灭。

三、多媒体的滥用，限制了老师专业素养的提升

网络教学资源的丰富，让老师们的备课不再像以前那样为了准备一节课而“读书破万卷”。可是也正是因为资源的丰富便捷，导致很多老师备课和设计教学时几乎全部依赖网络，很少自己静心解读文本。甚至有些老师患上了“百度依赖症”，动不动就百度，课件百度，教学设计百度，甚至教学反思也百度。这样的授课已经失去了它原本的意义，只是老师在完成任务而已。

作为一名教师，对文本做到个性化解读，这是最起码的职业素养。如果一味地照抄别人的思想，缺乏自我对文本的审视，更谈不上结合自己学生的实际情况来“因材施教”，那么误人子弟不说，教师自己的专业素养如何能得到提升？更有甚者，课件一字不换，上课直接“拿来主义”，老师基本成了“放映员”，一张一张地切换画面，照着上面的文字念，学生提笔照抄，授课思路被课件牵着走，不敢越课件半步。这样僵硬教条的课堂，教师的主导作用、学生的主体作用自然就成了空谈，孩子们如何能感兴趣！

套句老话，多媒体是把双刃剑。如果能合理使用，做到人剑合一，课堂自然会增色不少，达到事半功倍的效果。可是一旦过度使用，甚至滥用，一节课一“放”到底，那么多媒体资源或许就成了你为自己的课堂刨下的“坑”。一句话，语文课堂，还是不要忘本的好！

本文发表于《教师报》2838 期

自读课堂，教师要学会“偷懒”

一直以来，新教材编排的自读类课文让我非常头疼。这些文章，无论是从内容还是情感，从写法还是主旨，都有很多值得探究的地方。甚至有很多文质兼美的文章，篇幅又不短，如果单纯地让学生来自读，总是担心他们读不好。课前想好了一定要还课堂给学生，可一站在讲台上，就管不住自己的嘴，说着说着就多了……

徐杰老师的《带上她的眼睛》这节示范课，给我打开了一扇教授自读课文的窗户。透过这扇窗户，我洞悉到了窗外自由而绚丽的风景。反思这节课，让我对自读课堂，有了一个全新的认知。

自读课真的可以交给学生去处理。虽然有些自读课学生读起来还是有一定难度的，可是换个角度想，编教材的专家学者岂不知这个问题？可还是编排，必然是有自己的考量。所以，自读课便有了独特的形式呈现。侧面有旁批，后面有大篇幅的阅读提示。这个阅读提示，在很大程度上就是对文本的深入剖析，让学生一读便明了课文到底在说什么。有了这样一个导引，学生再回过头读文本，难度自然降低了很多。佩服徐老师的艺高人胆大，专门挑了一个没有预习这篇长文的班级来授课。他的目的就是想训练学生浏览文本的能力。事实证明，这也是比较有效果的。大部分学生能在一节课内对文章有较为全面的理解，对这种“连滚带爬”的阅读方法也有了一定的掌握。其实，好课堂应该就是这样，既有内容的呈现，又有方法的提供。

自读课堂，长时间静默又何妨。教了二十年书了，最担心的是课堂冷场。

尤其是在公开课上，总是喜欢把学生的激情点燃，让课堂温度达到98.8摄氏度。似乎，很多老师也以为越是活跃的课堂就越显得教学效果明显。可是，随着对课堂内涵的深入理解，我越来越赞同课堂是一定要留白的，即课堂一定要留给学生思考的时间，留给学生消化的空间。徐老师这节课几乎有一多半时间都是学生静默读书的状态，长时间的安静，连学生呼吸的声音似乎隔着屏幕都能听得到。可是，正是因为有了这样充分而奢侈的阅读时间的给予，学生们读书才能更加深入和投入，才会真正地去阅读，而不是为了找答案或者配合老师表演而假装阅读。

在自读课堂中，文本的解读要适度。读课文，更多锻炼的是学生的解读能力，所以老师的"在场"意识越淡漠越好。就像肖培东老师在教授《我的小桃树》一文时，老师真的是退到了课堂的边缘，整堂课都是学生自主解决旁批的问题，能自己解决的就自己搞定，不能解决的，老师穿针引线引导着解决。这样的课堂，学生的成长是看得见的，一课一得的目标绝对得到了充分的落实。而徐老师这节课，明显对有些问题解读过度。课堂并不是挖掘得越深就越好，还是要因地制宜的。"深深地备，浅浅地教"，其实更是一种境界！

总之，自读课堂，就一定要体现出文本的特点，不要辜负编者的一片苦心。老师们不妨也偷偷懒，在自读课的教学中，放学生一条生路，放课堂一条生路。想想，课堂上如果安静得只听见学生呼吸的声音，只看到学生沉浸于文字世界的情形，这岂不是这世上最美妙的一幅画？！

本文发表于《教师报》2870期

第二辑

云影共天光

一滴水里，皓月明媚。半亩方塘，觅春的鸟儿用翅翼只轻轻一划，于是天光云影的梦幻，刹那间摇曳成你我心间最美的风景！

致敬，追梦的人

——《伟大的悲剧》课堂实录

（本节课为杨凌示范区语文教学研讨会示范课）

一、导入

师：今天我们来学习一篇非常感人的文章《伟大的悲剧》，相信同学们课前都做了非常充分的预习，是不是？（学生点头）那大家知不知道这篇文章的体裁呢？（有学生回答“传记”）很好，这是奥地利作家茨威格的人物传记《夺取南极的斗争》的后半部分。下面老师想请一位同学用简洁的语言来复述一下节选部分的主要内容。

生：本文主要讲述的是英国探险家斯科特一行去征服南极，最后在归来途中遇险全队覆灭的事情。

师：这个同学语言确实比较精练，为我们概括了文章的大致内容。但是，老师觉得，他的概括把一些重要的因素给忽略了，导致没有把整个事件叙述清楚，谁能帮他补充一下。

生：我觉得应该加上时间。

师：请你补充出来，看还需要补充什么因素，一并完整地陈述一遍可以吗？

生（笑）：我尽量吧。本文讲述的是20世纪初，英国探险家斯科特和他的伙伴一行与挪威的一个科考队竞争抢先登陆南极，结果角逐失败，在回来的途中，他们遭遇了暴风雪等恶劣天气，最后悲壮地死去。

师：你的表述很专业啊！大家注意了没有，他用了“角逐”这个词，说明他平时词汇积累很多。那老师想再问一下，你刚说斯科特一行人和挪威的一个科考队，那你能说出那个科考队的主要人物吗？

生：阿蒙森。

师：是的，这场角逐是残酷的。无论是英国的斯科特团队还是挪威的阿蒙森团队，这次征服南极对他们来说，都是巨大的难题。因为那是一片人类从未涉足的“禁地”。大家见过南极的风貌吗？

（屏幕投影南极图片）（本书中图片略）

二、聚焦主旨句，探究“不可战胜的厄运”

师：文章虽然比较长，但是确实非常精彩，相信每个同学都被这个悲壮的故事深深地吸引，是不是？

（生纷纷点头）

师：再长的文章，只要我们用心去品读，就一定能读懂。而且，无论是长篇还是短篇文章，都会有体现中心的句子，抓住它，我们也能更好地去解读文本。那么，老师想请问同学们，大家在读这篇文章时，有没有找到这篇传记的主旨句在哪里？

（生快速翻阅课文，并小声交流）

生：请大家看文章的最后一段，我认为这段就是全文的中心句。

师：请你为大家朗读这一段好吗？

生：一个人虽然在同不可战胜的厄运的搏斗中毁灭了自己，但他的心灵却因此变得无比高尚。所有这些在一切时代都是最伟大的悲剧。

师：我们知道，这篇文章是茨威格为一群英雄人物做的传记，而这句话也是对他们伟大精神的高度赞扬，你觉得你刚才读出这种赞扬的味道了吗？

生（摇摇头）：我读得太平了，没有情感。

师：真是个悟性强的孩子。那你再来读一遍好吗？

生：一个人虽然在同不可战胜的厄运的搏斗中毁灭了自己，但他的心灵却因此变得无比高尚。所有这些在一切时代都是最伟大的悲剧。（情感充沛，

很有感染力）

（全班鼓掌）

师：朗读文章，一定要深入其中，感知人物的精神，感受作者写作时融入的情感，这样，才能读出文字应该有的味道。这位同学给咱们做出了很好的示范，希望大家能像她学习。

屏幕投影中心句：

一个人虽然在同不可战胜的厄运的搏斗中毁灭了自己，但他的心灵却因此变得无比高尚。所有这些在一切时代都是最伟大的悲剧。

师：请大家再集体朗读一遍。

（生齐读，感情饱满）

师：咱们班同学看来都是朗读高手啊！读得真好，老师都被感动了。你们是茨威格的知音。

（生笑）

师：那么，同学们应该知道，任何一篇文章，无论长短，它所写的内容一定都是围绕主旨句展开的，对不对？所以，下面老师想请同学们再次快速浏览文章，请从文本中找出能照应中心句的相关语句。

（生表示疑惑）

师：例如，"一个人虽然在同不可战胜的厄运的搏斗中毁灭了自己"，请在文章中找出能印证"不可战胜的厄运"的句子。咱们可以先分析一下"厄运"这个词是什么意思？

生：不好的命运。

师：老师查了词典，"厄运"的意思是"困苦的遭遇，不幸的命运"。

（屏显"厄运"的释义）

师：请同学们仔细在文中找，看哪些句子描写了他们所遭遇的困苦和经受的不幸命运。

（生翻阅文章）

生：我觉得应该是这句："但是漫天大雪封住了他们的眼睛，使他们每走一步都忧心忡忡，因为一旦偏离方向，错过了贮藏点，无异于直接走向死亡。"这句是环境描写，我觉得他们所遭遇的困苦没有比恶劣的环境更加可怕的了。

师：分析得很有道理，其实在很大程度上，就是这恶劣的环境最终将他们送上了死亡之路，对不对？那你能把这句话具体给大家分析一下吗？这样的环境为什么意味着他们的死亡？

生：我觉得这个"封"字很重要，大雪封住了他们的眼睛，就说明雪非常大，已经让他们举步维艰了，这在很大程度上会延缓他们返回的速度，而在那样一个危险的地方，多待一分钟，危险就多一分。还有茫茫雪地，没有任何标识，他们还不能偏离方向，万一一步走偏，就有可能错过他们储存食物的地方，没有食物他们就会饿死。

师：你的分析能力非常棒哦！能抓住关键词去解读，还能注意里面的关键信息。那老师想问一下大家，科考队探险，应该会有指南针啊之类的引导方向的仪器，那还担心会走错路吗？

生：当然会担心啊。所有的仪器都不是百分之百的无差错，何况还是在南极那样极端的地方，而且就算方向对，可是储藏食物的地方并不是指南针所能定位的。

师：那他们肯定会在储藏点做标记啊，找到标记不就行了。

生（迫不及待）：老师，那是在气候复杂的南极啊，暴风雪、野兽啊之类的随时都会将标记毁掉的。

（全班鼓掌）

师：你说服了我！很好，我喜欢咱们同学的这种"据理力争"，希望大家继续保持。刚才通过分析，我们知道了恶劣的环境，尤其是这暴风雪的确是"不可战胜"的"厄运"，这是人力所不能改变的，其实，文中这样的描写还很多，大家再继续找一找。

生：我找到的是"天气变得愈来愈恶劣，寒季比平常来得更早。他们鞋底下的白雪由软变硬，结成厚厚的冰凌，踩上去就像踩在三角钉上一样，每走一步都要粘住鞋，刺骨的寒冷吞噬着他们已经疲惫不堪的躯体。"这一句。

师：请分析一下，这样的境遇给他们带来的威胁。

生：南极的温度是非常低的，我查了一下，它平均气温在零下二十五摄氏度左右，有的地方有时候会达到零下七八十摄氏度。这样的极端天气，对人体的伤害是非常大的，何况他们还长途跋涉，很多时候连肚子都吃不饱，这就更增加了他们返程的难度，这也意味着他们离死亡又进了一步。

师：谢谢你给我们做出了很好的示范。同学们，看到没有，这个同学他的课前预习真的是非常的充分，还专门去网上查南极的气候，要读懂一篇文章真的应该像他这样，一定要做足功课。好，继续。

生：请大家看第七段这句："他们的脚早已冻烂。食物的定量愈来愈少，一天只能吃一顿热餐，由于热量不够，他们的身体已变得非常虚弱。"

师：谁发现他找的句子和前面同学找的有何不同？

生：他找的是人物的实际状况，不像之前他们找的都是环境描写。

师：你观察得很仔细。这位同学已经将目光从环境描写转移到了人物的具体状况。如果说恶劣的环境是"天灾"的话，那么这句在描写——

生（齐）：人祸。

师：准确地说是人经历的灾祸。天灾是"不可战胜的厄运"，"人祸"又何尝不是。谁来分析。还是你来吧，你找到的，请你来分析。

生：他们的脚冻烂，说明他们的身体已经遭受了严重的创伤，这对探险来说是最可怕的，而且食物也越来越少了。身体已经很虚弱了，还有病痛，再加上没有充足的食物供应，在那样恶劣的环境里，人是很难坚持下来的。所以，我觉得这些也标志着他们的毁灭。

生：我给他补充一下，"一天只吃一顿热餐"，在那样极寒的天气里，热量补充不足，对人身体的损害是不可估量的。这些也是他们所不能解决的，就是"不可战胜"的"厄运"。

师：很好，你们两个的分析合起来很完美。还有没有同学找到能印证"不可战胜的厄运"的句子？

生：我想分析"但暴风雪刮得异常凶猛，好像要人的性命似的，使他们无法离开帐篷。每天晚上他们都希望第二天能到达目的地，可是到了第二天，除了吃掉一天的口粮外，只能把希望寄托在第二个明天。他们的燃料已经告罄，而温度计却指在零下四十摄氏度。任何希望都破灭了。”这一句。

师：老师想先问一下你，这句里的哪几个字最关键？

生：是“任何希望都破灭了”。我认为恶劣天气、资源短缺，这些都不是最可怕的，最可怕的是他们一天天面对这些困难，一点一点消耗着希望，这才是最要命的。

师：希望破灭意味着什么？

生：意味着他们将可能放弃“战斗”，内心已经绝望，等着死亡的来临。

师：是的。他们在遭遇了重重“不可战胜”的厄运后，开始动摇自己曾经坚定的意志，开始对前途充满了绝望。文中相继写了他们崩溃的场景，大家可以自由读一读。

（生自由朗读相关句子）

师：英雄末路，是一件让人难过的事情。我们刚才分析了很多文中印证主旨句中“不可战胜的厄运”的句子，有“天灾”，也有“人祸”，可是老师想提醒同学们刚才忽略的一点，“厄运”也包括失败的命运，大家再斟酌一下，还有什么不可战胜的“厄运”是我们没有分析到的。

（生沉思）

生：如果说“失败的命运”，那我想应该是他们征服南极失败的事情吧。

生：我觉得她说得不对，他们征服南极成功了，只不过他们不是第一个到达南极的，不能说他们失败。

师：是的，表述一定要准确，这个同学帮你纠正了一点小小的问题。来，你继续。

生：他们虽然也征服了南极，但是他们不是第一个到达的，阿蒙森团队先他们一步到达。所以即使他们征服成功，但是因为不是第一个到达的，所以这场挑战最终是失败的。

师：能否用文中的一句话来证明你说的观点。

生（抢答）：虽然昔日逝去的光阴数以几百万个月计，但现在迟到的这一个月，却显得太晚太晚了。对人类来说，第一个到达者拥有一切，第二个到达者什么也不是。

师：是的，在很多时候，我们觉得时间很充足，所以肆意挥霍。可是这迟到的一个月，对斯科特团队意味着什么？对，是失败，是前功尽弃，是“什么也不是”。社会有时候就是这么复杂，迟到一秒钟，或许就会改变一生的命运。这个失败对于斯科特团队来说，也是“不可战胜的厄运”，这个“厄运”对他们最终的毁灭起到了什么作用？谁来说一说。

生：我认为这个厄运，是他们最终死亡的根本原因。他们付出了那么多的艰辛和努力，吃尽苦头，眼看成功了却功亏一篑，他们从内心是无法接受这个失败的。本来他们将是全球瞩目的英雄，他们将载入人类的史册，可是却最终失败了，所以他们内心的信念倒了，就是刚才大家说的，内心没有了希望。这必然会导致他们的灭亡。

（全场鼓掌）

师：你真是一个小哲学家，把人性分析得如此透彻，了不起！是的，如果说当初他们成功了，或许无论经历怎样的磨难，他们都会坚持下去，因为他们梦想成真了，他们有坚持下去的动力！可是失败让他们无法面对，以至于他们心灰意冷，在面对灾难时缺少了积极应对的勇气和决心，最终没有走出那片茫茫雪域，成为人类历史上悲壮的传奇。

师：那“搏斗”是如何印证的？请大家继续思考。

生：我想照应“搏斗”的句子，应该就是他们和灾难做斗争的过程的那些描写。

师：有道理。你找到的是哪一句？

生：我找到的是：“冰冷的黑夜，周围是呼啸不停的暴风雪，他们胆怯地睁着眼睛不能入睡，他们几乎再也没有力气把毡鞋的底翻过来。但他们必须继续拖着身子往前走，他们中间的奥茨已经在用冻掉了脚趾的脚板行走。”这段描写，可以看出他们并没有放弃，虽然困难重重，虽然身体极度虚弱，甚至脚趾都被冻掉了，但是他们依然没有想放弃，还在继续努力前行。这是他们和厄运搏斗最有力的体现。

师：很好。眼光很敏锐。继续。

生：请大家看这句，“ 现在只有三个疲惫、羸弱的人吃力地拖着自己的脚步，穿过那茫茫无际、像铁一般坚硬的冰雪荒原。他们疲倦已极，已不再抱任何希望，只是靠着迷迷糊糊的直觉支撑着身体，迈着蹒跚的步履。”虽然文中说他们已“不抱任何希望，只是靠着迷迷糊糊的直觉支撑着身体，迈着蹒跚的步履”，可是这恰恰证明了即使他们的意志已经崩溃了，但是求生的欲望还是在支撑着他们努力与不幸的命运抗争。

师：这样写反而更加让人——感动，对，还有——震撼！其实，文中关于他们和恶劣的环境搏斗的句子不是特别多，但是就凭这两处足以让我们看到他们在与厄运搏斗中的那种坚毅和勇敢，绝不轻易放弃自己的生命，这让我想起了一句著名的话：一个人可以被毁灭——

生（齐）：但不可以被打败！

师：是的。无论是斯科特一行还是和大马林鱼搏斗的桑迪亚哥，他们都是敢于和厄运殊死搏斗的人，无论最终的结局如何，他们这种无畏的精神都是值得我们敬仰和学习的。

三、解读“毁灭”

师：“毁灭”在这里指什么？

生：指他们几个人的死亡。

师：是吗？仅仅指他们生命的消亡吗？请你再读这句话。

生：一个人虽然在同不可战胜的厄运的搏斗中毁灭了自己，但他的心灵却因此变得无比高尚。所有这些在一切时代都是伟大的悲剧。

师：有别的想法吗？

（生支支吾吾，说不出来）

师：谁能说说看，“毁灭”仅仅是指他们“肉体”的陨灭吗？

（学生小声讨论）

生：我想，这个“毁灭”除了指他们几个人的死亡之外，还应该是说他们内心的崩溃。

生：我同意她的观点。就是在整个过程中，他们的意志力是一点一点被消解的。

师：我觉得“消解”这个词不够准确，试试换一个。

生：瓦解！他们一开始是斗志昂扬的，想要征服南极，成为人类历史上第一个征服南极的人，可惜他们失败了，这对他们来说，是最大的打击。他们的意志和信念都坍塌了，所以最终走向了毁灭。

师：说得真好。文中有能印证你的分析的句子，找找看。

生（抢答）：我找到了，是这句：“当初，他们一想到自己所进行的探险是人类的不朽事业时，就有超人的力量。而现在，他们仅仅是为了使自己的皮肤不受损伤、为了自己终将死去的肉体的生存、为了没有任何光彩的回家而斗争。在他们的内心深处，与其说盼望着回家，毋宁说更害怕回家。”

师：你找得很准确。从这句我们可以看出，因为没能第一个到达南极，这个失败让他们的情绪非常低落，内心毫无信念可言，甚至于都害怕回家了。这是对他们心理的“毁灭”，这点才是致命的。

（板书　毁灭：身体——死亡　心理——失败）

四、品味“高尚的心灵”

师：怎么理解“心灵却因此变得无比高尚”这句话？

生：是不是指的就是他们的品格变得很高尚？

师：具体分析一下，哪个地方能证明他们的心灵变得很高尚？

生：他们替阿蒙森作证。本来我觉得他们完全可以把阿蒙森插的挪威旗帜毁灭，然后插上英国的国旗，然后对全世界宣称是自己先到达的，可是他们不但没有这么做，反而还打算为阿蒙森团队作证，我觉得这一点就彰显出了他们的伟大品格！

师：说得真好！你是真的懂斯科特。他是一个真正的英雄，英雄是不会做苟且的事情的对不对？你刚才提到了一个词“伟大”，我们大家来齐读题目。

生（齐）：伟大的悲剧

师：这是不是伟大之处？好，心灵的高尚还指什么？

（生沉思）

师：这场挑战人类极限的活动，带给他们什么呢？

生（恍然大悟）：还应该有坚强的意志和敢于向厄运挑战的勇气。

生：还应该有自己的不断成长，无论是身体上的还是心灵上的，人都会在这样的磨难中不断长大！

师：是的。在这样艰苦的磨难中，人收获的往往很多，有身体上的锤炼，更有心理上的历练和成熟。对于斯科特他们来说，这场战争，让他们饱受磨难，性格和意志都得到很好的磨炼，都超越了曾经的自我而变得更加强大。其实，在我们的生活中，各种各样的磨难都会不期而遇，无论你愿意或者不愿意，它们都会在你成长的必经之路等着你。所以同学们，不要畏惧，不要退缩，要勇敢地去挑战，去抗争，相信无论结局怎样，我们都会是最大的赢家！因为，我们的人生因磨难而愈加熠熠生辉！

五、感悟“伟大的悲剧”

师：如何理解“伟大的悲剧”？

生：老师，我能先说“悲剧”吗？

（师点头）

生：我理解之所以是悲剧，是因为他们的挑战失败了，这对他们来说，是悲剧。

生：我补充一点，我觉得失败是一个悲剧，但是最大的悲剧是他们在这场挑战中丧失了生命，这才是最大的悲剧。

师：我总结一下你们的分析。悲剧包含两层意思，一是失败之悲；一是死亡之悲。很好，那还有没有别的呢？提示一下，从斯科特一行人的角度出发，悲剧除了失败还有什么？

（板书　失败之悲　死亡之悲）

生：我觉得还有他们替阿蒙森作证的“悲哀”。

师：能具体分析一下吗？刚才我们不是说替别人作证是他们人格高尚的体现吗？怎么会是“悲剧”呢？

生：老师，我是这么理解的。虽然他们能替别人作证的确是高尚人格的体现，可是，从他们内心深处来说，他们是非常不愿意去做这件事的，因为他们要证明的是他们对手取得的成功，这对他们来说是莫大的耻辱，他们无法承受，从这个层面来说，这对他们意味着是一个“悲剧”。

师：分析得很有条理，思路很清晰。挑战南极是他们毕生的梦想，眼看离成功只有一步之遥了，却功败垂成。更要命的是，他们还要替自己的对手去证明，这无异于在伤口上撒盐。可是，他们是一群高尚的人，是一群有着绅士风度的人，所以他们接受了这项对他们来说难度极大的任务，而这于他们来说，是很悲哀的，是生命中的一个悲剧。那么，又何以说这是“伟大”的呢？

生：因为他们的品格很伟大。

师：对，这个我们刚才分析过了。还有吗？

生：应该还有他们敢于挑战人类极限的这种意志和勇气，这种精神也是伟大的。

生：我觉得还有他们所表现出了对事业的高度忠诚和热爱。

师：老师打断一下，你从哪里看出来他们对事业的“忠诚和热爱”？

生：我是从威尔逊博士身上看出来的。他在极度艰难的情况下，还依然拉着很重的岩石样品前行，打算以后继续进行科学研究。这点就足以表现出他们这个团队很有责任心和高度的事业心。

师：很棒！能前后勾连文本进行分析，看来你是一个理性思维很强的孩子，很善于分析。

生：我觉得伟大还在于他们这个团队人和人之间的互相帮助，不离不弃，还有他们能顾全大局。

师：请具体分析。

生：我看到文中几个人不愿意放弃任何一个人，即使有同伴发疯了，他们也要一起带着他艰难前行，从不认为他是个负担而放弃他。这足以说明他们有着伟大的团结精神。后来他们相继去世，临死前，每一个人都不想给同伴带来负担，所以自己默默地离开，去独自面对死亡。可以看出他们都能以大局为重。

生： 还有最后，斯科特死去时还亲热地搂着威尔逊。这也可以看出他们之间的团结精神。

师： 与其说他们是一个团队，是患难与共的战友，不如说他们是生死与共的兄弟。这的确是很伟大的。还有吗？问一个问题，面对死亡，你看出他们可曾有过一丝的恐惧和害怕吗？

生（齐）： 没有。

师： 对，这几位英雄，在面对死亡的时候，每个人都表现出了异乎寻常的冷静和从容。我们可以看看他们每个人临去世前的表现。

（学生阅读相关句子）

师： 面对死亡，埃文斯疯了，最终死去；奥茨，冷静地和伙伴们告别，请注意他的告别语：我要到外边去走走，可能要多待一些时候。这是一种直面死亡的骄傲和从容；斯科特在临死的前一刻还在记录日记，为人类留下一笔宝贵的财富……孩子们，这五个人虽然最终失败了，也失去了生命，但是他们留给这个世界的却是无与伦比的精神财富。这篇传记是茨威格根据斯科特的日记和相关资料高度还原出来的，一个伟大的作家给我们展示出了一群伟大的灵魂，让我们感受到了人类历史上曾经光彩熠熠的英雄光辉，也让我们感受到了人类的伟大和高尚。正是因为他们更加伟大，所以茨威格才没有给成功者阿蒙森作传，反而是为他们几个“失败者”作传；也正因为他们是高尚的，所以英国国王才会在国家主教堂跪下来悼念他们！

（板书　见证之悲）

六、见证平凡中的伟大

师： 同学们，这篇文章，让我们认识了五位伟大的英雄。那么，你还知道哪些类似的英雄故事呢？和大家分享一下。

生： 我想分享的是我国神话故事里的人物，例如精卫填海、愚公移山、夸父逐日，等等，这些人都是伟大的英雄。

生： 我想讲的是一个真实的事例。就是 2017 年“感动中国十大人物”的人物之一黄大发，他几十年如一日带领乡亲们在绝壁上凿壁引水，结束了当地缺水的历史，村民为了纪念他，把修的那条渠取名“大发渠”。

生：我也讲的是一个真实的人。就是治沙英雄张春旺，他用了60年的时间，垦荒植林，把荒漠变成了绿洲。

师：是啊，在我们中华民族的历史上，从古至今，我们都不缺这些为国家、人民而奉献一生的英雄，他们与一切苦难做斗争，不放弃，不抛弃，在人类历史上留下灿烂光辉的一笔。老师也想跟大家分享一个英雄的故事——

(播放视频《无腿英雄夏伯渝》)

七、致敬英雄

师：老师自己创作了一首诗歌《致敬，追梦的人》。我想和大家一起朗读一下。标红的字我来读，标蓝的字同学们齐读。最后加粗的字，我们合读。明确了没有？好，开始。

师生朗读诗歌：

致敬，追梦的人

你知道，璀璨的光芒
是生命的终结
却从未　停止追光的脚步
你知道，太行王屋
穷尽生世也不能铲完
却一直　想要挖到天的尽头
你不是飞蛾，你也不叫夸父
你们都有一个共同的名字
——英雄
向死而生　直面失败
南极的光
是否点燃了你们儿时的梦
带着最荣耀的倔强

站在世界的顶端
你们高贵的灵魂
比那极光更加绚烂
虽败犹荣
虽死犹生
你们为“悲剧”这个词
做了最“伟大”的注解
请永远记得 （请永远记得）
梦在前方
路，在脚下——

师：孩子们，在我们一生中，会有很多的梦想要去实现。有些梦想比较容易，而有些实现起来却阻碍重重，甚至要付出生命的代价。可是，人生正是因为有了这一次又一次的磨难而愈加光芒四射，我们每个人也都是在这不断的磨砺中成长、坚强，最终成为那个最美好的自己。愿我们每个人，都能眼里有光，脚下有路，勇敢地向着自己的梦想不懈前行。下课。

紧扣“文心”，长文短教

——执教感言

传记类文章不好教，尤其是这种长篇节选的传记文章，学生如果没有通读全篇，理解起来还是有一定难度的。所以公开课选择这篇文章，确实有一定的风险。但是，还是想挑战一下自己。一则这篇传记对我触动很大，二则作为一名教师，不能只待在舒适区，而是要不断突破自我。茨威格是一个优秀的小说家，仅凭一本残缺的日记和当时为数不多的一些资料，就可以高度还原出这段伟大的历程，其写作功底的确让人叹服。文中这五位人物折射出的人类伟大的精神品格，正是我想让孩子们理解并学习的。

虽然是节选，文章也有四千多字，这对于初一的孩子来说，要读懂读透是非常不容易的。一节课四十五分钟，根本无法讲透。所以，我选择在课前让学生进行了充分的预习，让他们在网上查找相关资料，先自主解决自己阅读中存在的问题。课堂上，以怎样的方式来教授文章，也是让我很焦灼的事情。四千多字的篇幅，不可能面面俱到，何况学生对传记类文章了解也不多，所以选择教什么内容，如何呈现，让我颇费了一番工夫。

拿着书去找高老师商量，她读完文本后，思忖了一番，然后说了一句话：长文短教，关键要突出文章的中心，不要跑偏。一语惊醒梦中人，灵感也涌上心头。我决定，整节课就把这句话讲透："一个人虽然在同不可战胜的厄运的搏斗中毁灭了自己，但他的心灵却因此变得无比高尚。所有这些在一切时代都是伟大的悲剧。"对，就让学生围绕这个中心句，抽丝剥茧，在文章中找出与之印证的句子进行分析，从而达到对整篇文章的理解。

事实证明，这条"路"是对的。整堂课围绕这一句话，收放有度。放，可以让学生的思维全面开花，在整篇文章中跳跃腾挪；收，则见机行事，随时将学生奔放的思维牵回到课堂的主线上来。一节课庞而不杂，凌而不乱。学生的成长也是显而易见的。他们始终能围绕中心句，进行深度而有质量的解读和分析，言之凿凿，完全将个人的理解融入到文本中去，和茨威格融为一体，能更达观和深刻地品析人物，感知形象。这是让人惊喜之处。很多时候，我们总是担心学生不懂，所以喋喋不休地给他们灌输很多，可最终孩子们能记住多少呢？倒不如，把课堂完全放手交给他们，让他们以自己的方式去走进文本，理解文本，倒可能有"柳暗花明又一村"式的收获。

黄厚江老师说，用语文的方式去教语文。我一直在思索，什么是"语文的方式"。现在想来，就是通过对文字的反复咂摸，对文本的不断探索，来构建和谐共生的语文课堂。也就是说，语文课必须建立在对语言文字的品味和理解上，一定是"学生在语言文字里走来走去"（肖培东语）的过程。让他们感知到文字的美，读懂文字背后深藏的内涵，继而也就明白了作者的写作意图。这个过程，是循序渐进的，是对文字由浅入深的一个过程，也是学生的语文素养不断得以提升的过程。

一曲荡涤灵魂的乐章

——《答谢中书书》课堂实录

（本节课为工作室送教周至鹿马学校示范课）

一、导入

师：孩子们，上课之前老师想请大家帮忙认两个字，看你们知不知道这两个字念什么。

（板书　盩厔）

生（齐）：zhōu zhì

师（惊讶）：真棒！我还以为大家会不认识呢。

生（小声）：语文老师前几天刚说过。

师：哦，是吗？原来耶老师已经给同学们说过了。那你们一定知道这两个字是“周至”的古称对不对？那老师再问一下，有没有人知道咱们“盩厔”这个地名的由来呢？

（生摇头）

师：看来耶老师还没来得及给大家普及，对吧？（生笑，回头看自己的语文老师）那汤老师就越俎代庖替耶老师给大家解释一些吧。唐李吉甫《元和郡县志》说：山曲为盩，水曲为厔，因以县名。大家都知道，咱们周至南依——秦岭（生齐），北傍——渭水（生齐），山环水绕，故曰“盩厔”。后来国务院因为这两字难以辨认，便简化为“周至”。明白了吗？

（生点头，若有所思）

师：所以咱们周至真的是风水宝地呢！今天老师想和同学们再分享一处美景。请读题目。

（生齐读标题——答谢中书书）

师：上课之前啊，耶老师告诉我，因为咱们学校有早餐前诵读的习惯，大家虽然没学习这篇文章，但是对文章已经非常熟悉了，是不？

（生点头，面带自豪）

师：这个习惯真好，我得介绍给我的学生们！那好，既然大家已经对这篇文章的文意有了了解，那咱们今天的课，老师就交给你们了哦！谁来解释一下文题？

生：“答”就是“答复、回复”的意思；“谢中书”是个人名，指的是作者的朋友谢微；最后这个“书”的意思是“书信”。

师：请连起来解释一下。

生：“答谢中书书”就是答复谢中书的书信。

师：他解释的对不对？

（生齐点头）

师：解释得很精准，可见你对这篇文章理解得很透彻，希望等下有更精彩的表现。

（生笑，点头）

二、读美文

师：古人云：书读百遍，其义自见。学习文言文啊，尤其要“读”字出头。下面老师想请同学们齐读文章。第一遍读，老师只有一个要求：读准字音。

（生齐读文章）

师：纠正一个错误，“未复有能与其奇者”里的“与”读几声？

生（齐）：四声。

师：对的，读四声“yù”。请大家再齐读这句话，预备——读。

（生齐读该句）

师：好，文言文一定要读准，我们做到了。下面请第二遍齐读，这次我要求大家读出味道，什么味道呢？文言文的味道。老师先提示一下，这篇文章骈散结合，短小明快，基本以四言为主，四言的停顿大家知道吗？对，二二拍。而且，要读出抑扬顿挫的味道，不能一个调子平读到底，那样文章就没有文言文的韵味了。大家读慢一点，感受一下。

（生齐读，感情比较平）

师：觉得自己读得怎么样？谁来评价一下。

生：我觉得大家还是读得太快了，有些句子的感情和节奏没有读出来。

师：那你能给大家示范一遍吗？

生：我试试。

（生读全文，声情并茂，很有韵律感。全场鼓掌）

师：难怪你敢直言不讳，这是胸有成竹啊，读得真好！文言文就应该这样读。只是老师觉得“实是欲界之仙都”这句，还不够，那种飘飘欲仙的感觉没有很好地表现出来。你酝酿一下，再试试。

生：实是欲界之仙都——（情绪饱满）

师：实是欲界之仙都——（读出飘逸、陶醉之意）

师：好，请大家根据这位同学和老师的范读，自己再自由朗读一下这篇文章。一定要放开，不要拘束。自由地读，美美地读。

（生自由朗读）

师：好，安静下来。下面老师要求大家再齐读第三遍，要求是，读懂文义。不一定每个字都懂，但是要知其大意，明白吗？

生（齐）：明白。

（生齐读课文）

师：这遍比之前两遍进步大多了，看来咱们班同学朗读功底真不错！

（生笑）

师：那老师想请同学们分析一下屏幕上这几个词在这篇文章里是什么意思。

屏幕显示：

谈　交辉　俱　晓　歇　乱　颓　沉鳞　与　奇

（生交流）

生：“谈”的意思是“谈论、交流”；“交辉”意思是“交相辉映”

生：“俱”是“都、全”的意思；“晓”的意思是“早晨”。

师：不好意思，老师打断一下，那“晓”的“早晨”这个意思，你在哪个句子里还见过？

生（挠头）：想不起来了。

师：谁帮他想一下。

（有些学生回答：春眠不觉晓）

师：想起来了吧，“春眠不觉晓”里的“晓”也是“早晨”的意思。好，请后面的同学继续。

生：“歇”应该是“消散”的意思；“乱”不是“混乱”，这里意思是“此起彼伏”。

师：什么此起彼伏？

生：就是鸟啊，猿猴啊的鸣叫声。

师：对的，是说这些鸟兽的叫声此起彼伏，不是说杂乱无章对吧？很好，理解得很到位。好，请下一位同学。

生：“颓”是“坠落”的意思；“沉鳞”是指潜游在水底的鱼儿。

师：那直接说“沉鱼”好不好？简单明了，一读就懂。

生：不好——吧！

师（笑）：为什么？就因为是名人写的，就不敢改了？

（全班笑）

师：那老师请问，你知道这句用了什么修辞手法吗？

生（琢磨几秒钟）：嗯，不知道。

师：那请问其他同学谁知道，这句“沉鳞竞跃”用了什么修辞手法呢？

（生沉思，无人回答）

师：看来大家都不会是吧？好，没关系，都不会就说明这里存在问题。

我们学习就是要发现问题然后去解决问题。那么老师给大家讲一下。我们说“沉鳞”在这里指的是“潜游在水底的鱼儿”。“沉”是“潜游”的意思，“鳞”就是“鱼儿”。大家看，作者是用什么来代指鱼呢？对了，是用鱼身上的鳞片来代指鱼，这种以局部代整体或者以特征代事物的修辞手法呢，我们把它叫作“借代”。请记录在这句话旁边。

（学生做笔记）

师：借代这种修辞，我们其实在生活中经常用。例如，我们班有个同学戴个眼镜，很多同学就开玩笑，叫他“眼镜”，一叫眼镜，大家就知道是在喊他。是不是这样的？

（生点头）

师：对，例如，有个同学学习很好，我们就喊他——对，学霸。一说，诶，咱们班学霸怎么怎么样，这就是用这个同学的学习状况来代指他本人。恰当地运用借代可以引人联想，使语句具有形象突出、特点鲜明、文笔精练、具体生动的效果。老师说清楚了吗？

（生齐点头）

师：所以，请大家以后在写作文啊，生活中啊，也可以多尝试运用借代的修辞，这样会让你的文章语言更加生动，有文采。好，我们接着来，最后两个词，“与”“奇”是什么意思？

生：“与”是“参与”的意思，这里指“欣赏”；“奇”就是“奇丽的景色”。

师：很好，非常准确。那刚才我们讲到这篇文章用了借代这个修辞，除此之外，还用了什么修辞手法，谁能再谈谈。

生（抢答）：还有对偶。

师：是的，很多句子都用了对偶的修辞，所以读起来才音韵和谐、朗朗上口对吧。好，解释完了重点字词，那我们再来看几个句子，看大家能否读懂。

屏幕显示句子：

古来共谈

两岸石壁，五色交辉

晓雾将歇，猿鸟乱鸣

夕日欲颓，沉鳞竞跃

自康乐以来，未复有能与其奇者

（生交流片刻）

生：第一个句子意思是：自古以来都是大家谈论的话题。

师：“大家”？这个大家包括每个人吗？

（生点头）

师：他的这个理解，有没有同学持不同意见？

（生沉默）

师：没有，大家都认可这个美景是“人人”都能谈论的是吗？那老师问一下，咱们周至山美水美，同学们是不是经常谈论这个话题呢？我看大家都摇头啊，为什么不谈？这么美的风景！

生：看不懂。

师：看不懂？看不懂花的漂亮、树的挺拔？

生：这个能看懂，但是不能写诗写文章描述出来。

师：你对自己审美要求还挺高的，必须吟诗一首才算审美，是吧？

（全班笑）

生：我觉得大家平时都挺忙的，怎么可能整天谈论这些风景啊、山川啊之类的，不现实。

师：现实是什么？是衣食住行，是安身立命，对不对？在古时候，劳动人民一天辛苦地劳动，你觉得他们有那份闲工夫和闲心情去谈论山山水水吗？

（生摇头）

师：而且就像刚才那个男孩子说的，关键他们未必能欣赏得了啊，是不是？那这个“共谈”应该限定为哪些人群才合适呢？谁知道？

生：我觉得应该是那些生活比较清闲安逸的文人雅士，他们不需要像劳动人民那么辛苦，也有满肚子的学问，所以才会去谈论山水风光吧。

师：你很有生活经验啊！对的，这里指的就是“文人雅士”谈论，而不是随随便便什么人都可以谈论“山川之美”的，关键很多人也不懂啊，对吧？

生：第二句的意思是——两岸的石壁，五颜六色，在阳光的照耀下，色彩斑斓，交相辉映。

师：我喜欢你这个解释。文中并没有提到阳光，可是这个同学很聪明，他想到石壁能色彩辉映，那肯定是有光线的照射对吧。你的逻辑思维很缜密哦，一定是班里的“理科小王子吧”。

（全班笑，鼓掌）

师：我猜对了？难怪，思维好的孩子分析能力都特别强，所以我们大家在理解文言文意思的时候，一定不要光看字面上写了什么就解读什么，还要联系生活实际，做到灵活地理解，这样才能真正地读懂文义，明白吗？好，接着来。

生：“晓雾将歇，猿鸟乱鸣”意思就是说“早晨的雾气将要消散的时候，传来了猿猴和鸟的叫声”。

师：老师对你这个翻译不满意，我们刚才才说了，要结合实际，适当添加，让文章更加圆润，而不是生硬地直译。例如，“传来了猿猴和鸟的鸣叫”，老师想问问你，猿猴和鸟就在作者旁边待着吗？对啊，肯定不会，那它们的叫声应该从哪里传来呢？

生：是从远处的山林里吧？

师：是嘛，你看我们说“远处的山林里传来了猿猴和鸟的鸣叫”，是不是更有味道？还有，你把“乱”字没有翻译出来，刚才那个同学解释说“乱”是什么意思？

生：此起彼伏。

师：连起来重新说一遍。

生：早晨雾气将要消散的时候，远处的山林里传来了猿猴和鸟儿此起彼伏的鸣叫。

生：“夕日欲颓，沉鳞竞跃”就是说“夕阳快要落山的时候，潜游在水底的鱼儿竞相跳出水面”。

师：哪个字是“将要”的意思？

生：欲。

师：很好，你学习很灵活。最后一个句子，交给同桌来解决。

生：自从康乐公以来，再也没有能欣赏这种奇丽景色的人了。

师：康乐公是谁？能不能给我们介绍一下。

生（读书下注解）：指南朝宋山水诗人谢灵运，他承袭祖父谢玄的爵位，被封为“康乐公”。

师：对，谢灵运是写山水诗作的大家，被后世尊称为“山水诗人的鼻祖”。

三、赏奇景

师：如果老师请同学们用文中一个字来概括文中所描写的这个地方风景的特点，大家会用哪个字？

生：我觉得应该是“美”字，这个地方风景非常优美。

师：“美”这个词太宽泛。你看文章开篇说：“山川之美，古来共谈。”也就是说，所有的山川都是非常美丽的，“美”字可以形容所有山水风景特点，文中有一个词更适合来形容这里独特的山水风景。是哪个词呢？

生：是“奇”字！

师：大家同意不同意？

（生点头）

师：是的，老师也认为这个“奇”字高度概括了此处风景的特点，非常的奇丽、秀美，是别处没有的。那下来我们就结合文章分析一下，这里的风景到底“奇”在何处？请同学们再次用心读文章，先自己独立思考，然后小组交流一下。五分钟时间给大家。

（生阅读思考，小声交流）

师：哪个小组先来汇报你们的交流结果？

生：我们组认为这里的风景首先“奇”在有山有水，很多地方，只有山没有水，而有些地方就只能看得见水，没有山，这都是有缺憾的，这里山水都有，且非常美丽，所以这算是“奇”的表现吧。

师：有山无水，山无灵秀；有水无山，水无风骨。有山有水，才是人间好风景啊！所以，此处的第一奇就是“山水相映成趣”！好，这组同学个个有诗人的情趣。来，下来哪一组接着分析？

（板书　一奇：山水相映成趣）

生：我们组讨论认为，这里的“奇”还表现在无论是早晨还是傍晚，都有非常美好的景物。例如早上是林子里弥漫的雾气，让这里犹如仙境，远处还传来了猿猴和鸟儿此起彼伏的鸣叫，很欢快，更给这里增添了一些生机和活力。到了晚上，就有夕阳西下的美景，还有美丽的鱼儿纷纷跳出水面，这些都是“奇”的证明。

师：哇，你们都能当我的老师了，你们比老师想得都细致。为你们点赞！是的，这里还有独特的晨昏交替之美，无论早晨还是傍晚，都有美景撩动心扉，让人怎能不痴迷？

（板书　二奇：晨昏变化多姿）

生：我们组觉得这里的石壁五颜六色，色彩搭配得很美丽。

师：有道理，我们平时看到的石头似乎都是灰色或者白色对吧，这里的石壁不一样啊，夏日清冽的阳光直射下来，石壁仿佛都镶上了钻石对不对？五光十色，色彩斑斓，美不美？

生（齐）：美。

师：奇不奇？

生（齐）：奇。

师：那我们也板书一下这个。老师有个建议，我们把第二组和第三组的答案互换一下位置吧，这样跟文章描写的顺序对应了，可以吧？

（重新板书　二奇：色彩搭配和谐　三奇：晨昏变化多姿）

师：除了这三个“奇”之外，还有没有其他的“奇特”之处？

（生面面相觑，摇头）

师：大家再仔细读，认真想，看这里还有什么奇特之处？老师提示关注一下所描写的景物事物的状态有什么不同？例如“青林翠竹”和“沉鳞竞跃”。

生（抢答）：一个是静止的，一个是动态的！

师：这叫什么？

生（齐）：动静结合

师：是的，还有“动静相衬之妙”。

（板书　四奇：动静相衬巧妙）

生：我觉得还有动物和植物的搭配。“青林翠竹”是植物，“沉鳞竞跃”是动物。

师：有道理，动物植物搭配也让这里充满了奇丽的色彩。谁还有？

生：我觉得这里一年四季都有美丽的景色。

师：那能不能请你按季节顺序来说说，这里一年四季都有什么美景。

生（思索片刻）：春天应该是清澈的河水，美丽的石壁；夏天是绿树和翠竹；秋天应该是猿猴啊，鸟啊，还有嬉戏的鱼儿；冬天——

师：冬天有什么？作者写了吗？

（生摇头）

师：对，没有。那是不是说这里冬天没什么可写？当然不是了。读文章，一定要会联想和想象。作者没写，我们也能想象得来这里冬天的美，冬天的山水是有一种凛冽美的。大家冬天有没有去爬秦岭山？是不是别有一番风味啊？所以，即使作者没写，我们也能想象到这里冬天山的冷峻、水的清癯奇丽。那老师突然有一个疑问，你说作者为什么不用 两句话来说 下冬季的风景呢？忘了？

生：我觉得作者应该是有意为之吧，故意省略。就是，这样能显得——

师：文意含蓄，是不是？你是一个对文字很敏感的孩子，相信你的作文一定也不错。写文章其实真没必要面面俱到，写一点，留一点，让读者有想象的空间，这样的文章才是美妙的，懂了吗，孩子们？

（生点头）

师：下面，为了加深大家对这个地方奇景的印象，老师为大家设置一个具体的情境，然后请大家根据老师的设置，补充出与之相应的句子，明白什么意思吗？

生：明白。

师：这里山清水秀、风景宜人——

生（齐）：高峰入云，清流见底。

师：这里色彩斑斓、绚烂夺目——

生：两岸石壁，五色交辉。

师：这里佳木葱茏、生机盎然——

生：青林翠竹，四时俱备。

师：这里朝晖夕阴、气象万千——

生：晓雾将歇，猿鸟乱鸣；夕日欲颓，沉鳞竞跃。

四、品雅趣

师：同学们写过信吗？哦，有人点头，有人摇头。现在很多人都用微信电话，很少有人再写信了，是吧？没关系，即使没有写，我们也能明白，平时如果我们要给某人写一封信，你觉得主要目的是什么呢？

生：我觉得吧，写信主要应该是为了说些什么事情，或者表达自己的情感。

师：就是说事情或者联络感情，是吧？你写过信吗？没有啊，那你怎么这么懂呢？

（全班笑）

师：很好，这个同学基本说出了写信的主要目的。那么老师想请同学们看看，这封陶弘景写给谢中书的书信，是在陈述事情、联络感情吗？对，显然不是，纯粹就是在写景，给谢中书描绘一幅山水奇景图，对吧？你觉得作者为什么要给谢中书回复这样一封书信？

生：我觉得吧，会不会是作者想告诉自己的朋友，这里的风景很美。

师：哦，你觉得就是单纯地赞美自己身边的美景，告诉朋友我现在生活在画一样的世界里，对不对？

生：我觉得应该还有作者想邀请朋友来这里，跟他一起共赏美景这一层意思吧。

师：想得更深刻，美景共赏，美美与共。或许也有这么个意思，对吧？来，继续说。

生：我觉得就是陶弘景想告诉朋友，自己家乡的风景很优美，即使朋友来不了，也可以通过文字来欣赏。

师：就是把自己的家乡美景用文字的形式直播给朋友？为自己的家乡做代言？是这个意思吗？

（全班笑，生点头）

师：也有这个可能哦！那老师想给同学们提供一组材料，请同学们认真阅读，然后看还有没有别的想法。

屏幕出示补充资料：

材料一：南北朝是中国历史上最黑暗的时期，因为各种矛盾非常尖锐，政局极度动荡，因此不少文人往往遁迹山林，旨图从自然美中去寻求精神上的慰藉和解脱，因而他们常在书信中描述山水，来表明自己之所好。

材料二：梁武帝曾经下诏问陶弘景"山中何所有？"言下之意是说山中什么也没有，还不如出来做官，也就什么都有了。陶弘景写了"诏问山中何所有赋诗以答"："山中何所有，岭上多白云。只可自怡悦，不堪持赠君。"巧妙地表达了自己不愿出山做官，不屑与时人为伍的高雅志向。

材料三：另一次梁武帝要他山来做官时，他干脆画了两头牛，一头无拘无束地散漫在水草之间，另一头戴着金笼头，被人用绳子牵着，还用棒子驱赶着。梁武帝看了也笑起来，知道他绝不会出来做官了，也就打消了请他出仕的念头。

（生读资料，然后交流）

生：看了资料，我觉得应该是陶弘景想借这篇文章，向谢中书表明自己只想归隐山林的志向吧。

师：何以见得？

生：从材料一我们可以看出，陶弘景当时生活的时代朝廷非常黑暗腐败，不是他这种正直清廉的人能待的，所以他就选择遁迹山林，从自然之美中寻求精神上的慰藉。而且后面还说："他们常在书信中描述山水，来表明自己之所好。”材料二可以看出陶弘景连皇帝都敢拒绝，所以足见他归隐之心坚决。我觉得他就是想通过这篇文章，告诉朋友自己的志向。

师：什么志向？

生：归隐山林，远离官场。

师：这八个字一针见血地揭示了陶弘景的志趣。是的，在南北朝时期，当时局势动荡，奸佞当道，稍微有点骨气的文人墨客都选择远离官场，过避世退隐、寄情山水的生活，陶弘景也不例外。可是他这个人又很有政治才能，所以梁武帝多次邀请他出山，都被他拒绝了。他的好朋友谢中书谢微也写信劝他出山辅佐君王，他就回复了这封信用以明志。

（板书　娱情山水的情趣）

生（举手）：老师，还有没有另一种可能，就是陶弘景也借此来劝自己的好朋友谢中书辞官，和自己一起归隐山林呢？

师：你这个分析很有道理。但是，人各有志，谢中书说服不了陶弘景，陶弘景也未必见得就能说服自己的朋友，是吧？好，同学们，这篇文章，短短 68 个字，字字珠玑，没有多余一个字。可是为什么结尾会提到一个貌似不相关的人呢？是谁？

生（齐）：康乐公。

师：对，作者落笔之处提到了中国山水诗作的鼻祖康乐公谢灵运，这是不是多此一举呢？大家怎么看这个问题？先给大家补充一点康乐公的资料，帮助大家分析。

屏幕显示助读资料：

> 谢灵运是陈郡阳夏（今河南太康）人，出生在会稽始宁（今浙江上虞），原名谢公义，字灵运。东晋末年刘宋初年的文学家、诗人。东晋时，他 8 岁袭封康乐公，晋末曾出任为琅琊王德文的大司马行参军等职。谢灵运虽出身名门，兼负才华，但仕途坎坷。为了摆脱自己的政治烦恼，谢灵运常常游历于山水之间，是中国历史上“山水诗派”创始人，诗与颜延之齐名，并称“颜谢”。

（生阅读资料，小声交流）

生：我觉得，谢灵运是著名的山水诗人，很有才能，陶弘景说“自康乐以来，未复有能与其奇者”，就是说，除了康乐公，再也没有人能和我一起共同欣赏这奇丽的景色了，我觉得他是在自己炫耀自己。

师：炫耀什么？

生：炫耀如此美景，只有他和康乐公能欣赏，其他人都不懂。在自夸的同时，也在嘲讽那些凡夫俗子，不懂欣赏美景。

师: 我很欣赏你的语言表述能力,流畅清晰！是的，如此美景,千百年来，只有两人能懂，一个是南朝的康乐公，一个是我。这是何等自负的感觉啊。就像一道数学题，全班只有你和数学老师会做，你什么感受？

生：嘚瑟！

（全场笑）

师：呵呵，嘚瑟，得意，自得对不对？那能不能请你用嘚瑟的语气来说“这道题，全班就我和数学老师会做！”来，尽管嘚瑟地去说。

生（得意扬扬）：这道题，咱们班就两人会做，一个数学老师，一个，就是——我！（大拇指头指向自己）

（全场笑声，掌声）

师：你可真够嘚瑟的！

（生笑）

师: 那能不能请你也揣摩一下作者陶弘景的情绪,来读一下文章最后一句。

生: 自康乐以来,未复有能与——其——奇——者——(陶醉状,自得意)

（掌声）

师：这是一种何等的自得之意啊！这也只有陶弘景这样的志趣高洁之士才能说出这样自得之词，所以作者在这篇文字里，除了向友人表明自己“娱情山水”的志趣之外，还抒发了自己和古今先贤共赏美景的自得之情。

（板书　比肩先贤的自得）

师：“比肩”什么意思？

生：比肩膀？

师: 字面意思对了,比肩,就是和别人一般高的意思,形容在同一个层次上。

五、辨情怀

师： 同学们，对于古代一些先贤寄情山水、避世退隐的生活态度，你怎么看?

生： 我觉得赞同他们这种生活方式。那些情操高尚的人，一般内心都比较骄傲，更喜欢自由自在、无拘无束的生活，不喜欢被世俗所禁锢；在现实世界无用武之地，寄情山水也是一种排遣内心惆怅的方法，无可厚非。

师： 那如果有机会，你会选择隐居吗?

（生点头）

师： 会啊？你妈妈同意吗?

（全场笑）

师： 那大家也赞同这种看法吗?

生： 我不赞同。人人都避世退隐，洁身自好，那么这个时代要靠谁来推动？天下兴亡，匹夫有责，每个人都要为社会的和平发展贡献力量。乱世出英雄，虽身处乱世，亦可有一番作为。

(全场掌声）

师（问前一个学生）： 他的观点，你觉得怎么样?

生： 我觉得他说得也有道理 ，我说的也有道理。

（全场笑）

师： 对，你们说得都有道理！那你们想不想听听老师是怎么看这个问题的？孩子们，选择怎样的生活方式，我们无权指责。处于乱世，不能达则兼济天下，选择独善其身何尝不是一种智慧。可是作为新世纪新青年的你们，生活在如此太平盛世、国泰民安的时代，那么希望每个同学都能积极作为、主动作为，要以主人翁的态度行走于世间，为社会的和谐发展、国家的繁荣富强贡献自己的一分力量!

（全场掌声）

师： “山川之美，古来共谈” ，而我们依山傍水的周至，也有着举世闻名的美景，无论是巍巍秦岭还是蜿蜒渭水，都是我们骄傲的资本。今天，留一个作业给大家——

屏幕显示：

微写作：

山川之美，古来共谈。

周至之美，我也来谈。

仿照本文的写景方法，描写一处你心目中的家乡美景片段。

师：这节课我们就上到这里。谢谢同学们，下课！

一字立骨，收放有度

——执教感言

《答谢中书书》是一篇山水小品文。文章简洁明快、文质兼美，里面夹杂骈句和散句，很富有节奏美和韵律美。因为是文言文，所以教学起来还是有一定难度的，尤其是对主旨句的理解，因为作者和学生的生活背景与经历截然不同，所以作者所要表达的情感学生无法很好地参悟。借班上课，难度就更大了。真实的学情是，学生已经把这篇文章熟读成诵而且译文也了然于胸，很显然，再按照第一课时来设计是不合适的，可是又因为他们只是了解表面，又不能过度地纵深讲解，基于此，我打算兼顾“言”而重点放在“文”的理解上。这次设计想突出“以读促教”的理念，所以设计了三个不同层次的朗读，让学生在不断地阅读中逐渐深入感知文本，教学效果还不错。

在内容的教学上，因为是陌生的学生，也不知道孩子古文的底蕴怎样，所以设计这个环节时颇费了一番工夫，最后决定按照“主问题”的教学思维来开展，这样主动权就掌握在了自己手里。倘若学生功底还不错，那么在这个主问题的基础上可以不断延展拔高；如果学生的课堂表现不佳，那么就文讲文，让他们好好读书就好，理解最基础的便罢。设计什么问题呢？反复阅读，仔细品咂，最后目光落在了“奇”字上——以“奇”立骨，勾连全文，从内容的讲解到情感的渗透，都可以打通。

课堂教学上，学生的反应很让人欣喜。虽然是陌生的师生组合，但是简单的课前预热互动，让他们瞬间就“接受”了我这个新老师，并且积极热情。预设的内容完成得还不错，眼见得时间还有剩余，灵机一动，就给他们再予以拔高，课堂吃不饱的孩子，老师有责任和义务给他们多“喂”点“食”。一个充满思辨的问题抛出后，答案果然五花八门，让你不得不感慨现在的孩子真是有个性、有想法。不过，还是对他们予以了正面引导，毕竟还是孩子，毕竟这个社会需要正能量的东西来推动。真善美的种子，应该从小就深植，不是吗?

课后思索再三，觉得“主问题”教学思维非常有助于借班上课，一个问题立足，大可放，小可收，课堂的主动权是握在老师自己手里的，完全可以根据学生的表现来拿捏分寸。只是如何更好地在一篇文章中找准一个核心问题，这确实是非常考验智慧和功力的，需要我们长期不断地积淀和思考。

还有一点，也颇为自得。导课。原本设计的导课是以南北朝时期的山水小品文来导入，可是总觉得不得劲。送教那天早上四点醒来，自己在心里把上课的流程仔细过了一遍（这是多年养成的习惯，公开课之前也一定要打“腹稿”），又回归到导课，觉得非常生硬也不对学生胃口。灵光乍现，能不能以“鹿马——指鹿为马”为契机来导入，可是设计了几个方案都否定了，这个故事和这篇文章实在没有太多的关联，有趣是有趣，但是切换得太生硬，不好。继续沉思，突然想起之前在哪里看过对“周至”这个地名的解读，一百度，计上心来——就以孩子最熟悉的家乡名称为导入点，继而引出大秦岭的山水风光，然后再切换到本课要领略的山水美景。无缝对接，完美！事实证明，越是接地气的，越是受欢迎；越是贴合学生生活实际的，越是能调动学生学习的兴趣。这节课之所以越上越顺，得益于导课的先声夺人。

后来，鹿马学校耶周海老师（这个班的班主任、语文老师）跟我交流，他提到，他是以“仙都”导入的——鹿马学校和老子讲经布道的楼观台毗邻，而楼观台因风景的秀丽和老子的翩然仙气而得名“仙都”，这和文章中提到的“仙都”有契合之处，以此导入也是最美不过，为有心的耶老师点赞！

其实教学就是这样，在碰撞中淬炼，在交流中提升，在反思中感悟。只有俯下身来，聆听文本的声音，聆听学生的声音，聆听课堂的声音，那么，你想要的美好，就在眼前！

观摩示范课我们该学些什么
——汤会娥老师“送教下乡”听课记

（周至县鹿马九年制学校　耶周海）

我看到汤老师“送教下乡”的活动方案，知道她送教的是八年级语文上册第11课《短文两篇》中的第一篇《答谢中书书》，并且借用我们五班的学生，便第一时间告诉她学生在开学后的餐前诵读中已经把《答谢中书书》的原文和译文背熟了，这是汤老师课前了解的唯一学情。

送教当天，我提前组织学生到会议室有序就座。汤老师打开PPT出示课题，背景图一下子就吸引了我。山水间云雾缭绕，烟树、小舟、大雁散落淡墨晕染中，山、水、天空明一色，犹如一曲蓝调的梦。大号蓝色字体课题悬于云山之际，石褐色的学校和汤老师姓名隐没于山水相接之处，整体布局配色清爽醒目，主题突出。学生刚稳定下来，她就走到学生中间去，亲切地和学生交谈起来。问学生的第一个问题是“鹿马村名的来历”（鹿马九年制学校坐落于鹿马村），顿时就把全班学生的注意力集中到她这里来。学生你一句我一句地争相回答，但能完整讲出来的学生却没有一个。汤老师耐心引出故事的人物赵高和胡亥，然后互动讲出“指鹿为马”的经过。语言幽默睿智，组织张弛有度，抛出一个问题就消除了师生陌生感，也初步掌握了学情。

上课预备铃响了。放在平时，我们班当节课的科代表会组织同学朗读或背诵。汤老师示意学生今天暂时“不按套路”出牌，她抛出导课问题：在黑板上写下“盩厔”两个字，问学生怎么读？这是周至县的古名，好在我讲《三峡》字音的时候提到，学生认识，要不然糗大了，作为周至人怎能连自己的古县名都不知道。就像学生总是写错“猕候桃”一样，让“猕猴桃之乡”的老师尴尬无奈。这些简单却又严肃的文化传承汤老师都想到了。学生异口同声答道“zhōu zhì”，令汤老师大吃一惊，对学生提出了表扬，又请学生进一步阐述“盩厔”的来历，却没有学生能够回答出来。她便予以资料的补充，引导学生说盩厔南依（秦岭）北临（渭河），括号里为学生回答，故以“山曲曰盩，水曲曰厔”而得名。填空式的互动，加上汤老师适当的肢体语言，牢牢抓住了学生的注意力。“南依……”右手向南一挥停在空中，教室就成了浓缩的盩厔（学校就在秦岭山脚下），既引发学生的想象，又给了学生思考的时间。左手向北一指，镜头（视角）又拉升在了空中，俯瞰关中大地，泱泱渭水川流而过。学生视角和地域或近或远自如转变，课堂抢答气氛活跃。后来在研讨中得知汤老师本来预设是自己讲，没想到学生对“盩厔”一知半解，索性运用这个点增加课堂互动。再者，在学生回答问题上，对学生没有举手和站立的要求，让学生无拘无束碰撞思想的火花，百花齐放中点化生成。汤老师驾驭课堂能力强，教学风格鲜明，这是名师多年锤炼出来的能力，也是课前下足功夫得来的自信，这种张弛有度的上课节奏一直保持整堂课。

上课正式铃响了，由盩厔山水导入描写山水的《答谢中书书》，解题环节，师生互动顺畅，已感觉不到这是在借班上课。汤老师第二个环节的设计理念是“以读促教”：一读读准字音，二读读出韵味，三读读懂文义。本课是骈文，四言为主，节奏鲜明。汤老师把PPT的背景设置为中间大开景深的淡墨山水，文本编辑成八字一行排列整齐，使学生对骈文的特征有了直观认知，尽显其形式之美，节省了文体专业解读时间，更有利于学生朗读成诵。这种由浅入深，层次分明的设计在评课中受到听课老师的赞誉。但由于学生天天在餐前诵读中自找乐趣反复诵读，已采用快读、慢读、夸张读、强弱对比读、实虚词重音读、念经式地读、铿锵有力地读等形式方法把文本千锤百炼，给公开课带来了不小的意外。我给六班上这节课是沿用常规课的办法，诵读课文，字词检测，品读赏析，思想感悟，前两个是摸学情，后两个是重提升，教学效果一般。现在是通过名师检验的时候了，所以我倍加关心诵读的效果。就目前来看，发现提前背诵给课堂带来了以下两点变化：

1. 促教学设计新思考

汤老师了解已熟背的学情后犯了难，这样的情况要怎样设计课？是第一课时还是第二课时？按照常规的文言文授课思路显然行不通，最后综合考虑调整了教学内容。公开课中，汤老师还是进行了两次随机备课。课后，我也在思考这个新问题，初一语文教材每单元的最后一课是文言文，多以人物对话为主，背熟课文到上这一课间隔时间短，感觉就是减少小组课堂分角色演练时间。初二语文教材编排把文言文集中在第三、六单元，学生智力水平提升也大，理解能力明显增强，抽象思维发展迅速，所以汤老师的这节课也成了我研究的新课题。

2. 使教学内容量增大

汤老师原本预设的需要学生讨论的问题，学生不怎么需要讨论答案就能出来。比如，汤老师采用主问题法围绕“奇”字展开解读文章，预设从四个角度去分析写景，最后提到了六七个角度。这说明设计的教学内容已经不能满足学生，迫使老师要再深挖文本内外的东西。文本内的教学多体现一个老师的教学技巧，文本之外则体现一个老师的专业素养。汤老师为了提升学生对文本的感悟，用非连续性文本呈现助读资料，讲故事般让课堂节奏慢了下来。如本文采用动静结合写景一样，课堂也需要已知与未知相结合。通过学生阅读、思考、整合生成新知，而长时间（与前面的快节奏相对而言）的思考孕育着新知的深度。本节课学生生成的提升集中体现在汤老师第二次随机备课：对“寄情山水、避世退隐”这种人生态度的探讨上。文化之争必有辩证，汤老师以课文末尾抒情语句为抓手，指引学生从作者当时的社会现实去分析，解读文本“弦外之音”。当有学生说自己想寄情山水过闲适的隐居生活时，她从正面引导，我们生活在盛世，正是人人大有作为的时候，鼓励学生立志高远。汤老师学识广博，经验丰富，课堂收放自如，“大”“小”处都闪耀着她的人文魅力！

这次公开课是一堂别样的“以读促教”课，学生的“读”促使老师“教”的改变，也让我领略了名师风采。下来我关注了汤老师的语文工作坊公众号，拜读其间，发现她近期“送教下乡”有教读课文，有自读课文；有现代文，有文言文；借班年级也不尽相同，实是被汤老师扎实的基本功、名师的专业素养和高超的驾驭课堂能力深深折服。汤老师为人谦和，更是把我的专业成长带入一个广阔的新天地！我将倍加珍惜，奔跑着奋勇前进！

雨季，那剪不断的愁绪

——《昆明的雨》课堂实录

（本节课为工作室研修活动示范课）

一、导入

师：同学们，如果有外地的朋友对咱们杨凌很感兴趣，想要你为他画一幅画，能表现杨凌的特点或者特色，你打算画什么？

生：我会画蘸水面。

师（笑）：大大一张白纸，你在上面画一盆蘸水面？这幅画可真是很有特色啊！蘸水面是杨凌的特色小吃，所以你选择画这个对不对？这位同学是从美食的角度来考量的，其他同学呢，会呈现什么元素？

生：我会画后稷。

师：后稷，农业始祖！说说你的理由。

生：我们杨凌是国家唯一一个高新农业示范区，是中华民族农业的发祥地，昔日农神后稷曾在这片土地上教民稼穑、树艺五谷，所以我觉得最能代表杨凌元素的就是后稷。

（全班掌声）

师：孩子，来告诉我们，这些知识你是从哪里获得的？

生：我家里有这方面的书籍，我经常翻看。

师：真好。作为一个杨凌人，我们就应该像这位同学一样，不但要热爱自己的家乡，更要深入地去了解自己的家乡，讲好杨凌的故事！大家看，刚才这两位同学在画杨凌特点时，都会选择杨凌最有代表性的事物，无论是从美食传承上还是文化传承上，当然同学们也可以选择从其他的角度来彰显杨凌的特点。旅美华人巫宁坤先生想请汪曾祺先生画一幅能表现昆明特点的图画，那么，汪先生是怎么画的呢？

（生读课文相关段落）

二、雨季之“明亮”

师：画面的主要元素是什么？

生（齐）：仙人掌。

生：还画了一些菌子。

师：就是书上这幅插图对吧？我们来欣赏一下。右上角画了一棵大大的仙人掌，左下角画了一些菌子。大家注意这个仙人掌，它是——

生（齐）：倒挂着的。

师：对，仙人掌是倒挂着的，能倒挂着说明它是被摘下来了，离开土壤了对吧？离开土壤倒挂着的仙人掌居然还——

生（齐）：开花了。

师：是的，离开土壤倒挂着居然都能开花，由此我们可以看出这里的仙人掌什么样的特点？

生：应该是生命力很旺盛吧。

师：对，昆明的仙人掌有着旺盛的生命力。那还画了什么？

生：牛肝菌和青头菌。

师：同学们了解昆明这座城市吗？来，请你说一说。

生：昆明是云南的省会城市，这座城市空气比较湿润，四季温度都比较高。

师：是的，昆明是靠近我国最南端的城市，它一年四季温暖如春，花团锦簇，所以昆明又被称为“春城”。老师去年冬天曾经去过这座城市，最显著的印象就是这座城市的花特别多，尤其是三角梅，随处可见，在冬天都开得鲜艳夺目。如果让老师去画昆明，我可能会画它的花团锦簇，画那一捧开得生机盎然的三角梅。而汪曾祺先生却选择画仙人掌、画菌子，你觉得他为什么会这样来选择？

（生思考片刻）

生：因为仙人掌和菌子最能代表昆明的特点。

师：能具体分析一下吗？

生：仙人掌倒挂着，时间长了自然会枯萎，可是昆明的仙人掌倒挂着不但没死还开花了，这就说明昆明的空气非常的湿润。

师：从倒挂着的仙人掌开花来表现昆明气候的湿润，所以作者选择了画它，你的分析很有道理。那谁再来谈谈自己的看法。

生：我觉得这两种事物可能在昆明比较常见一点。

师：你怎么知道？

生：书上说，倒挂的仙人掌家家门口都有，菌子也是遍地都是。

师：你读书读得非常仔细。还有其他的分析吗？没有了？好，这两位同学刚才谈了作者选择仙人掌和菌子入画，是因为这两种事物能表现昆明的特点，还有就是在昆明非常普遍。其实，大家知道，昆明之所以气候常年湿润，主要是因为这里一年四季雨比较多对不对？雨多，空气湿润，所以倒挂的仙人掌才会开花，草地上的菌子才会遍地都是。这么说来昆明这座城市最大的特点就是——

生（齐）：雨多。

师：是的，昆明的雨特别多。作者在这里度过了人生中最重要的一段时光，昆明的雨自然给他留下了深刻的印象。老师提一个问题，这篇文章里有一句话高度概括了昆明雨季的特点，不知道大家在自读文章和后面的阅读提示时有没有关注到这句话。

生（齐）：昆明的雨季是明亮的、丰满的，使人动情的。

师：看来大家读书读得很仔细！就是这句："昆明的雨季是明亮的、丰满的，使人动情的。"请同学们做批注，昆明雨季的特点。

（生做批注）

师：下面，我们就围绕这句话来解读这篇文章。请同学们再快速默读一遍文章，试着从原文中来分析，昆明雨季的“明亮”“丰满”“使人动情”是如何体现出来的。

（生自读文章，圈点勾画）

生：昆明雨季“明亮”这个特点，我想应该从文章的第四段就能看出来。

师：请你为大家朗读一下这一段。

生：我不记得昆明的雨季有多长，从几月到几月，好像是相当长的。但是并不使人厌烦。因为是下下停停、停停下下，不是连绵不断，下起来没完。而且并不使人气闷。我觉得昆明雨季气压不低，人很舒服。

师：如何看出雨季的“明亮”？

生：这里雨虽然多，但是下一会儿就会停，不是那种连绵不断的，而且昆明气压不低，不会使人感觉气闷。

师：这和咱们这里的雨季有什么不同?

生：咱们这里下雨有时候就是连阴雨，一下十几天，天一直都是阴沉沉的，使人感觉很压抑。而昆明的雨，下一会儿就停了，可能前一分钟还在下雨，后一分钟就会阳光灿烂，所以昆明的雨季是“明亮的”。

师：分析得很细致。大家学习地理都知道，云南处于云贵高原，属于温带湿润型季风气候，所以昆明虽然雨多，但是光照也很充足。就像这位同学刚才分析的，昆明的雨说下就下，但是说停也立即会停，接着就阳光四射，所以昆明的雨季不像咱们这里气压低，让人感觉憋闷，它是“明亮的”。

（板书　明亮的）

三、雨季之“丰满”

师：好，昆明雨季的第二个特点，谁来分析一下?

生：昆明雨季的丰满应该体现在它的雨水非常多。

师：一个城市，雨水多，给人感觉这个城市整天都是湿润的，是不是?那雨水多，最典型的表现是什么呢?

（生犹豫）

师：雨水多的地方，最明显的表现是什么？好，你来说说看。

生：雨水多了，植物就比较茂盛。

师：也就是说雨水多的城市，它的绿色就比较多，草木就非常茂盛是不是？书上有没有类似的描写？

生：有。就在第五段。

师：请你读一下。

生：城春草木深，孟夏草木长。昆明的雨季，是浓绿的。草木的枝叶里的水分都到了饱和状态，显示出过分的、近于夸张的旺盛。

师：昆明的雨季绿意萌生、雨水充沛，你觉得自己刚才的朗读读出这种湿润、温润、饱满的感觉了吗？

（生笑，摇头）

师：请再读一遍，带着自己对文字的理解。

（生再读，情感较之前丰富）

师：这一遍就比刚才有味道一些了。同学们注意，我们朗读课文，不仅仅是读出来，更要融进去自己对文章、对作者透过文字所要折射的情感的理解，好吗？来，我们一起分析。作者在这段记叙昆明的雨季，用了一个词，对，是“浓绿”，老师觉得这个词用得很精准，你可不可以分析一下？

生：浓绿就是比绿更深一层，更加体现了昆明雨水的多。

师：他说“昆明的雨季，是浓绿的”，雨季如何能是浓绿的呢？

生：其实他指的是雨季的树啊、草啊等等这些植物是浓绿的。因为昆明的绿植很多，又很旺盛，绿意萌发，所以作者借助这些植物来表现昆明的雨水多，因此说昆明的雨季是“浓绿的”。

师：真是一个会联想的孩子！是的，“浓绿”一词让我们看到昆明植物的生机盎然，还有哪些词也能体现植物这一特点？

生：饱和。

生：旺盛。

师：什么到了饱和状态？

生：枝叶里的水分。

师：那就是说，昆明花草树木的枝叶里充分吸收了水，已经到达“饱和”状态了，说明了什么？

生：昆明雨水之多。

师：对，又一次表现了雨水多，所以草木才活得如此旺盛。这些，都是昆明雨水充沛的表现，所以作者说，昆明的雨季是“丰满的”。那除此之外，大家还有没有在文章其他地方找到能表现昆明雨季“丰满”这个特点的句子。

生：请大家看第七自然段。“昆明菌子极多。雨季逛菜市场，随时可以看到各种菌子。”

师：从这段能读出什么？

生：菌子是一种喜雨的植物，越潮湿的天气，菌子的生长越多。所以，从菌子多可以知道昆明的雨是非常多，也就说明昆明的雨季是“丰满的”。

师：大家知道“菌子”是什么东西？

生：就是蘑菇啊、香菇啊之类的。

师：菌子其实就是我们说的蘑菇，野生的蘑菇一般称为菌子。在咱们这里主要是人工培植的多，例如蘑菇、香菇、金针菇等，而云南，因为气候湿润，所以野生的菌类就很丰富了，书上就说了好几种，很多我们连听都没听过是吧。野生的菌类如此之多，自然也就证明了昆明雨季的“丰满”，雨水特别充沛。大家分析得都很细致，说明咱们班同学的阅读功底还是很不错的。

四、雨季之“使人动情”

师：好，下面我们继续分析昆明雨季的第三个特点：使人动情的。这个问题是有一点难度的，为了帮助同学们分析，老师给一点适当的提示，请看屏幕。

屏显提示：

作者为了表现昆明雨季“使人动情”的特点，都写了昆明哪些特有的事物，从中又蕴含着什么情感？请默读6—12段，思考问题。

（学生默读，思考）

生：请大家看第四段这句话“我觉得昆明雨季气压不低，人很舒服。”从这句话里，我们可以看出汪曾祺先生对昆明的雨季非常喜欢。

师：因为昆明的雨季让人舒服，所以作者喜欢昆明的雨，难以忘怀那段在昆明的岁月，是吧？所以，这位同学理解“使人动情的”，就是说因雨而爱上一座城。咱们继续分析。

生：我分析的是第八段昆明的火炭梅。从这一段叙述，我可以感受到汪曾祺先生对昆明火炭梅的喜爱之情。

师：我们来看这一段。作者写昆明火炭梅时，重点写的是什么？

生（齐）：卖杨梅的小姑娘。

师：老师想请一位同学来读一读这段文字。好，请你来读一下。

（生读第八段）

师：请同桌来评价一下读得怎样？

生：我觉得她读得还可以。

师：“还可以”，好勉强，那你觉得她的朗读什么还可以，哪些地方你不太满意？

生：她读得很流畅，也比较有感情，但是我觉得她朗读小姑娘的语言不太生动。

师：请你示范一下。

(生朗读，声音柔和甜美）

师：你这一声“卖杨梅”可真甜，比昆明的火炭梅都甜，把我们的心都融化了。

（全班笑）

师：来，孩子们，分析一下，这个卖杨梅的小姑娘美不美？是的，很美，江南风情。那谁来分析一下，她美在哪里？

生：我觉得她的服饰很美。“一顶小花帽子，穿着扳尖的绣了满帮花的鞋”，她的衣服很有地方特色。

生：我觉得她卖杨梅时非常的温柔，不急不躁，这种感觉很美好。

师： 不紧不慢，不急不躁，不似其他小贩那样聒噪，不停地兜售让人厌烦。这个小姑娘，她和我们生活中那些小商贩是不一样的。她“坐在人家阶石的一角，不时吆喝一声”，很随意，也很诗意。老师追问一句：这句话里的“一角”能否去掉？“不时”可不可以换成“时时”？大家试着读一下。

（生自由读）

生： 不能去掉，“一角”写出了那个小女孩坐得很端正，而且尽量不占地方。

师： 台阶那么大，为什么不能舒舒服服地坐着，而是要这么端正呢？

生： 应该是为了要表现她文静的性格。

师： 真好，从坐姿看出了一个人的修养和性格。那“不时”换成“时时”好不好？好，请你来说。

生： 我觉得不好。“不时”就是隔一段时间吆喝一声，“时时”意思就是频率很快。我们刚才说这个小姑娘很文静，不像其他商贩不停地叫卖，所以，用“不时”更符合她的性格。

师： 除了“文静”这个词，你还能用其他词来形容一下这个小姑娘吗？

生： 内向。

生： 我觉得“内敛”更合适。

生： 她很优雅。

师： 同学们说的都很好，短短的一句话，关键的几个词，作者就给我们刻画了一个文静、优雅、内敛的卖杨梅的小姑娘，这和昆明雨季的那种清新恬淡形成了照应之势，符合整篇文章的气韵。想想在这样一个舒服而惬意的雨季，出来一个不停聒噪兜售杨梅的小姑娘，是不是有大煞风景之感啊？对的，所以同学们以后写作也要注意细节方面的刻画，明白吗？好，分析完小姑娘，我们再来看看昆明的火炭梅。作者说，“我吃过苏州洞庭山的杨梅、井冈山的杨梅，好像都比不上昆明的火炭梅”。难道洞庭山的杨梅、井冈山的杨梅果真没有昆明的火炭梅好吃吗？

（生摇头）

师： 怎么理解作者这句话？

生：是不是就是“爱屋及乌”的意思啊？因为爱昆明，爱昆明的杨梅，所以就觉得昆明的杨梅比其他地方的都好吃！

生：我觉得作者这样写，更加表现了他对昆明这座城市的怀念之情。

师：你真是一个感情细腻的孩子。作者把自己的情感融入其中，更生动细腻地表达了对昆明火炭梅的喜爱赞美之情，从中折射出作者对昆明生活的怀念和向往。来，我们接着说，昆明还有什么使作者动情，又动了何种情思？

生：我觉得使作者动情的还有昆明的“菌子”。

师：好，我们聚焦描写昆明菌子的段落。请大家集体朗读这一段。

（生齐读第七段）

师：老师非常喜欢汪曾祺的这篇文章，尤其喜欢这段对菌子的描写。下面，我想和同学们一起好好品味一下昆明菌子的美味。请看屏幕。

屏幕显示：

① 牛肝菌色如牛肝，滑，嫩，鲜，香，很好吃。（逗号能否换成顿号？这几个形容词可否调换位置？）

师：请一位同学来读一下这句话。好，请你来朗读。

生：牛肝菌色如牛肝，滑，嫩，鲜，香，很好吃。（读得枯燥没感情）

师：很好吃吗？可是听起来你很痛苦啊（全班笑）。读出很好吃的感觉，请再来一遍。

（生再读，比刚才略有感情，但味道不够）

师：比刚才读得要好一些，但是老师还是不满意，这么好吃的一盘菜，你的介绍一定要能勾起大家的食欲，谁再来尝试一下。好，请你来读。

生：牛肝菌色如牛肝，滑——嫩——鲜——香——很好吃。（抑扬顿挫，情韵十足）

（学生鼓掌，有人喝彩：真好吃！）

师：掌声说明一切，你是一个优秀的导购员！（生笑）那逗号换成顿号，大家自己试着读一下。

（学生读）

师：味道一样吗？

生：不一样，顿号读起来比较急促，不像逗号，读起来给人舒缓的感觉。

师：你是从标点符号的停顿上来感受的，很好，谁再来说说。

生：我觉得加逗号读起来比较缓慢，能给人一种回味悠长的感觉。

师："回味悠长"，这个词用得真棒！你能读一下这种回味悠长的感觉吗？

（生朗读，舒缓悠长）

师：读得很好，的确有一种深情、悠长的意味。大家看，用逗号就像拍电影时的什么镜头？对，慢镜头，细致地刻画，让人眼前就有了画面感。那第二个问题，这几个表示味觉的词能否换一下顺序？大家可以先换顺序读一下。

（生换词读）

生：我觉得不能，滑、嫩、鲜、香这几个词如果调换顺序的话，读起来比较绕口。

师：就是朗读比较拗口，不和谐，是吧。从这个角度分析很创新。还有呢？

生：我觉得人吃东西，应该先是感觉到滑，然后再是嫩，最后是鲜和香。

师：大家同意这种说法吗？都同意啊，是的，这位同学说得很好。你看这几个词是不是符合我们吃东西时的顺序？入口即滑，轻啮觉嫩，咀嚼品鲜，吞咽知香，这一系列的词是品尝菌子的完整过程，是我们日常中的鲜活体验。汪曾祺先生真的是一代文豪，四个字，四个逗号，却营造了非常丰富的意境和感觉。再看第二个问题。

屏幕显示：

> ② 这东西也能吃？！
>
> 这东西这么好吃？！

师：请大家朗读这两句话，并说说，这两句话应该读出怎样的语气？

生：第一句是疑惑的语气。

生：我不赞同，我觉得应该是质疑和轻蔑的语气。

师：请你读出这种质疑和轻蔑的语气。

（生朗读）

师：质疑什么？又为什么会轻蔑？

生：就觉得干巴菌很难看，就觉得它应该不好吃，还有点看不起干巴菌的意思。

师：以貌取“菌”，可事实是这样吗？谁来读第二句。好，请你来读。

（生朗读）

师：你告诉大家，你读出的是什么语气？

生：我读出的是惊讶、赞叹的语气。

师：为何惊讶？又为何赞叹？

生：惊讶这么难看的干巴菌居然如此美味，赞叹也是因为它的好吃。

师：这么美味的食物，作者却先大肆渲染了它的难看，然后又用味道“征服”读者，这种手法叫什么？是的，欲扬先抑，请大家做笔记。（生做课堂笔记）干巴菌长得不中看，可是却非常美味，鸡油菌是中看不中吃。小小的一盘菜，却折射出一个深奥的人生哲理，你明白作者的用心吗？

生：不能以貌取人，有才华的人往往长得很普通。

师：你是汪先生的知己。那通过这段对菌子的描写，我们能感受到什么？

生：作者回忆吃菌子时内心的回味悠长，念念不忘。

生：对昆明菌子的赞美！

生：怀念菌子，也怀念在昆明时的美好生活。

师：因为一道美食，爱上一座城市。或许，这美味就是作者寄托思念之情最好的载体。昆明，这座城市，因着这美好而普通的食物而让作者心心念念，昆明菌子的多和美味，让作者回忆起在那个贫瘠的年代，这些美味的菌子给自己生活带来的丰盛物质的享受，承载了作者对那段时光的怀念之情。除了菌子，作者还把情感寄托在哪里呢？

生：还有缅桂花。房东大娘和她的女儿给作者送缅桂花，也让作者感觉到难忘。

师： 难忘什么？

生： 就是昆明人的那种善良、友好，对他人的关心和热爱。

师： 大家读文章时，是否注意了作者对这位房东大娘和她的女儿的叙述。作者告诉我们，房东大娘是一位五十多岁的寡妇，她的女儿也是她的养女。同学们有没有觉得这些叙述有点多余，直接就说“房东大娘和她的女儿”不好吗，为什么还要补充这些细节？

（生面面相觑，摇头）

师： 作者告诉我们她寡妇的身份是为什么？又交代她有一个养女，这又是何用意？

生： 强调她的身份，可以让我们知道，她年纪轻轻就死了丈夫，说明她的命运很悲惨。

生： 还有交代她有个养女，是想说她没有亲人，只能去抱别人的孩子来养，也表现了她的凄凉处境。

师： 继续想，在那样一个战乱时代，这对母女的生活怎样？

生： 应该是很艰苦的，日子肯定不好过。

师： 有什么依据吗？

生： 文章中交代她们拿花去卖，说明她们母女没有什么经济来源，就靠卖花为生，可以想象来生活是比较艰难的。

生： 我不同意她的说法，她们应该还有别的收入，书上说房东，那就说明她们还可以收房租，所以不单单是靠卖花为生。

师： 你读书很仔细。那老师想问你，靠卖花和收房租，她们的生活是不是就很殷实呢？日子过得很轻松？

生： 应该还是比较艰苦的，毕竟租房子的都是像作者一样的穷书生，应该没有多少钱的，不然也不会去卖花了。

师： 思维很缜密，解读文章也很透彻。那大家想想，说这对房东母女给我们送花想表现什么？

生： 这对母女生活如此艰难，都要靠卖花为生了，但是还把自己的花儿送给别人，更加能表现出她们内心的善良和热情。

师：仅仅是这对母女吗？

生：是昆明人吧，她们是代表。

师：在那个年代，一个寡妇带着孩子生活是极其艰辛的，可是她虽然饱经生活的磨难，却依然坚守着内心的柔软和良善，作者对昆明人的赞美和热爱之情于此中流露出来。雨季还有什么使人动情？

生：还有雨天和朋友去酒店喝酒这件事，让作者很怀念。

师：雨中小酌，是吧。来，我们看这段描写。同学们自由朗读这一段。

（生自由朗读）

师：蒙蒙细雨，一家小店，一壶清酒，两个知己，一碟小菜，闲话半晌，这种情境应该是日常中最平常的情境，可是作者为什么时隔多年还是如此记忆深刻呢？

生：因为那是他和朋友聊天的时刻，他当然记得很清楚。

生：因为他怀念那段在昆明的日子，自然也比较怀念在昆明和友人把酒言欢的情景。

师：好个“把酒言欢”。你从哪里看出来他们是在“言欢”？其他同学也看到作者和朋友是在聊开心的事情吗？

生：我觉得不是，他们两个应该还是比较惆怅的。

师：依据呢？

生：作者描写喝酒时还写了一只鸡，写了雨中的缅桂树，我觉得这些画面组合起来，给人的感觉是比较忧伤的，并不是很喜庆。

师：你的意思是作者融情于景，虽然并没有直接写出他们交谈的内容，但是通过他对其他景物事物的描写，可以感受他们彼时内心的忧伤，是这样吗？

生：是的。

师：真是一个会读书的孩子，能通过景物去感知作者的言外之意。那老师再问一下，你觉得他们为何而愁？

（生摇头）

师：老师给同学们补充点资料，帮助同学们来解答这个问题。请看屏幕。

屏显助读资料：

汪曾祺与西南联大

国立西南联合大学，是中国抗日战争期间设于昆明的一所综合性大学。1937 年，卢沟桥事变后，日本帝国主义发动全面侵华战争。为保存中华民族教育精华免遭毁灭，1938 年 4 月，国立北京大学、国立清华大学、私立南开大学从长沙组成的国立长沙临时大学西迁至昆明，改称国立西南联合大学。西南联大 1946 年 7 月 31 日停止办学，共存在了 8 年零 11 个月。西南联大保存了抗战时期的重要科研力量并培养了一大批优秀学生，为中国以至世界的发展做出了贡献。因其成就显著，有“内树学术自由，外筑民主堡垒”之美誉。

“我在昆明待了七年。除了高邮、北京，在这里的时间最长，按居留次序说，昆明是我的第二故乡。”汪曾祺在昆明读名师云集的西南联大，在那里遇见影响他一生的恩师沈从文、挚友朱德熙，后来还在那里结识了伴侣施松卿。昆明给了他许多美好的回忆，他也用文字记下了昆明生活的点点滴滴，更记下了他对昆明往事的怀念之情。昆明无异于是他的第二故乡。

师：从这段资料我们可以看出，汪曾祺在昆明的那段时间，正是中华民族处于水深火热之时，而西南联大又是乱世中培育国之栋梁的地方。在那段时间，在那个地方，你认为，汪曾祺先生在雨天和友人小酌，他们会交谈些什么？

生：我觉得可能他们会谈一下国家大事，谈论如何报效国家。

生：也可能是在谈国家的深重灾难。

师：那同学们的猜测有没有道理呢？我们可以关注一下作者最后写的那首诗，请大家齐读一下。

（学生齐读诗歌）

师：这首诗里，有一个典故，老师想讲给同学们听。“浊酒一杯”，这个词出自范仲淹的《渔家傲·秋思》中的“浊酒一杯家万里，燕然未勒归无计”，意思就是说“喝一杯清酒，想起了远在万里之外的家乡，可是边患未平、寸功未立，怎敢有回家的打算”。同学们应该可以看出，范仲淹这两句话表现的是什么情感？

生：保家卫国的爱国之情。

师：是的，那汪曾祺化用范仲淹的这句话，是何用意呢？

生：应该也是在抒发自己想为国家做点什么的愿望。

生：我同意他的看法，作者就是想通过这个典故含蓄地表达自己也渴望为国立功的心愿。

师：同学们分析得有道理，作为当时中国最高学府的学生，意气风发的年轻人，内心必然是有着忧国忧民的情怀的。当然，在那样的乱世，国运动荡，百姓流离失所，作为一介书生，他们内心是无助和迷茫的，也是痛苦和惆怅的，只不过这些情绪作者没有很明显地流露出来，只是通过景物描写和用典来含蓄地表达。所以，我们也可从这篇文章窥探出汪曾祺先生语言的风格。大家尝试总结一下。

生：我觉得汪曾祺的语言比较平淡，自然。很多时候就跟和人聊天一样，自然而然地叙述，不像是在写文章。

师：在这篇文章里，你觉得哪些地方特别有这种感觉？

生：就是写菌子的那一段。

师：生活气息很浓郁是吧。还有呢？汪曾祺语言的其他特点？

生：我觉得汪曾祺的语言很朴实，一点都不华丽。

师：朴实、散淡，让人一读就懂。是的，孩子们，汪曾祺先生的文章一直以“散淡、朴实、家常”而著称，就跟他的为人一样，谦逊、低调、从容和随性。其实，透过这篇文章，我们可以看出，汪曾祺先生不仅是杰出的作家，还是一位优秀的画家，还是一位——

生：美食家。

师：是的，他还精通美食。大家读过汪曾祺的《端午的鸭蛋》这篇文章吗，里面对鸭蛋的描写也是让人口齿生津的。

五、知人论世

师：下来，请同学们再结合文章背景和我们之前的分析谈一谈，为什么作者要用仙人掌和菌子来代表昆明的特点？

（学生交流）

生：我觉得作者生活的那个年代，国家和人民都处在非常艰难的时刻，食物自然也是非常稀缺的，而作者却有幸品尝到昆明的菌子，它虽然美味却并不贵，人人都吃得起，所以菌子给作者留下了最难忘的记忆，所以它以菌子来代表昆明。

师：菌子是那个物质贫瘠年代，人们赖以生活的食物，也就是说，菌子是包括作者在内的那一代人在那个特殊年代里独有的对昆明的记忆，是这个意思吗？

（生点头）

师：说得真好！那么仙人掌呢？

生：仙人掌家家户户门口都挂着，应该是昆明最常见的东西了。

师：昆明家家户户还有缅桂花呢，为什么不画它？还有美味的杨梅，为什么不画？

（生支支吾吾，摇头）

师：请大家结合昆明仙人掌的特点来分析。昆明的仙人掌和我们这里最大的不同是什么？

生：是倒挂着的。

师：仙人掌被拔出来倒挂着，放在我们这里怕是早都死了吧，可是它居然没死，而且还怎样？

生（齐）：开花了！

师：所以，昆明的仙人掌最大的特点是什么？

生：生命力旺盛。

生：很顽强。

师：像不像战乱年代拼死挣扎努力活着的人们？是的，很像。如果说菌子是那个特殊年代给予我们物质上满足的东西，那么，仙人掌便是给予我们——

生：精神上的满足。

师：是的，仙人掌给人们以生命的启迪，是我们精神上的养料。

师：同学们，菌子和仙人掌，是昆明最平常无奇的东西，却是作者内心最能代表昆明特点的事物，那是因为这两者是汪曾祺，是巫宁坤，是那些年和作者一起在昆明、在西南联大经历了艰难岁月的一代人，对昆明最独特的记忆，所以作者以此入画，来缅怀自己在昆明那段艰难而又充实的人生岁月。留一个作业给大家。

屏幕显示：

拓展提升：

阅读汪曾祺的《端午的鸭蛋》，并选取一个点，写一段赏析文字。

这节课就上到这里，下课！

近“雨”情更怯

——执教感言

偏爱汪曾祺的文字，没有任何理由，或许是因为从骨子里很欣赏他那种散淡了尘世烟云、波澜不惊的处事态度吧。

因为爱，所以买来了他的“人间”全套散文集，细细地咂摸，慢慢地咀嚼，想贴着他细腻的笔触，贴着他灵动而飘逸的灵魂在这人世间从容走一回。

所以，对《昆明的雨》这篇文章有了近乎痴狂的执拗，总想着要上一节“成功”的课，总想着用一节课，便让学生如同我一样爱上汪曾祺，爱上汪氏散文的那种“自然、平淡、家常”的味道。

这，是第三次在公开场合讲《昆明的雨》。

第一次是送教下乡，在一个大雪纷飞的日子。

因为是第一次送教，所以对那节课的设计就非常用心，总希望能达到“课不惊人死不休”的效果。用力过猛，自然不是什么好事，课堂容量太大，五个方面，面面俱到，结果面面俱不到。现在想来，都惭愧自己的“私心”太重，辜负了那天的大雪以及雪中那满满的情意。

第二次是参加一个比赛，半个小时备课时间，十分钟上课时间。说实话，毫无思路，整个人都是懵懂的状态，稀里糊涂地结束了。虽然评委评价尚可，可是平心而论，比第一次感觉更糟糕。

两次失败的经历，让我一度很沮丧，总觉得有负这么美的文字，有负语文课堂的神圣。内心的那种不甘心始终挥散不去，像冬日里布满天空的阴霾，阴郁而沉闷。

这次，是第三次。

之所以在公开课还选择这节课，说实话，纯属于自己跟自己杠上了。过不了这一关，心里那个疙瘩一辈子会如影随形，更可怕的是，它日积月累逐渐会消磨掉我辛辛苦苦建立起来的对于课堂教学的自信。所以，这座山，我必须翻过去。或者说，哪怕又是一次徒劳的攀登，我也要往上爬。生命中，总有一些东西，值得我们去坚持，即便付出一生的代价。

这次备课，汲取了第一次的经验，告诉自己，就是一堂平常的观摩课，不是给谁表演，更不是为了取得好名次，就用平常心对待。自然，说起来比较容易，内心还是有些忐忑不安的，毕竟有老师来听课，万一真砸了，怎么着面子上也过不去。所以，还是相较于平常的课稍微用了点力。

网上翻阅了一些关于这一课的资料，五花八门。真的是一片菩提叶里看见世间众生相，每一个人从不同的角度解读出来的味道截然不同，很多好的课例很值得仔细揣摩。可是，那毕竟不是自己的东西，一个语文老师，如果对于文本没有自己个性化的解读，那么，注定是上不好语文课的，或者说是上不出有特色的语文课的。而我，喜欢真实的自己，喜欢属于自己的真实的课堂。

怎么办？读！

一遍又一遍。一遍又一遍。

七八遍之后，有了灵感。都说汪曾祺的文字之所以吸引人，源于他文风的疏朗、从容，尤其是他对日常生活的那种诗意而恬淡的呈现。之前光知道爱这样的文字，为什么爱，爱它的什么，从来没有仔细推究过，可是七八遍之后，我拍案叫绝。你且平静一颗心，慢慢地细品每一个字每一个词。或者，如果你想象力够丰富，你想象着汪曾祺先生当年是用怎样的一种状态来娓娓道来这段生命中最柔软的光阴，你就能够看得见他在记忆的长河里亦步亦趋、深情凝望来时路的那种黯然，亦能体味他对于苦难和困顿生活风轻云淡的超然。

仙人掌。菌子。这在昆明极为普通和平常的东西，却成了他记忆中昆明最鲜明的特点。这宕开的一笔，如果不加仔细体味，你就无法懂得他写下这些文字时内心的那种依恋和怀念。那昆明雨季中火炭一样的杨梅，娇羞腼腆的小姑娘，雨中润湿饱满的缅桂花，那摘了缅桂花送给房客的寡妇母女，还有，还有雨天荷花池边陈圆圆的雕像，把脑袋反插在羽毛底下、一只脚独立的鸡……这一切一切貌似很凌乱、很琐碎的事物，恰恰是汪曾祺内心深处对昆明、对昆明雨季最美、最绵长、最为深情的记忆。

我一字一字往下读，一字一字往下品，读得步步惊心——好一个“文狐”，真格是狡猾到家了。每一个貌似平淡的文字背后，深藏的那种石破天惊的意蕴，让你讶然不已，文章居然可以这样去写？！

当即决定，就把语言分析作为课堂的主要发力点。

整节课，延续了我一直在探索的“主问题”教学思路，我把课堂的焦点集中在“昆明的雨季，是明亮的，丰满的，使人动情的”这句话上，让学生去文章中寻找与这句话契合的内容，深入解读这个句子。对于前两个特点，学生很容易在文中就找到了对应的内容，且分析得很有道理，只是我却犯了同大部分老师一样的毛病，“总觉得他说话不大漂亮”，于是喜欢在学生已经表达清楚的基础上再“拔高”一番，反而使得这个环节的处理有些拖沓了。在带领学生分析“使人动情”的这一特点时，学生的思维其实蛮放得开的，尤其是朱栩策对“牛肝菌色如牛肝，滑，嫩，鲜，香，好吃极了”这句话的朗读，连我都自愧不如，他极富深情和精准到位的朗读一下子就把这几个字的张力充分展现了出来。听这个孩子朗读是一种美的享受，而品这一句话更是让人感慨不已。一个一瞬间就可以完成的动作却被汪曾祺用几个逗号无限延长，你尽可以在头脑中想象吃牛肝菌的画面，我疑心汪老先生在写下这几个字时，一定是口齿生津的，他一定细细地回味着那段难忘的岁月、那份独特的味道。对其他菌类的描写亦是活色生香，让人叹为观止，平平淡淡的文字，却像生出了无数双爪子，生生地揪着你的心。

个人感觉，在这一块的处理上，还是比较满意的，能从字里行间的分析中让学生领会汪曾祺语言的风格。相信学生也是有些收获的。

讲“雨中的果子”。在对这个卖果子的小姑娘进行分析时，学生的理解还是不错的，能抓住“一角”和“不时”体会出小姑娘的娇羞和内敛，也能感受到这样的画风和文章整体的文风是比较和谐的。学生能有这样的认识，让我暗自惊喜，总是怕学生想不到这里，想不到那里，其实很多时候，你放开手，给予学生充分融冻思维的空间，他们一定会给你意想不到的惊喜。

后面对“雨季的花”的分析，学生就有些被动了，虽然也能从我的提示里说出个一二来，但是整体上我引导得还是有些多了，学生发挥的空间被我挤占了大部分。

这堂课最遗憾的地方，莫过于最后对文章情感的升华部分，因为前面的安排有些松散，导致后面主旨拔高的部分因时间关系讲得过于笼统和仓促。之前备课时曾和高老师沟通过，她提醒我不要试图从汪曾祺的文字里分析出政治的色彩，他是一个纯文人，不要让他的文品打上世俗的烙印。可是，鬼使神差，我还是提到了“国愁”，虽然学生也能从我对“浊酒一杯”这个典故的讲述中概括出我想要的答案，可是，就像最后评课的时候老师们说的，学生说出来了并不代表他真的懂了。高老师说：这一代孩子对国愁有什么概念？“国愁”仅仅是停留在字面上的一个词而已，他们哪里会懂？而对于汪曾祺那一代知识分子，他们所谓的“国愁”其实外化出来的就是浓浓的“乡愁”，讲透乡愁即可。

细细品嚼，深以为然。最后评课环节，各位老师对课也是提出了很多宝贵的改进意见，让我更加明白自己的问题所在。辑录大家的修改建议，以此戒之：一、要在引导学生对重点语句进行分析的基础上，把汪曾祺语言“简洁、散淡、意味悠长、节奏感强”的特点清晰地归纳出来，让学生明白；二、课堂前松后紧，关键句理解中，前两个词“明亮，丰满”，学生容易理解，应该把重心放在“使人动情的”这个点的分析上，引导学生梳理看似散乱的景、物、人、事，找出能直接和间接表达作者动情的词句，并分析其表现手法，体会汪曾祺语言的特点；三、语文课堂要注重对学生进行问题解答思维和模式的培养，例如在分析主问题时，规范一下学生的解答过程，让他们把从文本中找到的对应内容按照答题要点标注出来；四、对文章情感的升华太生硬，要给学生提供一些背景资料帮助学生理解作者浓浓的“乡愁”。

纵观这节课，长短各一半。我喜欢带领学生走进文章中，走进文字中，走进作者或深或浅的情感中，浅浅地读，淡淡地悟，让语文课回归本色，真正有语言文字的味道；我也喜欢看到孩子们能在老师的带领下，哪怕是跌跌撞撞也敢于向字词下手，寻找文字深处的宝藏；我更喜欢他们能无拘无束地在课堂上驰骋思维，我口说我心，展现真实的自我。这样放松、真实、自由的课堂氛围，我真心很喜欢。

可是，我亦有深深的遗憾。遗憾因为我的“贪”而设计了过多的内容，导致没有留给学生深度思考的空间，让他们与精彩擦肩而过；遗憾一节课没有过多地关注到更多的孩子，让他们失去了展现自我的机会；更遗憾于到底没有将汪曾祺先生的文字，润物无声地传递到那些貌似稚嫩却已然很有想法的灵魂里，让他们跟我一样爱上这样的文字，爱上这样的作家。

情到深处不讲理，爱到深处无怨尤。因为深爱汪曾祺的文字，所以对昆明的这场雨便情有独钟，越靠近越胆怯。可是，爱了就爱了，近雨情怯也罢，心结难了也罢，我将会继续沐浴着这场雨，这场昆明的雨，在语文教学的道路上，一路放歌一路行，相信总有一天，我会遇见我想要的灿烂星空……

我思，故我在

——《怀疑与学问》课堂实录

（本节课为“国培送教下乡”岐山县送教示范课）

一、导入

师：二十一世纪，什么最重要？对，是人才。那大家知道什么样的人才才是最宝贵的吗？

生：有用的人才。

师：人才当然是有用的人，没用干嘛说是人才呢？老师是问，你认为最优秀的人才必须具备什么特质？

生：是能发明创造出新东西的人吧。

师：概括基本到位。当今社会，最需要的是有创新精神的人才，因为时代的发展要靠不断地创新和发明，所以，有创新精神的人，才是这个时代的弄潮儿。那么，你觉得自己是一个具备创新思维的人吗？

（生笑，有的点头，有的摇头）

师：没关系，或许学完这篇文章，你会有更多创新的想法哦！来一起读一下题目和作者。

生：怀疑与学问，顾颉刚。

师：顾什么刚？

生：jié。

师：对的，这个字念“jié”，顾颉刚。那在正式学习课文之前，老师想请问同学们，根据你以往的生活和学习经验，你觉得“怀疑”和“学问”之间有什么关系？

生：我认为学问是在不断怀疑的过程中积累的。

师：也就是说，你认为，怀疑是学问的前提，学问的积淀是建立在大量怀疑的基础上的，是吧？

（生点头）

生：我同意刚才这个同学的观点，没有怀疑，就没有学问。

师：是吗？不会怀疑的人，就没有知识吗？大家同意他这种说法吗？

生：不同意。不会怀疑的人，可以通过学习，也能获得知识啊！不见得不会疑问，就一定不会收获知识。

师：你看，他这个说法就是很有创新思维对吧。那大家再想想，到底怎么表述怀疑与学问之间的关系更准确一些。

（生思考）

生：应该说，有怀疑精神的人，获得的知识会更多更丰富。没有怀疑精神的人，他获取的知识是有限的，是死板的，对他个人的成长也是意义比较小的。

师：我很同意你这个看法。有疑问，然后带着疑问去寻找答案，获取新的知识，这个知识是自己主动获取的，更有意义，也更能推动自我的进步。如果光是一味地拾人牙慧，那么思维就是凝滞的，这也不利于自己的发展。那学问对于怀疑又有什么作用呢？

生：我认为，一个人学问越丰富，就越有怀疑精神。

师：为什么？

生：学识越渊博，他发现的问题就会越多，就越有怀疑精神，越想往深处去钻研。

师：大家同意他的观点吗？

生（齐）：同意。

师：可见，怀疑与学问，真的是互相补充，互相促进的。那么，作者对这个问题是持什么观点呢？下面让我们一起走进文本。

二、解读“怀疑精神”

师： 大家已经预习过文章了是吧？很好。接下来请同学们再快速浏览一遍课文，找出表明作者阐述“怀疑”与“学问”之间关系的句子。

（生浏览文章）

生： 我找到的是这句——这一番事前的思索，不随便轻信的态度，便是怀疑的精神，也是一切做学问的基本条件。

师： 请你给大家分析一下作者的观点。

生： 作者认为怀疑精神是做学问的前提，也就是说想要做学问，必须要有这种事前思索、不随便轻信的态度，也就是说要有怀疑精神才可以。

师： 很好，大家明确了吗？作者也认为，想要做学问就必须把怀疑精神放在前面，只有不断地思索，不断地怀疑，才能不断地精进学问。那谁还能从文章中找出表现怀疑精神对于做学问重要意义的句子。请大家再次浏览文章，用笔勾画相关语句，并仔细分析。给大家三分钟时间。

（生读书，思考）

生： 我认为是这句——我们对于不论哪一本书，哪一种学问，都要经过自己的怀疑，因怀疑而思索，因思索而辨别是非；经过“怀疑”“思索”“辨别”三步以后，那本书才是自己的书，那种学问才是自己的学问。

师： 从这句话里，你看出了“怀疑”对于做学问的重要意义是什么呢？能不能具体阐述一下呢？

生： 我认为这句话告诉我们，任何一种学问的获得都离不开怀疑，只有建立在“怀疑”“思索”“辨别”这三步之上的知识学问，才是最可靠的。可见，怀疑对于做学问有着非常重要的意义。

师： 你说的有道理。这句话的确能说明怀疑对做学问的重要意义，可是，文章中还有一句话比这句话更加能说明怀疑的重要作用，你可以尝试再找找看。或者谁还有更好的答案，可以分享一下。

生： 我找到的是这句——怀疑不仅是消极方面辨伪去妄的必需步骤，也是积极方面建设新学说启迪新发明的基本条件。

师：能具体分析一下吗？

生：我觉得文章里面很多地方都提到了怀疑的作用，可是只有这句话分别从两个方面来阐述怀疑的作用，既有消极方面，又有积极方面。比较全面。

师：那能不能请你说说，哪些是怀疑消极方面的作用呢？或者说，你理解文章所说的怀疑消极方面的作用具体是指什么呢？

生：应该是这句话之前的内容吧。就是怀疑可以帮助人们去辨识虚妄的东西，不至于让人上当受骗，这就是消极的方面；而积极方面就是指凭借怀疑精神，人们可以不断地创造、改进，获取更多更先进的东西。

师：你的分析能力相当强，思维很缜密。那老师问一下，你觉得你刚才找的这句话在全文结构中其实起到了一个什么作用呢？

生：过渡句吧。承接上面的消极作用，引出后面的积极作用。

师：完美！你真的很棒！请大家聚焦这句话，用笔画出来。

（生圈画句子）

三、分析分论点一

师：刚才这位同学已经说了，这句话在文中起到了过渡作用。那请大家分析，这句话里包含了几个观点？

生：两个。一个是“怀疑是消极方面辨伪去妄的必需步骤”；一个是“怀疑是积极方面建设新学说启迪新发明的基本条件”。

师：非常好，大家思维很活跃。那么怀疑的消极作用应该是在这句话之——

生（齐）：前。

师：对的，之前论述。下面就请大家分析阐述消极作用的段落句子，分析作者对“怀疑是消极方面辨伪去妄的必需步骤”这个观点的论述，分别是从哪些方面论证的。先解释一个成语。“辨伪去妄”是什么意思？

生：善于辨别，分清真假，留下真的，去除虚假的。

师：很准确，可见预习很充分。那请大家分析一下，作者是如何证明“怀疑是消极方面辨伪去妄的必需步骤”这个观点的。从哪些方面，运用了什么论据，什么论证方法？

（生小声交流）

生：我们认为，作者主要从两个方面来论证这个观点。第一就是“对于传说的话要有所怀疑”；第二就是“对于书籍、学问有所怀疑”。

师：告诉大家，这两句话分别是概括的哪个段落的？

生：对传说要有怀疑是第四自然段。对书籍、学问要怀疑是在第五段。

师：请你朗读一下第四段。其他同学认真听。

（生朗读第四段）

师：字正腔圆，音色很棒！那老师想再提高一点难度，既然作者为了证明“怀疑是辨伪去妄”的“必需步骤”，分别是从这两个方面来证明的，那你知不知道你刚才总结的那两点在这篇文章里充当什么角色？

生：补充说明吧。

师：说法准确吗？那谁来给她纠正一下？好，同桌来帮助她。

生：这两点应该是全文两个分观点。

师：是的，这是拿来证明“怀疑是消极方面辨伪去妄的必需步骤”这个论点的分论点，是吧。大家看，这篇文章的结构，真的跟一棵树一样，分支上面还有分支。那我们现在来看分论点的第一个分论点“对于传说的话要有所怀疑”。作者是怎么证明这个观点的？

生：作者列举了“三皇五帝”和“腐草为萤”的例子。

师：哦，这是什么论证方法？

生：举例论证。

师：请做好笔记。那我们来看这两个例子，作者说对于传说要持怀疑态度，那大家相信这两个传说吗？

生：“腐草为萤”我不确定，但是“三皇五帝”历史书上有记载，应该是真的吧。

师：好，这位同学说话有根有据。本文的作者顾颉刚先生就是一个非常善于怀疑的人，他有一本专门考证上古传说的著作，叫作《三皇考》。就是这本书。

（屏幕显示：《三皇考》书籍图片 顾颉刚图片 大禹治水图片）（本书中图片略）

师：这张图片展示的是哪个历史故事，大家能看懂吗？

生：愚公移山。

生：不是，他们是在水里的，应该是大禹治水。

师：对的，这是“大禹治水”的图片。我们都在历史书上学过，大禹治水三过家门而不入是吧？可是，顾颉刚先生在他的《三皇考》里提出，大禹其实是一条虫，大家相信吗？

生（不可置信）：不相信。

师：你看，你们就缺乏最起码的谨慎态度和怀疑精神。（生笑）顾先生能这样提，必然是有他的原因的，对吧？至于什么原因老师也没看过《三皇考》，所以也不是很清楚。那到底“大禹是一条虫”的论断是对是错呢？谜底终于在这一年揭开了。请看大屏幕。

屏显助读资料、图片（本书中图片略）

在顾颉刚的“古史辨”的诸多论断中，影响最大的就是“禹是一条虫”的论断，顾颉刚怀疑盘古三皇五帝都是神话传说中的人物，认为大禹传说出现最早，但与夏王朝并无关系。他认为历史上并无大禹其人，禹是先由神，再人格化为人而来的。

2002年，文物专家在海外文物市场上偶然发现了中国西周时期带有铭文的青铜器“遂公盨[xǔ]”，上面记载了大禹治水的相关事件，将现有大禹治水的文献记载提早了六七百年，是目前所知年代最早也最为翔实的关于大禹的可靠文字记录，表明早在2900年前人们就广泛传颂大禹的功绩。夏为夏、商、周“三代”之首的观念早在西周时期就已深入人心。顾颉刚所谓的“禹是一条虫”的论断在滑天下之大稽80年后，沦为笑谈。

师：可见，治学严谨的顾颉刚经过认真考据得出的结论，尚且都不一定是正确的，那对于传说，尤其很多是虚幻的，大家就更应该慎重对待了。再看“腐草为萤”。腐烂的草能化为萤火虫，你相信吗？

（生有的点头，有的摇头）

师：我们用事实说话。看资料。

屏显助读资料：

据《礼记·月令》篇：“季夏三月……腐草为萤。”

又《格物论》说：“萤是从腐草和烂竹根而化生。”

其实萤火虫在夏季多在水草里产卵，幼虫入土化蛹，次年春变成虫。古人误以为萤火虫是由腐草本身变化而成。

师：“腐草为萤”是真的吗？

生：假的！

师：是的，这是个假传说。其实这样的假传说还有很多很多，我们怎样才能避免被骗呢？请用书上的原文回答。

生：“我们若能这样追问，一切虚妄的学说便不攻自破了”。

师：作者告诉我们，打破一切虚妄学说的法宝是什么？

生：追问。

师：具体一些，就是要有什么精神？

生：怀疑精神。

师：是的，要用怀疑的眼光去审视一切传说，那么你就能准确地辨别真伪。那大家说一下，这两个例子属于什么论据？对了，是事实论据。好，下面我们来分析第二个分论点是如何证明的？“对于无论哪一本书，哪一种学问，都要有怀疑精神”，作者又是如何证明的？

生：引用了孟子的名言“尽信书则不如无书”来证明。

师：这是什么论据？什么论证？

生：理论论据，这是道理论证。

师：看来你议论文知识相当扎实啊！是的，这是用了理论论据进行了道理论证。那同样，大家有没有曾经对学习过的什么理论啊道理持怀疑态度啊？

（生摇头）

师：看来大家都是听话的好孩子啊，可是，学习一定要多疑多问，否则就成了盛知识的容器了。如果大家没有的话，那老师提一个问题，三角形内角和等于多少度？

生（齐）：180 度。

师：确定吗？

生：确定以及肯定！

师：你们很调皮哦！

（全场笑）

师：好，不要眨眼，下面就是见证奇迹的时刻了。请看大屏幕。

屏显三种不同平面的三角形图片：

罗巴切夫斯基三角形

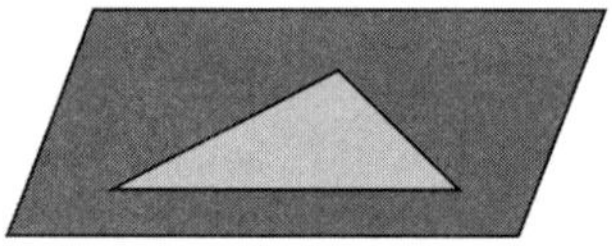

欧几里得几何三角形

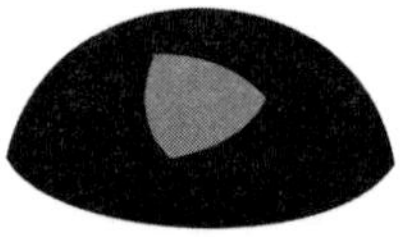

黎曼几何三角形

师：来，现在大声告诉我，这几个三角形内角和都是 180 度吗？

生（充满惊奇，齐声）：不是。

师：都不是 180 度？

生：中间那个是，两边这两个不是。

师：你看，大家一定要表述准确，我问这三个三角形内角和是 180 度吗，你们不假思索说："不是。"那中间这个明明是 180 度对吧，所以说话一定要严密。那大家分析一下，两边这两个三角形内角是大于 180 度呢还是小于？

（生小声讨论）

生：我觉得左边这个三角形内角和应该小于 180 度，右边这个应该大于 180 度。

师：其他同学同意他这个说法吗？

（生点头）

师：是的。左边这个三角形是在凹面上的，右边这个是在球面上的，一个凹进去，一个凸出来，它们的内角和当然不可能是 180 度啦。那“三角形内角和是 180 度”这句话怎么说就没毛病了？

生：应该说在平面内，三角形的内角和等于 180 度。

师：是的，加上前提条件，这话没有漏洞了，是吧？你看，这也是我们从书上学到的知识，是不是还是存在一定的问题啊，大家可千万不要尽信书啊。

四、分析分论点二

师：下面我们再来看作者是如何证明分论点二的。

生：作者列举了戴震质疑朱子解读《大学》的事例。

师：就是后辈晚生质疑先贤的例子是吧？什么论据？采用什么论证方法？

生：这应该是事实论据，运用的是举例论证的论证方法。

师：是的。你分析得很准确。那大家觉得戴震质疑的有没有道理？

生：有道理。

师：是的，任何圣人学说都应该要大胆地去质疑，不要盲目崇拜。那大家还能列举一个因质疑前辈的学说而最后产生了新的伟大学说的例子吗？

生：哥白尼质疑“地心说”，提出了“日心说”。

师：很好，你的知识很丰富。那哥白尼质疑的那个大人物是谁呢？

（生迟疑）

生：我知道，是亚里士多德。

师：你也很厉害哦！那还有其他事例吗？没有人了？看张图片。

屏幕显示“比萨斜塔”实验图片（本书中图片略）、资料：

亚里士多德认为：不同重量的物体，从高处下降的速度与重量成正比，重的一定较轻的先落地。这个结论到伽利略时差不多近

2000 年了，还未有人公开怀疑过。物体下落的速度和物体的重量是否有关系：伽利略经过再三的观察、研究、实验后，发现如果将两个不同重量的物体同时从同一高度放下，两者将会同时落地。于是伽利略大胆地向声名显赫的亚里士多德的观点进行了挑战。

伽利略在比萨斜塔上用 2 个不同重量的铁球经过实验得出了一个结论：物体做自由落体时，不因重量差异而呈现不同的速度。

师：这是历史上最著名的什么实验？

生（齐）：比萨斜塔实验。

师：是的，是两个铅球同时落地的实验。你看，这两个事例都证明了大科学家亚里士多德也有犯错误的时候，他提出的两个学说都被后辈给推翻了。所以，要大胆质疑权威，才可能建立正确的学说，避免人类被虚假的学说蒙蔽。那本段落除了列举了戴震的事例外，还用了什么论证方法？

生：应该还引用了笛卡尔的话“我怀疑，所以我存在”。这是理论论据，属于道理论证。

师：分析得很完整。文章结尾说，“若是后之学者都墨守前人的旧说，那就没有新问题，没有新发明，一切学术停滞，人类的文化也就不会进步了”。大家同意作者这样的观点吗？

生（齐）：同意。

师：的确，如果人人都墨守成规，因循守旧，那人类将永远不会进步。能不能举一个因为敢于打破常规，创新思维而发明了新的产品的例子。很多哦！

生：瓦特与蒸汽机。

师：是的，这是最典型的。除此之外，还有很多，例如电脑、汽车，等等，如果不是那么多前辈开拓创新，我想无论经过多少年，我们恐怕还生活在刀耕火种、茹毛饮血的时代，是吧？

五、明确论点，梳理思路

师：通过刚才的分析，我们发现做学问最需要的是什么？

生：做学问最需要怀疑精神。

师：整篇文章用了两个分论点来证明什么？课文中有没有能把这两个分论点所阐述的道理融合起来的句子呢？试着找出来。

生：学者先要会疑。

生：学则须疑。

师：这其实就是这篇文章的中心论点，请大声读出来。

生（齐）：学者先要会疑。学则须疑。

师：请做好笔记。并填写课后第二题的表格。

六、创新思维

师：学则须疑，其实在我们生活中又何尝不是这样，很多事情或许都有值得怀疑的地方。下面，留一个有趣的作业给大家下去做。请看大屏幕。

屏显思维拓展句式：

人们都说____________________，可我觉得________________，因为__________________________________。

师：笛卡尔说："我思，故我在。"同学们，大千世界，奇妙纷纭，还有太多未知的奥秘等着我们去探索、去发现，而这一切的前提便是要有"怀疑精神"。希望今天的课能够给你带来一些启迪，点燃你探索世界的热情，无论在以后的学习还是生活中，都能做一个爱思考、爱怀疑、爱探索的有心人，这样，你的人生必定别样精彩！这节课我们就上到这里，下课！

议论文教学不妨多些"趣味性"

——执教感言

我想，议论文的教学应该是大部分老师不愿意拿来当展示课或者示范课上的，究其原因无非就是议论文太过拘谨，理论性太强，不像记叙文那样有情节有趣味，不像散文那样有情感有美感。上好一节议论文，对于议论文知识点的讲解似乎成了必不可少的，而这些知识点的讲解往往让学生觉得枯燥乏味，缺乏兴趣。

所以，议论文教学是我不愿意也拿不出手的课。

但，偏偏就是议论文。接到国培送教的任务——《怀疑与学问》。有点抗拒，想拒绝。但想到之前也起念不想上作文指导课，但最终还是把那块骨头给啃下来了，所以，心一横——不得百炼钢，哪能绕指柔?

于是开始了疯狂的备课模式。之所以用了“疯狂”二字，是因为除了把文本读“n”遍保证吃透教材以外，更多的是我会在网上把关于《怀疑与学问》的许多有关的资料——文章解读、优秀教学设计、名师课堂实录等逐一反复看。看看别人对这节课的处理优点、亮点是什么，或者哪些地方还存在问题需要改进。也更喜欢看一些名家对这些课的点评，从中会让人有渔人初入桃花源“豁然开朗”的快感。随后把一些好的思想、做法就摘抄在本子上，以便反复阅读、品评。

这个过程起码持续四天以上。

等到我看到足够多的资料，确定自己对这篇文章的吃透程度达到了八成以上，那么，就是我开始酝酿构思自己思路的时候了。

通过阅读大量资料，我发现很多教师甚至是名家对这节课的处理尽管千姿百态，但是归根结底大多都只是把它作为学习议论文知识点的抓手，更多是引导学生分析文章的论点以及论点是如何提出的，论点又是如何得到证明的，又或者对论据的类型和论证方法也是课堂浓墨重彩的一笔。除此之外，还有涉及议论文语言特点的教学。总之，一节课就如同庖丁一般，游刃有余地将文本肢解开，提起一部分，讲授一个知识点。课堂容量挺大的，至于学生的接受程度是多少，我想这恐怕只有学生自己知道了。

我不太喜欢这样一本正经的课堂，或者也可以称之为“学术气息”浓厚的课堂。毕竟是初中生，毕竟才接触议论文，如果就这样铺天盖地地强行浇灌太多的知识点，学生会不会惧怕对此类文章的学习?

而且，翻阅《课标》和《考试说明》，其中都明确提出初中阶段学习议论文的要求：能阅读简单的议论文，区分观点和材料，发现观点与材料之间的关系，并通过思考，做出自己的判断。由此可见，初中学生学习议论文只是对他们初步掌握阅读议论性的文体打好一点基础，没有必要把高中阶段的要求强加到初中学生的身上，因为这样很有可能造成学生对学习议论文的反感。

基于此和之前的思考，我觉得我想呈现一节知识与趣味并存的课，我想让学生看到，议论文也有趣味性的一面。

有了这样深层次的思考后，我着手设计上课思路、撰写教学设计的过程就相对要顺利得多。我宕开一笔，并没有从分析文章的论点入手，而是让学生自己从文章中找出能揭示“怀疑”对于“学问”的重要意义的句子。这个句子在文章中非常明显，学生稍加思考就能勾画出来。此后，便以这个在文章中承上启下的语句为贯穿整个课堂的主线，看看文章分别是从哪些方面来证明这句话的。首先分析的是前半句，“怀疑是消极方面辨伪去妄的必需步骤”。一梳理，学生自然不难发现作者从两个角度来证明：对于传说的话不能轻信；对于书和已有的学问要抱有怀疑态度。为了让学生充分认识到这两个小论点的论证思路，我在这一块所列举的事例，真是下足了功夫。我从网上找了大量关于作者顾颉刚的资料，在这里我就用顾颉刚的《三皇考》这本书来阐释“三皇五帝”的传说到底是真还是假，接着又延伸了一下，顾颉刚曾经提出的“大禹是一条虫”的论断，最后用有力的证据证明了他这个观点的荒谬性，让学生意识到就算是提倡怀疑精神的作者难免也会在学术研究方面犯错误，这样的论据是不是更具有说服力呢？而且这些知识和之前学生在历史课上所学的知识在很大程度上有出入，所以学生的学习兴趣一下子给调动起来了。尤其是在证明“不论对于哪一本书，哪一种学问，都要经过自己的怀疑”这个分论点时，更是向他们抛售出“三角形内角和等于多少”这个问题，学生异口同声地回答 180 度，而且笃信不疑，然后我给他们出示了三种不同类型的三角形：

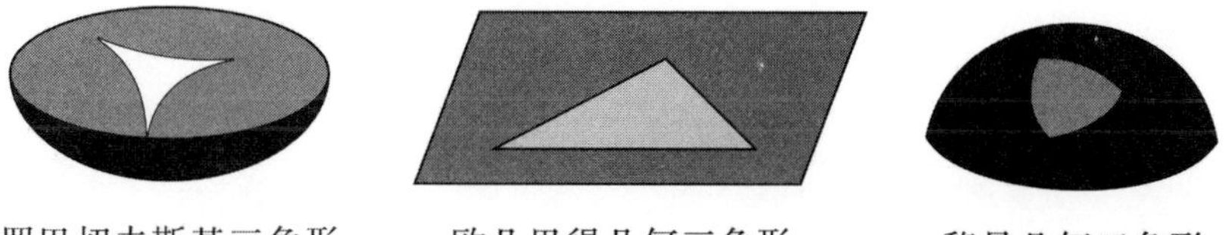

罗巴切夫斯基三角形　　欧几里得几何三角形　　黎曼几何三角形

很明显，在不同的几何形体里画出来的三角形，它们的内角和居然真的不一样，就在学生惊愕不已之余，我向他们简单讲述了“罗巴切夫斯基几何三角形、欧几里得几何三角形以及黎曼几何三角形”的知识，讲到这里，不仅仅是学生，连随堂听课的老师都瞪大了眼睛，听得津津有味。然后在讲到本文的第二个分论点——“怀疑是积极方面建设新学说、启迪新发明的基本条件”的论证时，同样列举了非常有趣的颠覆传统的事例，极大地激发了学生的学习积极性。这样一番讲述下来，再让学生分析，这个过渡句所证明的观点，可以用文中的哪两句话来概括，学生几乎一口就能答出文章中的那两句话，也就是本文的中心论点。至此，整个文章便全部串起来了，学生当然一下子就明确了文章的论证思路：开门见山提出论点，然后从两个分论点去证明。至于是道理论据还是事实论据，是举例论证还是道理论证，因为之前学生有对议论文知识点的积累，再加上刚才讲授过程中有意的渗透和铺垫，学生对于这些知识的判别根本就不是问题。

这节课上下来，学生听得是不亦乐乎，丝毫不感觉到乏味和沉闷，而作为授课老师，虽然是借班上课，但是和学生之间默契程度也让我满意。评课环节，老师们对这节课最高的评价就是：我没想到，议论文原来还可以这样教！

是啊，其实我自己也没想到议论文课堂原来也可以如此生动有趣，学生在趣味多姿的课堂中将议论文的知识融会贯通，这不就是我一直追求的寓教于乐吗？

想起了肖培东老师一本书的名字——《我想浅浅地教语文》。是啊，语文教学可不就应该深深地备课浅浅地教吗？

下次再教学《怀疑与学问》，我想我会做得更好！

童年，含泪的微笑

——《从百草园到三味书屋》课堂实录

（本节课为临潼区“名校+”研修共同体研修活动示范课）

一、导入

师：同学们，以前有没有学过鲁迅先生的文章？你觉得鲁迅的文章给你最大的感受是什么？

生：长，难懂。

师：今天，老师想和大家一起去分享一篇鲁迅回忆儿时生活的充满趣味的文章——《从百草园到三味书屋》。请大家齐读一遍题目。

生（齐）：从百草园到三味书屋。

师：从题目，你都读出了哪些信息？

生：我觉得题目告诉了我们这篇文章描写的内容。

师：什么内容？

生：就是有百草园也有三味书屋，写的是这两处地方。

师：你看得很准确，老师给你点赞哦！还有呢？谁还能从题目中读到其他的什么信息吗？

（生摇头）

师：看不出来啊？没关系，老师提示一下，从……到……，这是在暗示我们什么信息？

生：应该是文章写作的顺序吧。

师：是的，就是在表明文章的写作顺序是先写百草园后写三味书屋。那老师又有一个疑问，为什么不先写三味书屋后写百草园呢？聪明的你们，谁能帮助老师解答这个问题啊？

生：因为作者是按照他生活的经历写的，他先是生活在百草园里，后来长大一点了，就去三味书屋了。

师：嗯，很厉害。那你能不能根据自己的预习说一下，百草园是什么地方？三味书屋又是什么地方呢？

生：百草园是鲁迅家后园子，三味书屋是他小时候读书学习的地方。

师：看来同学们提前预习得很扎实呢！这是个好的学习习惯，希望大家能坚持下去。

二、寻“百草园”之趣味

师：我们先来跟随作者去他家妙趣横生的后园子转一转吧。好，首先请同学们先默读写百草园的段落。

（生默读文章）

师：读完了吗？好，没读完的同学继续，不着急，用心读。

（片刻）

师：读完了吗？好，请大家坐好，根据刚才的阅读，请思考一个问题：请用文章中的一个词来概括作者心中的百草园。

生：乐园。

师：同学们找得很准确，是“乐园”。请圈出这个词。

（板书　乐园）

师：其实通过第一段的描写，我们知道，百草园里只有些什么啊？对，“其中似乎确凿只有一些野草”，也就是说百草园里其实就是杂草丛生对吧？可是，在作者看来，却是自己的——

生（齐）：乐——园。

师：是的，一个荒草萋萋的园子，却是童年鲁迅眼里的乐园，那老师就很好奇了，作者觉得这个园子有什么乐趣呢，为什么他就觉得这个园子是“我的乐园”呢？请大家快速再默读描写百草园内容的段落，然后分析这个问题。请大家先自己独立思考，然后再跟小组内的小伙伴交流自己的想法。

（生默读文章，小声交流）

生：我觉得可能是因为这个园子里有很多美味的果实吧，所以作者很喜欢它。

师：哦，你关注到的是百草园里有很多有滋有味的果实对吧，那能具体说说都有什么果实呢？

生：有桑葚，有何首乌，覆盆子……

师：还有吗？

生：应该没有了。

师：百草园里就只有这三种果实是吧，再没有其他的了？

生（再看书）：作者就写了这几种。

师：那你觉得能叫“百草园”的园子里，树木多不多？很多是吧，那果实可能只有这么几种吗？

生：应该还有很多，作者没有继续再写。

师：为什么不继续写，把这园子里的果实都写出来，不是更加能显出百草园的植物繁多吗？

生：那样就太啰唆了，文章就太长了，反而没意思。

师：对的，你很厉害！同学们，百草园里果实当然很多，可是作者不可能一一写出来对不对，所以作者会挑一些来写，你觉得他会挑哪些来写呢？

生：应该是给他印象最深的果实，让他难忘的。

师：是的，鲁迅写这篇文章的时候，已经是人到中年了，他回忆儿时的时光，自然记叙的都是给自己留下深刻印象的，不可能面面俱到的。好，这个同学给我们分析了因为百草园里有很多美味的果实，所以作者觉得这里是他的“乐园”。换句话说，就是因为百草园里“有滋有味”，所以，才让作者难忘对吧？

（板书　有滋有味）

师：那除了有滋有味，百草园里还有什么？

生：还有美丽的花儿，高大的树木。

师：能读一下你找到的具体的句子吗？

生：不必说碧绿的菜畦，光滑的石井栏，高大的皂荚树，紫红的桑葚……肥胖的黄蜂伏在菜花上……何首乌藤和木莲藤缠绕着，木莲有着莲房一般的果实，何首乌有臃肿的根。

师：好，读得很有感情。那请同学们想想，这位同学刚找的句子，写出了百草园的哪些特点呢？我们刚才说这里"有滋有味"，那这些呢？

生：有花有草。

生：有花有树。

师：嗯，有美丽的花儿，高大的树木。老师请你们关注一下这几个词：碧绿、紫红、菜花……

生：是五颜六色！

师：继续听。鸣蝉的长吟，轻捷的叫天子，油蛉的低吟，蟋蟀的弹琴……

生：还有声音。

师：这些声音，在一个天真烂漫的儿童心里，这些声音是什么？

生：是美好的乐曲。

师：何以见得？

生：蟋蟀的叫声作者说成是"弹琴"。

师：那么，这个百草园，除了"有滋有味"以外，还应该有什么？

生：有美丽的颜色和动听的声音。

生：有声有色！

师：是的，还有天籁一般的来自昆虫动物们美妙的"乐音"，还有五颜六色的美丽色彩。所以，它才让作者记忆深刻。

（板书　有声有色）

师：请聪明的你们继续找，有滋有味，有声有色，这百草园里还有什么呢？希望大家自己能总结出来。

生：有动物有植物。

师：对，不但有繁多的植物，还有很多可爱的小动物、小昆虫对吧。如果说植物给作者带来是一种静态的美，那么动物则让“我”感受到了——

生：动态的美。

师：是的，有静态的植物之美，又有动态的动物之趣。

（板书　有动有静）

师：同学们看书都很仔细，找的也很多，可是老师觉得大家都被作者的文字给捆住了，都是循规蹈矩地从文字里去找，你想象一下，如果你在这样多姿多彩的乐园里，你的乐趣还应该有什么？

生：我觉得作者在这里还能感受到一种释放天性的乐趣？

师：哦，释放天性？怎么说？

生：文中说他在这里可以拔何首乌根，结果弄坏了隔壁的墙；还在这里捉弄斑蝥和蜈蚣。这些都是小孩子释放自己天性的表现。

（全班鼓掌）

师：这个同学看问题就比我们大部分同学深刻了一层，他从作者的行为里分析出作者之所以流连这里，是因为这个地方可以完全放飞自我，无拘无束，这也是小孩子最向往的生活，对不对，你们这些小朋友们？

（生笑，点头）

师：你看，除了搞“破坏”，捉弄小虫子，作者在这里玩得也是很开心的，请注意看“光滑的石井栏”里“光滑”这个词。以前人们喝水是靠井，凿好井就在井口旁边打一个水泥台子，大家能想来吗？能想来吧，很好。石井栏一般是用水泥涂抹的，表面应该是比较粗糙的，可是作者却用了“光滑”一词来形容它，你能想到什么？

（生犹疑）

师：这样一个荒草园，家里的大人肯定是不怎么来的，石井栏怎么就“光滑”了呢？

生（恍然大悟）：应该是作者在上面玩耍，把它磨光了吧。

师：你很有生活经验啊，小时候没少干从土坡上往下溜的事吧？（全班笑）所以，你看一个“光滑”里面隐含鲁迅儿时多少快乐的时光啊！那大家再发挥想象，百草园里还有什么乐趣？想想，这么快乐的地方，可能只有作者一个人在那里玩吗？

生：还有小伙伴。

师：猜猜小伙伴都有谁，想想之前学过的鲁迅的文章。

生：是闰土！

师：少年闰土，对吧，还有谁？鲁迅有两个弟弟哦！对了，应该还有他的小弟弟，当然，可能还有隔壁的玩伴也不一定，对吧。所以孩子们，我们在读文章时，除了要关注作者写了什么，也要想想作者没写的。这样文章才能读活，读透！懂了吗？

（生点头）

师：好，总结一下我们刚才说的百草园的乐趣，有滋有味，有声有色，有动有静，诶，大家有没有觉得我们总结的这些都是在说百草园里的什么呢？草啊，花啊，小昆虫啊，小动物啊，果实啊……

生：这些应该是百草园的美丽景物吧。

师：总结得真好！看一下，是不是整个都是围绕文章第二段百草园里美丽的景物来说的？那后面的段落请大家也关注一下，描写百草园的部分我们知道是文章的 1–9 段，所以，请大家“放过”第二段，也看一看后面的描写好不好？谁有收获就站起来和大家分享。

（生笑，开始阅读后面段落）

（板书　百草园有美丽的景物）

生：我觉得百草园的乐趣还在于在这里可以听到神秘的故事？

师：哦，什么故事？

生：美女蛇的故事。

师：你给大家讲一下这个故事。

生：就是有个书生被一条美女蛇诱惑，差点丢了性命，最后被老和尚给救了。

师：嗯，概括能力很强！那你觉得作者为什么要写美女蛇的故事呢？

生：应该是衬托百草园里的神秘吧。

师：你真的很棒，不管是文字分析的能力还是语言表达的能力，都非常出色。平时喜欢看书吗？

（生点头）

师：你看，喜欢读书的孩子，他对文字就很敏锐，能嗅到文字里独特的气味！所以孩子们，多去读书吧！好，神秘的美女蛇故事，让百草园在景美物美之外，又平添了一层神秘的色彩。

（板书　百草园有神秘的故事）

师：后面呢？具体描写了什么时候的百草园？作者干了一件什么有趣的事情？

生：冬天，在百草园里捕鸟。

师：是的，冬天的百草园白雪皑皑，没有了碧绿的菜畦，高大的皂荚树也光秃秃的，也没有了美味的果实以及那些有趣的小动物们，可是，会玩的鲁迅依然在这里找到了新的乐趣，那就是——

生（齐）：捕鸟。

师：来，请同学们齐读捕鸟这一段精彩的文字。

（生齐读）

师：强调两个读音：秕（bǐ）谷　系（jì）上。孩子们，你们这样捕过鸟吗？没有啊，真可怜！你们是没有童年的孩子啊！

（生笑）

师：老师小时候就用这种方法捕过鸟？

（有学生问：逮住了吗？）

师：当然逮住了！老师小时候可会玩儿呢！

（生笑，鼓掌）

师：你看这段写捕鸟的文字真精彩，特别是什么词的运用？

生（齐）：动词。

师：是的，这几个动词用得很精准，请大家画出来。谁来说说，这些动词表现了什么？

生：表现了作者捕鸟技术的高超。

师： 其实并不是作者，看下一段第一句话，明白了吧，是谁的技术娴熟？

生： 闰土的父亲。

师： 是的，但是同样带给“我”极大的快乐，对吧！同学们，由此我们可以看出，“我”的童年不光有百草园给“我”带来的乐趣，也有“我”身边的人给予的温暖的陪伴，像闰土，长妈妈，闰土的父亲，当然还有很多其他的人。孩子们，一个杂草丛生的园子，却成了儿时鲁迅心里的“乐园”，因为这里面有美丽的景物，有神秘的故事，还有无限的乐趣，是不是？你看，小时候的鲁迅在这里玩石井栏，拔何首乌的根，戏弄斑蝥，冬天捕鸟，这样的园子，你喜欢不喜欢？

（板书　百草园有无限的乐趣）

师： 是的，这样美好的园子，老师也很喜欢。那就让我们一起再感受一下少年鲁迅的快乐吧。老师来读前面，大家来读后面。

（屏显语段）

师： 百草园是“我”的乐园，不信，请看——

生： 这里有“碧绿的菜畦，光滑的石井栏，高大的皂荚树，紫红的桑葚……”

师： 百草园是“我”的乐园，不信，请听——

生： 这里有“鸣蝉在树叶里长吟，肥胖的黄蜂伏在菜花上，轻捷的叫天子（云雀）忽然从草间直窜向云霄里去了”“油蛉在这里低唱，蟋蟀们在这里弹琴”。

师： 百草园是“我”的乐园，不信，请尝——

生： 何首乌藤和木莲藤缠络着，木莲有莲房一般的果实，还可以摘到覆盆子，像小珊瑚珠攒成的小球，又酸又甜，色味都比桑葚要好得远。

师： 百草园是“我”的乐园，不信，请跟“我”一起——

生： 搬开断砖找蜈蚣，拔何首乌的根，用手指压住斑蝥的脊背……去雪地里捕鸟。

师： 百草园是“我”的乐园，还有……

三、品“三味书屋”之滋味

师：孩子们，无论童年是多么的无忧无虑，人总是要长大，要离开你曾经喜欢的地方，奔赴远方。因为，人生不止眼前的快乐，还有诗和远方。鲁迅先生也一样，尽管百草园是他儿时的乐园，但是他的人生不能仅仅停留在这片天地，所以，少年的鲁迅又来到了另一个地方，这里是——

生（齐）：三味书屋。

师：是的，这里是知识的殿堂，也是鲁迅少年求学的地方。下面，让我们跟随鲁迅一起走进“三味书屋”。请大家快速默读记叙三味书屋的段落，并结合课文内容分析，作者在这里的读书生活快乐吗？

（学生默读课文）

生：我觉得鲁迅先生在三味书屋的生活是不快乐的。

师：从哪里看出？

生：我是从第十五和十六自然段看出来的。你看，作者在这里只能读书，作业也特别多，老师还十分严厉，所以我觉得他应该是不喜欢这里的生活的。

师：分析得有理有据。好，其他同学继续说。

生：我也觉得鲁迅在这里应该不快乐。因为这里把人禁锢着，都不许出去玩，偷着出去玩被发现了，还要被老师骂。

师：相对于百草园的自由自在、无拘无束，这里的确多了很多束缚，是吧？好，继续。大家都认为作者在三味书屋的生活是不快乐的，是吗？

（大部分学生点头）

生（举手）：我觉得作者在这里其实也是快乐的。

师：哦，与众不同的想法，说说你的看法。

生：我觉得作者在这里有很多的小伙伴一起玩，除了学习，大家还可以一起去寻蝉蜕，捉了苍蝇喂蚂蚁，或者在上课的时候偷着画画儿，我觉得这种生活也挺好的啊，也是乐趣无穷的。

师：嗯，依然是乐趣满满，而且这种乐趣似乎不比百草园逊色，对吧。也就是说虽然会有一些束缚，但是作者依旧也从中找到了乐趣。能创新思维，真好！谁还要说？

生：我觉得鲁迅在三味书屋的生活应该是悲喜交加的。

（全班笑）

师：哦，悲喜交加？何以见得？

生：“悲”是因为这里毕竟是读书的地方，禁锢着孩子们的天性，不像在百草园可以随意玩，这里老师严厉，功课也多，经常还会被老师骂；“喜”我觉得，毕竟在这里，作者认识了很多童年的伙伴，他们一起学习，一起在园子里玩，还可以和小伙伴们在课堂上偷着画画、做游戏，所以我觉得这样的学习生活也是充满了无限乐趣的，孩子的天性其实也是得到了释放的。

（全班掌声）

师：真不错，思维非常清晰，解读文本的能力非常强。同学们，我们仔细回味一下，作者在三味书屋的生活，的确是枯燥中有趣味，紧张中有放松，是不是？不知道大家注意到文中第十六段文字了没有，请大家聚焦这一段，再认真读，认真分析，看下对于学习生活，少年鲁迅是抗拒的吗？

（生细读文本）

生：我觉得鲁迅先生应该是喜欢读书的，而且读得还非常好。

师：有什么根据？

生：“先生最初这几天对我很严厉，后来却好起来了，不过给我读的书渐渐加多，对课也渐渐地加上字去，从三言到五言，终于到七言”。从这句话，我们就可以看出，老师对鲁迅的要求是和其他孩子不一样的，对他的要求更高一些，那就证明鲁迅小时候读书应该还是很好的，所以老师才会提高要求。

师：为你点赞，读书真细心！是的，从这些字里行间，我们就可以看出，鲁迅儿时是非常热爱读书的，不然他不会学习那么好，我们可以试想，长大后的鲁迅之所以能成为中国的文坛巨匠，是不是就得益于先生对他的严格要求呢？

（生点头）

师：那我们再说说这个先生吧？你认为这是一个怎样的老师？

生：我觉得他是一个严厉的老师。学生做错事情他会严厉地批评，甚至体罚。

生：我也觉得他挺严厉的，脾气还比较古怪。

师：脾气古怪？从哪里看出？

生：人家学生问他问题，他不但不回答，还骂学生。

师：不回答学生的问题，所以你觉得他脾气古怪是吧？那其他同学呢，是否认同这两位同学的看法？

生：我不同意，我觉得这位老先生其实挺和蔼可亲的。他虽然对学生严厉，那是他不想学生犯错，而且即使学生偷着溜出去玩，回到教室，他只是批评一下，很少用戒尺打学生或者罚跪，我觉得他就是面冷心软。

师：我喜欢这个"面冷心软"。其实所有的老师都是表面看起来很严厉，实际上内心温柔似水呢！

（学生笑）

师：这位老先生真的对学生挺好的，是吧，学生都集体逃学了，你看他也不会发怒，最多是大喊一声："人都到哪里去了？"而且你细品他读书的片段，自己诵读着，投入到把头拗过去。大家可以尝试做一下这个动作，你分析这个细节描写可以看出这位老师的什么性格？

（生模仿拗过去的动作）

生：我觉得这个老师对读书很痴迷，到了忘我的程度了。

生：我觉得他已经完全陶醉到知识里去了。

生：我觉得这位老师其实对孩子们很宽容，他上课，学生都能偷着画画、做游戏，可见他对孩子们并不是管制得很严格的。

师：这几位同学说得都很有道理，其实这位寿镜吾老先生是一个博学、方正的人，他有着丰富的知识，端正的品行，他对学生很负责任。他生气鲁迅问与学习无关的问题，那是因为在传统的思想里，一个人如果不把心思完全放在学习上，对那些小动物啊、小昆虫啊感兴趣，就是不务正业。作为老师，是不是应该批评？在那样一个清规戒律特别严格的时代，这位老师能给予孩子们如此宽松的学习环境，实在是很难能可贵的。老师再给大家提供一些资料，帮助同学们更好地认识这位老先生。

屏幕显示寿镜吾资料：

寿镜吾老先生自二十岁考取秀才后，不再参加考试，远离仕途，自甘淡泊，子承父业坐馆教书达六十年之久。他谙熟四书五经，博学正直，具有反清爱国思想。在封建社会中他还是比较开明的，为人方正、质朴，对学生和蔼，对童年的鲁迅十分关心。他是鲁迅的启蒙老师，鲁迅对他一直很恭敬。鲁迅成年后，师生之间常有书信往来，鲁迅每次回家也都前去看望先生。

四、感受“两种快乐”

师：同学们，经过分析，我们知道，百草园和三味书屋都给儿时的“我”带来了快乐的体验，那你觉得这两种“快乐”相同吗？

生：相同。都是儿童时期无忧无虑、天真烂漫的生活体验。

师：是的，都给“我”带来了乐趣。

生：我觉得不同。百草园的快乐是完全自由自在、不受任何拘束的，想干什就干什么。而三味书屋的快乐没有百草园那么自由，毕竟还是受到一定的束缚了。

师：那大家觉得作者更喜欢哪一种呢？

生：我觉得作者可能更喜欢在百草园生活，因为这里很放松，很自由。

生：我和刚才同学的观点不一样。我觉得作者应该是比较喜欢三味书屋的生活的。

师：为什么？

生：因为在这里，作者虽然不能像在百草园那样自由自在，想干什么就干什么，可是在这里有老师，有同伴，有收获知识的快乐，也有和人相处的快乐。这种快乐不是光单纯地玩就能相比的。

生：我也觉得作者可能更喜欢三味书屋的生活。我们都知道鲁迅是一个非常有才华的人，如果不是去三味书屋学习，他怎么可能成为一个作家呢？

师：那老师还想再追问一下，你喜欢学校生活吗？

生（笑）：算是比较喜欢吧。有时候作业太多，压力大就有点烦。但是每个人的成长都要经历这个过程，人生哪有随随便便的成功呢？只有经历了这些辛苦艰难，才有可能拥有比较充实而多彩的人生。

（全班掌声）

师：老师为你通达的人生观、价值观点赞！是的，孩子们，无论是百草园还是三味书屋，都让作者在成长的路上感受到了生活的乐趣，如果说百草园给予作者的是一种无忧无虑、自由自在的天性的释放，是一种身体上的快乐，那么，三味书屋则给予他的是文明的熏染，礼仪的教化，这是一种更高级的快乐，那就是精神上的快乐。这两种快乐，虽然形式不同，但是都是作者成长中一笔宝贵的财富。请看一下这则助读资料，我想会对大家理解文章起到很大的作用。

屏幕显示背景资料：

鲁迅与《朝花夕拾》

创作《朝花夕拾》时，鲁迅已是文坛巨匠。1926 年“三一八”惨案后，鲁迅写了《纪念刘和珍君》等文章，愤怒声讨反动政府的无耻行径，遭到反动政府的迫害，不得不过起颠沛流离的生活。

《朝花夕拾》写于 1926 年 9 月 18 日，当时鲁迅在厦门。在《故事新编 · 序言》中说，写作《朝花夕拾》是“一个人住在厦门的石屋里，对着大海，翻着古书，四近无生人气，心里空空洞洞的时候”。为了“在纷扰中寻出一点闲静来”，鲁迅只能借回忆旧时的美好事物，来寄一丝安慰，排解一些苦闷。

师（小结）：无论是在百草园无拘无束的天性释放，还是在三味书屋的严肃氛围里寻觅童趣童真，抑或文章中出现或者隐含的那些在鲁迅童年生活中，给予他关心和呵护的普通人，例如闰土、长妈妈、闰土的父亲，等等，这些儿时温馨的记忆一直是岁月中最珍贵的礼物，温暖着鲁迅先生苍凉、严酷的一生。尤其是在他最彷徨苦闷的时刻，这些温暖的时光，也给予了他希望和信念，让他在薄凉的人世得以继续鼓足勇气，和那些黑暗的势力抗争到底……

师：老师想用冰心先生的一首诗歌来结束我们今天的课，请大家集体朗诵一遍。

屏幕显示冰心的诗歌：

童年啊
是梦中的真
是真中的梦
是回忆时含泪的微笑

——冰心

师：每个人的一生中，都会遇到自己的“百草园”或者“三味书屋”，在那里品尝人生的百般滋味，请以“我心中的‘百草园（三味书屋）’”为题，写一篇微作文。好，今天的课就到这里，下课！

深深的文，我们浅浅地教

——执教感言

鲁迅的文章是块难啃的“骨头”，这是所有语文老师的共识。

鲁迅的文章是学习中的“碉堡”，这是所有学生的心声。

是的，鲁迅的文章，尤其是散文，以其篇幅较长、语言深邃、思想深刻而让人读起来比较费神，但是也不可否认，他的文章又是中国文学史上的瑰宝。读鲁迅的小说，常常让人捧腹大笑、回味无穷，但笑中又免不了一番沉思；读鲁迅的杂文，则会让人快意恩仇、酣畅淋漓，为他的秉笔直言和无所畏惧的胆识而折服；读鲁迅的散文，那就需要一番仔细思量了，字斟句酌，小火慢炖，不能急，更不能躁，一点一点，咂摸那些字里行间的浓情厚韵。

例如这篇《从百草园到三味书屋》。个人认为这是鲁迅回忆儿时生活的文字里内容最为温情和温馨的一篇，也是读鲁迅那么多文章里最不需要伤脑筋的。只是，作为成年人，因为有过和作者儿时相同的经历，也体味过成年人面对生活琐事和艰难时的无奈和忧心，所以对于作者在文字里倾诉的情感，虽不能说感同身受，但是最起码懂得他内心无以言说的情绪。可学生不同，他们才十一二岁，豆蔻之年，生活安逸平静。尤其是这一群“05后”的孩子，他们的童年早已经是电子产品夙夜陪伴的时代，何曾能体会过鲁迅小时候那些原生态的乐趣。特别是他们尚未历练人世，生活的不易还从未品尝，所以更无法明白作者寄寓这篇文字里的情绪。

怎么教？

体味百草园的快乐？批判三味书屋的桎梏？

可是，这“快乐”是迅哥儿的，和他们有什么关系？这禁锢也是那个年代书塾的标配，和他们如今所接受的学校教育如何能相提并论。备课时，颇费了一番脑筋。

彼时，正拜读肖培东老师的《语文：在深深浅浅之间》一书。

是的，不如浅浅地教。教孩子感兴趣的内容，用孩子感兴趣的方式。

又是一番查阅，明白了鲁迅先生创作《朝花夕拾》的初衷。又再次拿起这部散文集，一篇一篇读下去，再回味一番这散淡文字里的别样情绪。读着读着，有点心惊。之前在教学这篇文章时，未曾仔细备课，一般就是按照教参和相关教学资料来讲，大致思路都是“百草园的乐趣”和“三味书屋的禁锢”。可是，这一次我似乎嗅到了一丝不一样的气息。

写三味书屋的文字，真的是作者对封建教育制度的批判？对封建私塾教育束缚孩子天性的谴责？鲁迅在几十年后追忆往事所抒写的文字，真的是如此“爱憎分明”？

不，我觉得不是。或者说，我觉得不完全是。

我们先来看看鲁迅写这篇文章的背景。

创作《朝花夕拾》时鲁迅已是文坛举足轻重的作家，1926年“三一八”惨案后，鲁迅写了《纪念刘和珍君》等文章，愤怒声讨反动政府的无耻行径，遭到反动政府的迫害，不得不过起颠沛流离的生活。

《朝花夕拾》写于1926年9月18日，当时鲁迅在厦门。在《故事新编·序言》中说，写作《朝花夕拾》是“一个人住在厦门的石屋里，对着大海，翻着古书，四近无生人气，心里空空洞洞的时候”。为了“在纷扰中寻出一点闲静来”，鲁迅只能借回忆旧时的美好事物，来寄一丝安慰，排解一些苦闷。

从这个资料可以看出，《朝花夕拾》是鲁迅在极度压抑和愤懑中用来聊以自慰的文字，是对儿时那段光阴的追忆。所以个人认为这部散文集的写作初衷应该是为了追忆，是暖色调的。当然，里面也有批判，对像“猫”一样的“正人君子”的揭露（《猫·狗·鼠》），对庸医害人的深切痛恨（《父亲的病》），对虚伪的知识分子的讽刺（《无常》），对封建孝道虚伪和残酷的揭露，对封建教育制度对儿童天性的摧残和束缚的不满和批判，等等。可是，读《从百草园到三味书屋》，我从中未曾读到这样冷峻、批判的意味，相反，我以为这篇文章里处处透露着作者对百草园和三味书屋生活的热爱和怀念。虽然对于这两处的情感是有一些不同的，但是总归都是作者记忆里给他带来童年乐趣的那段生活。对很多资料里提到的三味书屋束缚儿童天性一说，我不大赞同。

怎么办？交给孩子吧！

这篇文字，本就记叙的是儿童的时光，那么让孩子用自己的眼光和心智去审视，从孩子的内心到另一个孩子的内心，这是解读这篇文章最便捷的路径。

所以，在上课的过程中，我几乎大部分时间让孩子去阅读文字，感知文字背后作者蕴含的情感。在学习百草园这一部分时，孩子的目光自然而然关注到了百草园里的“有滋有味、有声有色、动静结合”以及这里给“我”带来的无限趣味，虽然他们的童年和鲁迅的童年不尽相同，但是孩子对快乐感知程度是相似的。

而在教学“三味书屋”这部分时，站在讲台上的我不是没有犹豫，到底要不要将大众理解的批判意味讲出来？后来，心一横，看学生自己是如何理解的，他们的心中如果感受到了批判，那就顺势让学生自己探讨一下，如果他们认为没有这样的意思，我就不打算节外生枝了。把“皮球”踢给他们：

结合课文内容分析，作者在这里的读书生活快乐吗？

答案不尽相同。果然孩子的世界五花八门。有的孩子觉得在三味书屋，鲁迅生活得不自由、被束缚，有的孩子则认为他在这里照样体会到了无限乐趣，更有一个聪慧的小男孩提出“悲喜交加”这个观点。可是无论持何种观点，孩子们最终都肯定，在这里作者也是能体会到乐趣的，无论是获得知识的乐趣，还是和同伴们一起玩耍的乐趣，抑或貌似严厉却实则和蔼的书塾先生也带给“我”的快乐感受，等等。可见，在孩子的眼里，三味书屋有束缚，也有禁锢，但这是一个人成长过程中必须经历的，就像现在的学校教育，在某种程度上不也是如此吗？

换句话说，学生对百草园的“自由自在”能感同身受，对三味书屋的“痛并快乐”也能充分体会，他们不认为这里面含有一本正经的批判和揭露。在他们的内心，这只是鲁迅先生童年快乐时光的两种不同形式而已。无论是百草园所给予的“身体上的快乐”还是三味书屋赋予的“精神上的快乐”，这都是作者生命中最宝贵的经历。

课堂至于此，又不止于此。我想，如果鲁迅生倘若在这篇文章里真还有其他言外之意的话，那么，就交给孩子们在以后的岁月里，渐行渐悟吧！

比悲伤更悲伤的故事

——《卖炭翁》教学实录

（本节课为陕西省2020年省级教学能手高级研修班示范课）

一、导入

师： 孩子们，俗话说，付出就一定有——

生（齐）： 回报。

师： 是的，只要我们努力去做，就一定能实现自己的梦想。可是，有一个老人，他辛辛苦苦地劳作，却并没有换来自己想要的结果，他就是我们今天这篇诗歌的主人公——

生（齐）： 卖炭翁。

师： 好，我们一起来欣赏诗歌《卖炭翁》，请大家把书打开。

（板书　卖炭翁　白居易）

二、朗读知意

师： 大家提前预习诗歌了吗？

生： 预习了。

师： 好，提前预习有助于提升我们的课堂教学效率，这是一个很好的习惯，请大家一定要坚持。既然已经预习了，那老师想先请大家把这首诗歌集体朗读一下。老师不提任何朗读要求，你就根据自己的预习，根据你对这首诗现有的理解，读出自己的感觉就行。

（屏显诗歌，学生齐读）

师：好，读得还不错，只是里面有些字读得不够准确，有些句子读得也缺乏节奏感。没关系，我们一边欣赏，一边再感悟、纠错。老师想问一下，大家在朗读时，有没有发现这首诗歌和我们之前学过的大部分诗歌从形式上有什么不一样？

生：这首诗比较长。

师：是的，这位同学很会观察，从诗的长短上来看，这首诗的确比我们学过的绝句和律诗要长一些。谢谢你。谁还观察到了其他的点？

生：我感觉这首诗歌和我们学过的很多诗歌的句式不一样。

师：句式？能具体说说吗？

生：绝句和律诗每句的字数都是固定的，或者七言或者五言，读起来很对仗工整。而这首诗有些句子字数和其他句子不一样。

师：你能给大家读出来这些特殊的句子吗？

生：卖炭翁，伐薪烧炭南山中；一车炭，千余斤，宫使驱将惜不得。

师：好，谢谢你的发现，很有意义。同学们，这位同学从句式上有了新的发现。大家都知道，我们之前学过的绝句也罢，律诗也罢，每句的字数都是固定的，或者七言，或者五言，可是这首诗，还有三言，是不是？

（生点头）

师：是的，这就是白居易新乐府诗句式上的独特之处。白居易倡导了“新乐府运动”，他的乐府诗从内容到形式上跟绝句和律诗都有所不同，他擅长写“三七”句式，或者“三三七”句式以及七字句，大家看，这首诗歌，这几个句式是不是都具备了？好，请大家再朗读一遍这两个特殊的句式。

（生朗读诗歌）

师：“宫使驱将”的“将”读几声？

（生有答一声，有答四声）

师：“将”在这里是助词，没有实际意义，因此要读四声。好，大家琢磨一下，你们刚读的这两句诗和之前读绝句、律诗相比，有什么不同的感觉？

生：律诗和绝句因为每句字数相同，所以读起来比较对仗，比较工整，而这两句读起来比较舒缓，不是很紧张的感觉。

师：你的朗读功底真不错，能从诗句的节奏感上来体会。那你能再说说，这种貌似不工整、不对仗的句子，读起来除了舒缓之外，还有没有别的感觉？

生：应该就是读的感情可能要和其他句子有点不同，而且读起来比较有趣味性。

师：你能给大家读出自己的理解吗？

生：一车炭，千余斤，宫使驱将惜不得！（情感饱满，抑扬顿挫）。

师：老师要为你鼓掌，真的很棒！你读出了白居易“三三七”句式的味道。同学们，这种“三七”句式或者“三三七”句式虽然形式上看起来不是很对仗，但是它们起到了舒缓诗歌节奏的作用，读起来生动活泼，饶有趣味。请大家再自己自由朗读一下这两句。

（生自由读）

三、对比析情

师：通过预习，大家能明白这首叙事诗讲了个什么故事吗？谁来用简洁的语言给我们概括一下。

生：这首诗歌讲述的就是一个卖炭的老翁，他辛辛苦苦烧了一车炭，然后拉到集市上去卖，结果被两个使者以很便宜的价格给买走了。

师：老师想问一下你，他们用多少钱买了这车炭？

生：就是“半匹红纱一丈绫”。

师：他们用这么低的价格买炭，老翁同意了吗？

（生摇头）

师：既然不同意，那怎么能说是他们“买走了”呢？能买走，那就说明是经过双方同意的交易啊？

生：是抢走了！

师：对，不是买走的，是强行“买”走了，其实就是——

生（齐）：抢走了！

师：是的。看来同学们对故事情节的把握还是比较清楚的，那大家能告诉老师，这首诗歌塑造的矛盾对立双方是谁？

生：是卖炭翁和这两个太监。

师：请用书上他们的称谓说一下。

生（齐）：宫使。

师：是的，对立的矛盾双方是卖炭翁和宫使。

（板书　卖炭翁和宫使）

师：那聪明的你一定也发现了，作者在塑造这两类人物形象时，都使用了哪些描写方法呢？

生（齐）：外貌、动作、心理、细节……

师：是的，大家看得都很仔细，因为时间有限，我们就不一一分析了，这节课老师只想抓住几个重点的点与大家一起分析一下好吧。好，先来看一下他们的外貌描写。请自由朗读诗歌，用笔标出描写卖炭翁和宫使外貌的句子。

（生朗读，标注）

师：好，谁来把自己找到的关于卖炭翁外貌描写的句子读一下。

生：“满面尘灰烟火色，两鬓苍苍十指黑”，还有这句“可怜身上衣正单”。

师：找得很准确，说明你读得很透。那请同学们聚焦这些描写卖炭翁外貌描写的句子，告诉老师，你从中读到了什么信息？

生：我读到了卖炭翁的悲惨。

师：哦？悲惨？你是从哪里看出来的？

生：从“满面尘灰”我可以看出来他烧炭很辛苦，常常把自己弄得满脸都是灰尘。

师：仅仅弄得满脸灰尘就是悲惨了吗？

（生摇头）

师：还有哪些描写，可以看出卖炭翁的“悲惨”？

生：还有“两鬓苍苍十指黑”，这个也能说明卖炭翁虽然年纪大了，但是还要去烧炭，而且自己的十个手指头都熏成了黑色的，可见他生活的悲惨。

师：表述得很清晰，也很准确。那你能再告诉大家，卖炭翁烧炭卖钱干什么用？

生： 就是给自己买吃的、买衣服。

师： 你是怎么知道的？

生： 我是从“卖炭得钱何所营，身上衣裳口中食”这句看出来的。

师： 是的，他卖钱干什么用呢？不是为了提高生活质量，仅仅是为了能够——

生（齐）： 活着。

师： 是的，这一车炭是他活命的依凭啊，多可怜的老人，他烧炭辛苦吗？

生（齐）： 辛苦。

师： 是的，很辛苦，他需要批发木柴然后再来烧炭是不是？

（有学生点头）

师： 是啊？他批发木柴来烧炭吗？

生： 不是的，他是“伐薪”，就是自己砍柴的。

师： 你看书很仔细，这是一个好习惯。是的，这个老翁可怜就可怜在他不仅要烧炭，他还需要自己去伐树。孩子们，一个老人，在冰天雪地里，自己去山里伐树砍柴，然后烧炭，为了烧一千多斤的炭，你猜他得伐多少木柴呢？

（生有的摇头，有的说，很多吧）

师： 一车千余斤的炭，他需要砍伐四千多斤的木柴才可以烧出来。你说，他辛苦不？

生（齐）： 辛苦。

师： 是的，这个老翁很辛苦。那我们再来找找描写宫使外貌的句子，读一读。

（生齐读）

师： 宫使穿的什么？

生（齐）： 黄衣使者白衫儿。

师： 你觉得宫使出场应该是什么样的心理？

生： 得意扬扬吧。

师：好，请你读出他们的“得意扬扬”。

（生朗读，缺乏味道）

师：味道还不够，能再张狂一点吗？

（生再读一遍，还是欠缺“得意”之意）

师：你觉得你读出那种“得意扬扬”了吗？

生：读出来了。

（全班笑）

师（笑）：好，你觉得读出来了就行，老师相信你后面会读得更有得意的味道。

师：好，同学们，那大家看宫使的衣服怎么样？

生（齐）：很华丽。

师：你猜他们的衣服是什么材质做的？

生：我猜应该是丝绸之类的吧。

师：是的，宫廷的使者，他们穿的衣服比起老百姓来肯定是昂贵的。那不知大家注意了没有，作者对卖炭翁外貌的描写“两鬓苍苍”“满面尘灰”“十指黑”，等等，从颜色上来说，这是非常——

生（齐）：黯淡无光的。

师：那宫使外貌的色彩呢？

生（齐）：很亮丽，很光鲜。

师：是的，卖炭翁的外貌给人黯淡无光的感觉，而宫使却给人光鲜亮丽的感觉。那我们是不是可以说，他们的颜色就代表着他们的生活状态呢？卖炭翁生活得——

生（齐）：黯淡无光。

师：而十指不沾泥的宫使却生活得——

生（齐）：光鲜亮丽。

师：很好，大家理解很到位。那我们从这二者的对比可以看到他们的生活状况有什么不同？

生：卖炭翁应该是很贫穷的，而宫使很富有。这个对比应该揭示了他们之间的贫富差距的悬殊。

师：说得真好，从颜色一“暗”一“明”的对比，我们看到了卖炭翁和宫使之间“贫富差距的悬殊”。

（板书　暗　明　贫富悬殊）

师：好，请大家就按照刚才这种思路，对比分析卖炭翁和宫使的动作。同样，请大家先找出描写这二者动作的句子，读一读。

（生找句子并朗读）

师：谁来为我们朗读一下描写卖炭翁动作的句子？

生：“伐薪烧炭南山中”和“晓驾炭车碾冰辙”。

师：找得很准确。请你告诉大家，从这两句中，你看到了什么？

生：我看到卖炭翁伐薪烧炭的艰难，还有就是他运炭的过程也非常艰难。

师：老师欣赏你用的“艰难”这个词，卖炭翁“伐薪烧炭”的艰难，我们刚分析过了，对吧？那你说，他运炭的过程为什么也“艰难”呢？

生：他拉着一车炭，要赶很远的路去集市上卖。

师：你怎么知道路很远呢？

生：从“晓驾炭车”就可以看出来。

师：具体是哪个字？

生：“晓”字。

师：“晓”是什么意思？

生：就是“大清早”的意思。

师：在哪首诗里还读到过“晓”字也是这个意思呢？

（生犹豫）

生（抢答）：春眠不觉晓。

师：听到了吗？好，请坐，谢谢你的分析。同学们，“晓”是“大清早的意思”，也就是说卖炭翁大清早就必须出发，而且走的路怎么样？

生（齐）：泥泞，不好走。

师：仅仅是有泥吗？具体说。

生：还有厚厚的一层冰，“碾冰辙”嘛，就说明路上结冰了。

师：大清早赶路，还走在结冰的路上，还是牛车，你觉得老翁的速度怎样？

生（齐）：慢。

师：是的，老翁的速度很慢，所以他什么时候才到？

生（齐）：中午。

师：哦？你们是怎么知道的？

生（齐）：从“日已高”三个字就可以看出来。

师：嗯，同学们能从字里行间找证据，非常好。可是如果真的走到了“中午”，那老师就不明白了，那他为什么要“市南门外泥中歇”呢？直接拉进集市里面去歇息不好吗？

生：人家不许他进去。

师：哦？什么集市不允许人进去买卖呢？这个解释恐怕不合理吧。

（生不好意思地笑笑）

生：他是不是去得太早了，集市还没开门。

师：好，孩子们，让老师来告诉大家。唐朝的集市分为“东市”和“西市”，集市一般是在早上 11 点才开门。这个老翁从南山到长安城大约有四十里的路，他驾着重重的炭车，路上又结了冰，所以他不得不早早就出发，赶到集市时大约也就十点半不到十一点，门还没开，所以他只好怎么样？

生（齐）：在集市外面歇着。

师：是的，那我们再来看看宫使的动作描写，请大家集体读一下描写宫使动作的句子。

（生齐读）

师：请你来为大家再朗读一下，好吗？

生：“手把文书口称敕，回车叱牛牵向北”。

师：动词都有什么？

生：有“称”和“回”“叱”这三个。

师：那老师想请问你，你觉得宫使这个动作实施是快还是慢？

生：应该是很快的。

师：那你觉得你刚才读出他们的“快”了吗？好，请再来一遍。

（生再读）

师：这遍就好多了。同学们，宫使从来到去，他们的速度十分“干净利索”，是不是？前后大概也就不过几分钟的时间。请大家想象一下他们翩翩而来然后又翩翩而去的样子，你看到了这些宫使的什么性格？

生（各言其词）：很嚣张，很蛮横，霸道……

师：是的，他们蛮横不讲理，霸道凶残。一个老人家辛辛苦苦“伐薪、烧炭”，又十分艰难地运炭，这个过程非常地——

生（齐）：漫长。

师：而宫使出场不过几分钟时间，就把这老人的炭给强行拉走了，这“快”与“慢”的对比，让我们看到了什么？

生：看到了宫使的残酷。

生：看到了老翁的悲惨。

生：看到了社会的黑暗和制度的腐败。

师：是的，这“快”与“慢”的对比，让我们看到了宫使剥削的残酷和无情。

（板书 慢 快 剥削的残酷）

师：我们分析了两者的外貌和动作，并从对比中分析出他们之间贫富的差距和剥削的残酷，那老师想问问同学们，你有在诗歌中找到这两者的语言描写吗？

生：卖炭翁没有，宫使有语言描写。

师：请你读出描写宫使语言的句子。

生：手把文书口称敕。

师：语言是哪个词？

生（齐）：“敕”。

师：“敕”是什么意思？

生：就是皇上的命令。

师：是的，“敕”就是“皇命”的意思，你猜测一下皇上下的什么命令？

生：应该就是要强买人东西的命令吧。

师：是的，皇上的命令就是低价强买老百姓的东西。这是宫使的语言，虽然作者只用了一个“敕”字，但是足以表现出宫使的仗势欺人，是不是？好，那卖炭翁的语言呢？有吗？

（生摇头）

师：孩子们，为什么宫使都有语言，可是主人公卖炭翁却没有语言？是作者白居易给疏忽了吗？是的，显然不是，那作者为什么不给老翁安排一点语言呢？

（生茫然）

师（点起一生）：你知道原因吗？

（生摇头）

师：那你能不能替作者给卖炭翁安排两句话？人家强夺你的东西，你会怎么说？

生（思考，摇头）：不知道怎么说。

师：老人家，人家在抢你的东西啊，你连一句话都没有吗？来，再请一个“卖炭翁”说说。

生：求求你们，给我留一点吧。

师：可怜的老人家，明知抵不过被抢的命运，只祈求能给自己多少留点活命的。谁继续？

生：你们能不能把价钱再提高一点啊！

师：“想什么呢！老东西！敢跟我们讨价还价，不想活了吗？”是不是会换来这样的结果啊？

（生点头）

生：你们这帮强盗！

师：孩子，你想过老翁这样怒斥的下场吗？

（有学生说，会被抓走）

师：是的，他可能会性命不保啊，他敢说这句话吗？

（生摇头）

师：孩子们，想一想，刚才不管是祈求，还是怒斥，起作用吗，对这些宫使？

生（齐）：不起作用。

师：是的，不但不起作用，反而有可能给老翁招来杀身之祸，所以老翁敢说话吗？能说话吗？还有必要说话吗？你从这里看到了什么？

生：我看到了老翁的无奈和辛酸。

生：我看到了老翁的绝望和敢怒不敢言。

师：是的，老翁心里是多么绝望和无奈啊，可是他不敢反抗，不能反抗，只能默默地承受这一切不公平的遭遇。孩子们，一个被剥削却连话语权都没有的人，他活得该是多么地——

生（齐）：卑微无奈。

师：是的，他的社会地位是卑微甚至卑贱的，他的内心是无奈的。

（板书　默　言　卑微和无奈）

师：我想请同学们回头看看这句话“可怜身上衣正单，心忧炭贱愿天寒”，多么矛盾的心理啊，为了炭能卖上好价钱，他即使穿得如此单薄，依然希望天气再寒冷些。他这点小小的愿望实现了吗？

生（齐）：实现了。

师：从哪一句看出来？

生（齐）：夜来城外一尺雪。

师：我们看，连老天爷都可怜这个老翁，下了厚厚的一场雪，以期让他的炭可以卖个好价钱。那我们试想一下，走在路上的卖炭翁和坐在泥中歇的卖炭翁，他的心理是怎样的？

生：痛苦的。

师：哦，他想下一场雪，结果天遂人愿了，他反倒还痛苦了？我想不通这是什么道理。

生（恍然大悟）：哦——应该内心比较高兴的。

师：高兴什么？

生：高兴自己的愿望终于要实现了，炭可以卖个好价钱，自己家人的衣食有着落了。

师： 真是一个灵秀的孩子！那请你再想想，这个时候的卖炭翁除了高兴，他对生活还是——

生（抢答）： 充满希望的。

师： 她替你回答了，你同意她的说法吗？

（生点头）

师： 是的，老翁此刻的内心一定是充满了对生活的希望的，可是这刚升起的一点希望却被谁给无情地终结了？

生（齐）： 宫使！

师： 可恶的宫使，让老翁的希望最终——

生（齐）： 破灭！

（板书　希望　破灭）

师： 其实，这首诗里，还有很多地方运用了对比手法，因为时间关系，我们就不一一分析了，请同学们自己课下根据我们课堂学习到的分析方法，再试着作对比分析。我们来看这个故事的结局，一车炭，卖了多钱？

生（齐）： 半匹红纱一丈绫。

师： 你知道他们之间的差距吗？

（生摇头）

师： 一车炭约为 1500 文钱，而“半匹红纱一丈绫”仅仅折合 500 文，而且你不要忘了，这是“半匹”啊，说明它是——

生： 残次品！

师： 是的，是宫廷剩余不用的残次品，试问老翁拿着他又有什么用呢？请大家再次齐读最后这一句，感受老翁遭遇的悲惨。

（生齐读，铿锵有力，情感饱满）

师： “系”（jì）还是“系”（xì），刚开始大家读 jì，现在呢，你们还是坚持读 jì 吗？老师来给大家解释一下这两种读音的不同释义，然后你们自己琢磨一下，到底是该读 jì 还是 xì。读 jì 时是“捆，绑，打结”的意思，而读“xì”是“挂”的意思。

生（齐）： 读“系”（xì）！

师（指名一生）： 你给大家解释一下，为什么要“系”（xì）。

生： 因为宫使是强夺老人的炭，所以抢完后他们巴不得赶紧把这个老头打发走呢，哪里有那份耐心啊！所以是不可能专门细心地给绑上去的。所以，这个词应该读系（xì）。

师： 你真是一个会读书的孩子，能结合具体情境来分析。谢谢你！是的，孩子们，蛮横霸道的宫使又怎么会细心地把这“半匹红纱一丈绫”专门打个结，绑在牛头上呢？他们自然是满不在乎随意地挂在牛头上，然后就把老人给赶出来了，所以，应该读作——

生（齐）： 系（xì）。

师： 好，请大家再读一遍最后一句。

（生齐读）

师： 孩子们，老师不明白，光天化日，这两个宫使凭什么就可以这么豪横地把一个可怜的老人的炭抢走，谁给他们这么大的权力？

生： 是皇上！

师： 是皇上让他们这么做的？仅仅只是皇上一个人吗？好好想想，到底是谁？

（生思考，摇头）

师： 老师给大家补充点资料，或许能给你们点提示。

屏显：

宫市制度

自唐德宗贞元（785—805）末年起，宫中日用所需，不再经官府承办，由太监直接向民间“采购”，谓之“宫市”，又称“白望”（言使人于市中左右望，白取其物）。百姓深受其害。韩愈《顺宗实录》一语道破：“名为宫市，其实夺之。”

师： 看明白了吗？是谁给他们的权力？

生： 是这个不公平的“宫市”制度，它名为“买”，实际就是明抢嘛！

师：是的，所谓的“宫市”，就是统治阶级糊弄老百姓的把戏，就是他们欺压鱼肉百姓的法宝。

四、探究明旨

师：老师想问一个问题，你认为白居易当时写这首诗，最想让谁看到？

生：我觉得他可能最想让当时的皇上看到。

师：为什么？

生：因为只有皇上才能改变这个不合理的宫市制度。

师：只有最高统治者才有权力改变这个不合理的制度，才能废除对老百姓不公平的一切制度，是不是？谢谢你，想问题很深刻。那么孩子们，通过刚才的分析，我们完全可以看到，卖炭翁在被掠夺时，敢反抗吗？

（生摇头）

师：那你觉得这是他第一次被掠夺吗？

（生摇头）

师：是的，显然他已经习惯了这种被剥削。那仅仅是卖炭翁被剥削了吗？

生（齐）：还有很多人。

师：是的，还有很多人，有卖炭翁，还有卖油翁，或者卖菜翁、卖布翁，等等。所以作者写的虽然是卖炭翁，可是他想告诉我们被剥削的是——

生（齐）：处于底层社会的广大老百姓。

师：对，就是那些卑微、没有地位的老百姓。而剥削人的，也绝不仅仅是这两个宫使，应该是他们身后那个强大的——

生（齐）：统治阶级。

师：这就是作者白居易塑造卖炭翁和宫使这两类人物的意义所在，他们分别代表的是两个截然不同的阶层。而白居易个人的情感倾向大家能看出来吗？对被剥削被掠夺的穷苦百姓，他是——

生（齐）：同情怜悯的。

师：对剥削者和压榨者，他是——

生（齐）：憎恨和批判的。

师：白居易为什么敢这么直白地批判当权阶层？他也是当官的啊，他怎么敢这么秉笔直书呢？你想过没有？

生：他可能是实在看不下去了。

师：目不忍睹，拍案而起，这是中国文人的骨气，说得好！还有其他想法吗？没有啊，那老师给大家说说。白居易当时官拜左拾遗，这是个什么官职呢？

生：起监督作用的。

师：是的，他监督谁呢？他监督不合理的制度和政策，例如宫市这种罪恶的制度，当然还有其他的残害老百姓的制度，他负责把这些揭露出来，给统治阶级看，让他们警醒。所以这首诗歌的主旨就是——

屏显：

苦宫市也

师：谁苦宫市呢？

生（齐）：老百姓。

师：是的，老百姓苦于宫市的巧取豪夺，当然不仅仅是宫市，还有其他很多不合理的制度，都让当时的老百姓苦不堪言。作为左拾遗的白居易，他觉得自己有责任和义务揭露这些不合理。而作为文人的白居易，他有着深沉的悲悯情怀，以自己的文字来反映百姓的痛苦，希望可以引起统治者的反思，这就是他写作诗歌的目的——

屏显：

惟歌生民病，愿得天子知

师：这里的“病”怎么理解？

生：病痛。

生：应该是疾苦吧！

师：是疾苦，他写作的目的就是反映老百姓的疾苦，想让谁知道呢？

生（齐）：皇上。

师：是，让当权者知道，让统治阶层知道，让他们能体恤民情。最后，老师想请同学们再用一句话概括今天这个故事。这是一个________的故事。

生：这是一个悲惨的故事。

生：这是一个可怜的故事。

生：这是一个让人愤怒的故事。

生：这是一个令人发指的故事。

师：同学们说得都很好，这是一个可怜而又让人愤怒的故事，老师也用一句话概括我的理解。我觉得，这是一个比悲伤更让人悲伤的故事。

屏显：

比悲伤更悲伤的故事

师：一个可怜的老人，他一个人在茫茫的山里伐树烧炭，费尽辛苦运炭去卖，所求不过就是能让家人活命，如果故事就到这里，那这应该是一个——

生（齐）：悲伤的故事。

师：可是，宫使的出现，让老翁唯一的希求也变成了空想，他几个月的努力化为泡影，这就成了一个——

生（齐）：比悲伤更悲伤的故事。

师：是的，这是一个比悲伤更悲伤的故事！比悲伤更悲伤的故事，就是——

屏显：

努力却看不到希望　拼命却换不来回报

师：孩子们，庆幸我们生活在一个政治清明的时代，所以，只要我们足够努力，那么——（请生说）

生：我们就能获得回报。

师：庆幸我们生活在这个政治清明的时代，所以，只要我们付出——（示意另一生）

生：我们就一定会有回报！

师：是啊，正是因为我们生活在政治清明的时代，所以，只要我们全力以赴为梦想而拼搏，那么，你会看见，所有的梦想都会——

生（齐）：都会开花！

五、作业

师：今天的课，我们就上到这里，留两个作业给同学们下去完成。好，下课！

屏显作业：

1. 请用今天学过的朗读方法，朗读白居易的《观刈麦》。

2. 运用对比手法，试着分析《观刈麦》以及白居易其他描述民生疾苦的诗歌，感知他“悲天悯人”的情怀。

文言相融　课堂共生

——《卖炭翁》执教感言

邱俊老师打电话征询我可否上一节示范课，为2020级“省能”高研班的学员。说实话，内心既有激动，更有忐忑。

激动的是，能在这样一个高端的平台去展示一节课，这是对自己莫大的挑战和鼓励；忐忑的是，要和学员“同课异构”，代表评审组做教学展示，其中的压力不言而喻。

邱老师委婉地说，因为是要代表评委组，所以课堂一定要有特色。我自然明白，既是为省级教学能手示范，那课堂的呈现必须要有“示范”的效能，否则会传递不好的导向。

选课时，陷入了两难。手头倒是有几个已经做了充分思考的成熟课例，拎出一个稍做调整应该可以完成任务，可是一想到学员在我定了课题后才开始着手备课，就觉得自己这样不太妥当。何况，“不重复自己”是我一直的追求。

邱老师建议，可以上文言文，篇幅不长，文意丰富，课堂展示的东西也会比较多。深以为然，八年级下册书翻了两遍，心里有了主意——《卖炭翁》！

选此课原因有二：

一是这篇课文之前在一次全区的示范课教学中上“砸”了，我一直耿耿于怀，也一直没有勇气再去面对它。可是，不面对并不代表它就不存在，而且迟早会再遇上，难道要跳过不上吗？有些坎儿，必须迈过去，人生如此，教学又何尝不是！

二是对古诗文的教学，一直也有一座“高山”让我难以逾越，那就是如何处理“文”与“言”的关系。一直以来的做法是第一课时集中处理字词，小到字、词，大到整句话、整篇文章的释义。第二课时分析文本，解读主题。这样处理的好处是泾渭分明、重点突出，可是课堂的呈现是干瘪的、硬邦邦的，也让古诗文的教学略显枯燥和乏味，很难激发学生的兴趣。最无奈的就是花了一整节课灌输的语法知识，没过多长时间，学生便生疏了不少。究其原因，皆是因为学生的理解和记忆都是生硬的，并没有依着文本深度去理解。囫囵吞枣得来的知识，如何能长长久久呢？这次，便想借助这个机会“逼”自己一把，看能否在这方面有大的突破。更想抓住这个机会，向其他几位经验丰富、学识渊博的评委老师讨讨“真经”。

选好课，便义无反顾地“扎”进文本中去，一个字一个字，一句话一句话，品味，咂摸，思索，构建。用身份互换的方式去演绎这个“故事”，一会儿是卑微可怜的老翁，一会儿又是凶残霸道的宫使，甚至想象自己就是那头拉着千余斤炭艰难地“碾冰辙”的老牛，从它的角度去看人性，看世态。

在充分“泡”文本的基础上，又去研读网上的相关课评、赏析以及名师课例。

百花齐放，各有特色，但亦从中看到了不足。从教二十年，终于明了，再好的课例未必适用于自己。“适合学情，适合自己，合理取舍”，这是闫妍姐给我的忠告，也一直以此来警醒自己，切不可拾人牙慧、失去自我。

在阅读了大量的资料后，我心里渐渐有了一个明晰的方向。因为是唐诗，所以里面难免有一些晦涩的词句学生不甚懂，自然需要引导。如何处理“言”和“文”，让二者能互为支撑、相得益彰，又让我思虑良久。还有乐府诗知识，要不要给学生讲，讲到什么程度，这些都是问题。

微信向徐杰老师讨教：是否要讲乐府诗知识。徐老师回：我以为不必。我又提出自己的疑问：不讲这个怕评课时被提出没有“识体而教”。徐老师的回答简洁明了：古诗就是“体”，非要计较白马非马？

又向邱俊老师咨询，邱老师回复：不用刻意讲，提一下白居易乐府诗的独特之处即可。

心中了然。

把授课的重点放在了人物对比分析上。“卖炭翁”和“宫使”外貌“暗与明”的对比，动作“慢与快”的对比，语言“默与言”的对比，从而分析人物形象，揭示诗歌主旨。一节课，缓缓推进，把文言词汇的学习充分揉到对文章的解读过程中，让学生在特定的语言环境里感知词语的意思，学生的理解深刻而细腻，远比之前干涩地硬灌要有效得多。最让我惊喜的是，课堂上学生的很多生成都是在我预料之外的，例如有个孩子对白居易新乐府诗“三七”句式特点的分析，就非常精准，可见感悟能力之强；还有在分析“系”的读音的时候，学生便能很好地结合具体语境来判断，这也是很好的学习品质。因为孩子们的学习走向了深度，老师的教必然也不能停留在浅层次，一路上我不停地根据学情的变化而调整自己的授课思路，之前备课积累的一些资料原本是不打算呈现的，可是孩子们的灵秀让我不得不倾囊相授。

想起前几天教学《陋室铭》，学生对书上“白丁”的注解就很不满意，他们提出，如果“白丁”解释为“平民”，那是不是就意味着刘禹锡打心眼里看不起普通老百姓，不愿意和他们交往？当时就很尴尬地不知如何做解，下课仓皇逃遁，翻阅各种资料，终于弄明白……

我一直很享受课堂上被学生“逼”着走的感觉，每每当他们课堂反应超出了我的预期时，我就知道，孩子们是进入课堂的佳境了。你看，他们的眼睛里闪烁着明亮的星星。

随“文”教“言”，互相印证，这样古诗文才能血肉丰满、意趣横生，学生的理解才能深入而持久，并逐渐内化为一种学习习惯和能力；师生共生，教学相长，这才是课堂应该有的模样！

悬崖上的自我超越

——《走一步，再走一步》课堂实录

（本节课为“国培计划”千阳县送教示范课）

一、导入

师：同学们，有没有爬过咱们学校外面的山？

生（齐）：爬过。

师：都爬上去了吗？

（生有的点头，有的摇头）

师：还有同学没爬上去吗？为啥没爬上去，我觉得这山也不高啊，比起太白山来那就是“小巫见大巫”啊！来，你说，你为什么没爬上去？

生：我平时不太喜欢运动，曾经爬过几次，可是总是爬到一半时就累得不行了，所以就……

师：所以就放弃了？没关系，之前没有征服它，但是老师相信随着你不断长大，体质不断增强，总有一天你一定可以“会当凌绝顶”，你有信心吗？

生：有吧。

师：有吧？看来还是不自信啊！

生（笑，大声）：有！

师：对，这才是“曾经那个少年”嘛！

（全班笑）

师：同学们，今天我们一起去分享一个小男孩的故事，看他在面对不可能挑战的困难时是如何抉择的。

二、故事里的“事”

师：咱们这个单元的学习目标是“默读课文”，老师想问下同学们，知道默读的要求有哪些吗？

生：默读应该就是不要出声地读。

师：这是默读从形式上的要求，还有吗？例如对于大家这个阶段，一分钟应该默读多少字合适呢？

（生摇头）

师：不知道啊？没关系，老师给大家提醒一下。请看屏幕。

屏幕显示：

新课标对七年级学生的默读要求：

1. 每分钟不少于500个字。

2. 一看两不能：

一看：用眼睛看

两不能：不能出声　不能指读

师：请大家自己看清楚默读的要求，然后默读全文，抓关键信息，尝试简要复述这个故事。

（学生默读文章）

生：这篇文章讲述的是一个小男孩，他小时候经常生病，身体一直不太好，所以他的妈妈总是不要他去做一些危险的事情。有一天，他和小伙伴们一起出去玩，大家一开始玩弹子游戏，但是玩着玩着觉得没意思，于是其中一个男孩提议去爬悬崖。刚开始他不敢去，但是他的好朋友杰里鼓励他不要做胆小鬼。于是他就跟在大家后面去爬，结果爬到一半的时候，这个小男孩吓得不敢爬了，又下不去。他请求小伙伴们帮助他，可是他们却嘲笑他，然后就都回家了。杰里也没有帮助他走了。这个男孩很绝望，就在悬崖上哭，哭着哭着，听见了他爸爸的声音，他来救他的儿子了。爸爸让他不要害怕，然后他指挥这个孩子爬下悬崖，最后，这个男孩终于下来了，他扑到爸爸怀里，又难过又骄傲。

师：从你的表述中，老师可以看出，你的记忆力非常好，所以才会复述得如此详细。谢谢你！还有没有哪位同学能用简洁的语言，给咱们再来复述一下这个故事。请同学们注意一下，老师的提示：抓关键信息。那大家说一下，这篇文章的关键信息是什么？

生：我觉得应该是文章里时间的变化，从早上到晚上，这个时间是不断在推移的。

师：说得很好，时间的变换的确是这个故事推进的关键信息。还有其他的关键信息吗？

生：应该还有地点的变化。

师：地点有什么变化？

生：先是在公园，然后在悬崖。还有就是“我”在悬崖上往下爬时位置的转移。

师：你读文章很细致，真好！那下来请大家按照这两位同学的提示，抓文章的关键信息，再简洁地复述一下故事内容。

生：文章讲的是“我”小时候因体质衰弱所以不能玩危险的游戏，可是有一天在同伴的鼓励下跟着大家去爬悬崖，结果卡在了山腰不能动。朋友们也离“我”而去。后来天渐渐黑了，“我”的父亲来到悬崖下，在他的指导，“我”一步一步爬下了悬崖。

师：这个同学的复述非常简洁，而且对文章内容的概述很清晰，基本要素全讲明白了。

三、故事里的“我”

师：老师请问大家，你认为困住这个男孩的是什么？

生（齐）：悬崖。

师：大家都认为是悬崖对不对？那么，也就是说，这个悬崖对他来说的确是无法战胜的对吗？

生（齐）：不是。

师：既然悬崖不是他无法战胜的困难，那怎么能说是悬崖困住了他呢？再想想，到底是什么困住了这个小男孩？

生：是他自己！

师：是他不让他自己下去？

生：不是，是他害怕，他觉得自己战胜不了悬崖，他恐惧，所以他被困住了。

师：那你再说清楚一点，困住他的其实是他自己的什么？

生：是他恐惧的心理。

师：是的，孩子们，困住这个男孩的，绝不是那并不高的悬崖，他是被自己的内心给困住了，他心理有障碍。因为他从小身体不好，所以妈妈总是不让他做危险的事情，久而久之，这孩子对困难、对危险就有了一种恐惧心理是不是？面对困难，他毫不迟疑地就认为自己——

生：不可能战胜。

师：也就是说，他已经极度的自卑、不自信了，是不是？这篇文章，最出色的就是人物的心理描写。下面我们重点来赏析这些描写心理活动的句子，看从中能体现出人物当时怎样的心情。

屏幕显示：

找出文中直接或者间接表现“我”不同阶段心理活动的句子，分析人物当时的心情。

（生阅读文章，圈点勾画）

生：我找的是这句：我犹豫了。

师：“我犹豫了”，这体现了人物当时怎样的心理？

生：就是想去爬山又不敢去的矛盾心理。

师：很好，很矛盾，想去又觉得自己不行。继续。

生：我分析的是这句：“我来了！”“我”喊道，然后跟在他们后面跑。我认为这句其实就暗示了他不再担心和矛盾，而是有了勇气去挑战。

师：告诉大家，“我”为什么会有这个转变，刚才不是还很犹豫很矛盾吗？

生：好朋友杰里给了“我”鼓励，让“我”有了信心。

师：是因为杰里给了“我”鼓励，才让“我”萌发了勇气吗？这一切全是杰里的功劳吗？

（生支支吾吾）

生：老师，我觉得不光是杰里给作者鼓励，更重要的是他自己当时也想改变自己。

师：哦，你是怎么看出来的？

生：虽然文章中没写，但是我觉得八岁多的小男孩，他内心其实很渴望能和其他孩子一样，他不想被其他人瞧不起，他想和大家一起玩，所以他想去试试。

师：也就是说，杰里的鼓励是外因，他自己渴望能改变自己是内因，对吧？

生：是的。

师：看来你是一个很有生活经验的孩子，告诉老师，你有过类似的体验吗？就是不想被同学瞧不起而努力去做某件事的经历？

生（腼腆笑）：有。

师：分享一下？

（全班掌声）

生：就是我小时候不会跳皮筋，所以班上女生玩的时候，谁都不愿意和我是一组。这让我很自卑，但是我不想她们看不起我，我就自己放学回家在家里练。皮筋一边绑在树上，一边绑在石头上，自己跳，最后我终于会跳皮筋了。

师：然后你就成了抢手的“香饽饽”？

（生笑）

师：大家看，有生活经验的孩子，她对文字的理解就更加的透彻。这点值得我们学习。好，我们继续来看。

生：请大家看第十四段。我觉得这段写出了“我”当时内心的害怕，想上上不去，想下下不来的两难境地。

师：你能把这段给大家读一下吗？请注意一定要符合人物此时的心理。

生：我往下看，但是却感到阵阵晕眩；一股无名的力量好像正在逼迫我掉下去。我紧贴在一块岩石上，感觉天旋地转。我绝对下不去。这太远，也太危险了；在悬崖的中途，我会逐渐感到虚弱、无力，然后松手，掉下去摔死。但是通向顶部的路看起来更糟——更高、更陡、更变化莫测；我肯定上不去。我听见有人在哭泣、呻吟；我想知道那是谁，最后才意识到那就是我。（拖着哭腔，声音透出恐惧）

（全班掌声）

师：朗读得真好！把小男孩当时的真实境况很好地还原了出来。谢谢你！大家看，这段文字是不是很精彩，细腻地刻画了人物内心当时怎样的心情？

生：非常害怕。

生：进退两难的绝望。

生：很迷茫，不知所措。

师：大家都总结得很好，这个时候的“我”内心有对掉下去的恐惧，有进退两难的绝望，还有不知所措的迷茫，以至于连自己的哭声都没有意识到。这是多么恐惧绝望的时刻啊。还有吗，希望每个同学都能展示自己。尤其是坐在教室角落里的同学，一定要主动站起来说哦。

生：我想分析第六段。请大家看这句话：“我犹豫不决，直到其他孩子都爬到了上面，然后我开始满头大汗、浑身发抖地往上爬。手扒在这儿，脚踩在那儿，我的心在瘦弱的胸腔中怦怦地跳动，我努力往上爬着。”我觉得这句话表现了作者当时内心的犹豫——

师：犹豫什么？

生：就是内心很害怕，但是又不想被嘲笑硬着头皮往上爬。

师：是的，明明已经怕得要命，但是却为了维护自己的面子，努力想要去往上爬。其实，这小男孩也是很勇敢的，是不是？好，谁接着分析。

生：“‘我不行！我会掉下去的！’我会摔死的！我大哭着说。”我觉得这句写出了他当时内心已经极度崩溃了，完全没有了自信。

生：请大家看这句——这看起来我能做到。我认为这句话写出了“我”当时内心已经开始有了一丝的信心，有了自信。

师：这是一个非常重要的句子，也是作者心理的转折之处，对吧。好，没发言的同学请珍惜机会。老师想听听每个人的声音。后面的这位女同学，你能来分析一下吗？

（女生咬着嘴唇，低下头）

师（和蔼热情）：还没想好是吧？没关系，老师帮你，咱们一起来分析一句话好吗？

（女生点点头，红着脸站起来）

师： 你想分析哪一句？

生（在书上扫描几秒钟）：我想分析“再一次，我做到了。”这句。

师：你找的这句子非常好，说明你内心其实已经有思路了。那你说，刚才那个同学说“这看起来我能做到”这句表现了作者内心已经开始从绝望、恐惧变成有了一点自信，那你想，“再一次，我做到了”，如果是你，此时此刻，你的内心是什么样的？

生：高兴，激动。

师：是啊，又成功下来了一些，是不是很高兴、很激动？那自信心呢？

生：自信心又增加了一些。

师：就是自信心一点一点在增加，对吧？

（生点头）

师：你看你说得多好。老师相信很多时候你内心是有想法的，一定要勇敢地说出来，课堂上要勇于发言，不要怕说错。只要你敢于展示自己，你就已经是成功了，明白吗？我们一起努力好吗？

（生点点头）

师：我们的课堂是每一位同学的。所以，希望大家都能参与进来，不光是在这节课上，我希望在以后的每节课上，每个同学都能勇敢地展示自己，学会聆听的同时，也要懂得分享，好吗？最后一次机会，谁来说。

生：老师，我分析的是这句——突然，我向下迈出了最后一步，……我有了一种巨大的成就感和类似骄傲的感觉。这句应该是表现了“我”战胜困难后内心的喜悦和骄傲的感觉。

师：挑战了不可能，成功后内心非常的高兴，也有骄傲是吧。那这句话中有一个词大家注意了没有，“抽噎”这个词。谁先说说“抽噎”是什么意思？你知道吗？

生：我不知道啥意思，但是我想就是这样（做了一个抽噎的动作）。

师：表演得很传神啊。对，就是这样，“抽噎”就是一吸一顿地哭泣，短暂地哭泣。那大家琢磨一下，既然已经下来了，高兴、骄傲我们都能理解，可是干嘛还要“抽噎”一下呢？

生：喜极而泣吧！

生：应该还有一丝委屈吧。

师：我想都有吧，毕竟劫后余生，内心有后怕、委屈，当然更多的是战胜困难后的高兴和自豪，对吧？

四、故事里的“他们”

师：刚才我们充分分析了“我”的内心世界，那么大家看，这篇文章除了用精彩的语句表现了“我”的内心世界，还写了一些其他的人，他们的内心活动也是值得我们去体会的，虽然文章里没有明说，但是我们可以从一些句子中分析出来。下来，请大家看老师给的提示，然后还原人物的内心活动。

屏幕显示：

父亲：

1. 爸爸远远地站在悬崖脚下，这样才能看见我。他用手电筒照着我（他想——），然后喊道：“现在，下来。”他用非常正常的、安慰的口吻说道："要吃晚饭了。"

2."我不行！我会掉下去的！我会摔死的！"我大哭着说。

"你能爬上去，你就能下来，我会给你照亮。"（父亲一边这样安慰我，一边想——）

（生分析，交流）

师：看第一个句子，父亲赶到悬崖底下，看到自己的孩子卡在那里，他内心急不急？

生：急。

师：担心不担心？

生：担心。

师：如果你是这个父亲，此时此刻，那你会对孩子说些什么？

生：我可能会骂他吧。

师：来两句？

生（不好意思挠挠头）：你爬那么高干嘛？你不怕摔死吗？没事找事干，是吧！

师：冒昧地问一下，你父亲平时是这样吗？

生：是！

师：难怪，是有生活经验了啊！

（全班笑）

师：来，这位"爸爸"，此时此景，你会怎么对孩子说？

生：我会安慰他。

师：不骂？

生：不骂，孩子已经很紧张很害怕了，再骂，他有可能会掉下来。

师：真是一个睿智的父亲，你看文中的父亲和你是不是一个想法。那你能补充一下这位父亲当时的心理活动吗？

生：孩子现在的处境很危险，他内心一定很紧张，我千万不能骂他，一定要安抚他的情绪，让他放松。

（全班掌声）

师：你将来一定是一个好爸爸！

（全班笑）

师：这个父亲，他很睿智，他知道这个时候孩子的内心很脆弱，如果自己再施加一点压力，孩子有可能就会掉下来是吧，所以你看他了说什么？

生：让孩子下来吃饭。

师：请你尝试读一下这个父亲的话语，你觉得他说这话时应该用什么样的语气？

生：我觉得应该是轻松的，跟平常一样的语气。

师：尝试读一下。

（生读，轻松、平常的语气）

师：你看，这样一说，似乎就是告诉孩子，这算事吗？对，你现在面对的根本就不是个事对吧，赶紧下来，饭菜已经 OK 啦，快点下来“密西”吧，是吧？

（全班笑）

师：父亲这样说，孩子内心还会那么紧张吗？害怕吗？

生：会放松不少，不像刚才那样担心了。

师：这个睿智的父亲，他的伟大之处我们再往下看。下面这句，当孩子虽然不至于更紧张，但是他依然不相信自己，他哭喊着说自己下不来，会摔死。你看这位父亲怎么说？

生（齐）：“你能爬上去，你就能下来，我会给你照亮。”

师：“你能上去，你就能下来”，这就是告诉孩子，你可以自己下来。其实，我想问问同学们，如果你是这个父亲，此时此刻，你会怎么救孩子？

生：我会报警。

师：这也是个办法，报警，让警察来帮忙，毕竟人家受过专业训练，器械装备也齐全是吧，应该可以救出孩子。还有其他办法吗？

生：我想我可能会试着爬上去抱他下来。

师：真是一个爱子心切的父亲啊！

（全班笑）

师：是的，我们可以报警，也可以自己爬上去救孩子，虽然文中说父亲身体强壮，这个悬崖他可能无法攀越，但是作为父亲，总是有办法上去的，是不是？可是，这位父亲明知道孩子很害怕，而且一不小心孩子真的很有可能就摔下来了，他为什么还要选择让孩子自己走下来，为什么？他是一个好父亲吗？我觉得这样太冒险了，大家怎么想？

（学生沉思，无语。不久，角落里的一个声音响起）

生：因为人生中总有一些路是需要自己走的，父母最多只能帮他们照亮一点前行的光，不能替代孩子。这个父亲明白，如果今天自己的儿子不能战胜这个困难，那么孩子以后将无法战胜任何困难！

（全场掌声）

师：说得真好！人生的路，总有一些是需要自己去蹚的，父母也罢，朋友也罢，或许能给予我们一定的帮助，但是，生活是自己的，人生也是自己的，所以，有些路，再难，再辛苦，也要——

生（全）：自己走！

师：大家明白这位父亲当时的良苦用心了吗？我想那一瞬间，这个父亲也是很矛盾的，可是他知道，自己的孩子原本就胆小懦弱，如果这次再帮助他，他永远都不会独立，都要依赖别人而生活，那么，以后无论面对怎样的苦难，这个孩子内心那道坎永远存在，他始终无法自己独立，对吧！好，那再来看看杰里吧，“我”最好的朋友，他在这件事上又是怎样的表现呢？

屏幕显示：

杰里：

1.（看到“我”犹豫了，杰里心想——　）“快来啊”，杰里冲“我”喊，“就因为你过去生过病，所以就要当胆小鬼？这没道理。”

2.“全看你自己了。”杰里看起来很担心，（他想——　）但最后还是和其他孩子一起走了。

（生分析，讨论）

师：杰里是“我”的好朋友，当他看到“我”不敢去爬悬崖时，他内心应该是怎样想的呢？

生：杰里肯定想帮助自己的朋友，让他摆脱胆小，变得坚强勇敢。

师：请还原杰里的话。

生：杰里心想：我一定要帮助他，他已经完全失去了自信，我要帮助他变得勇敢、坚强！

师：真是个好朋友！点个赞！可是，当朋友真的被卡在悬崖上时，杰里对“我”伸出援手了吗？

生：没有。

师：他是怎么做的？

生：他让“我”自己爬，而且他跟其他人一样，抛下“我”走了。

师：这似乎就不像是“好朋友”的表现了，是吧？来，揣摩一下杰里当时的内心活动。

生：我觉得杰里应该还是想锻炼他，想让作者自己克服困难，逼他自己爬上来。

师：就是“苦肉计”，逼作者战胜自己？

生：是的。

生：我觉得不是这样，文章中说，杰里“看起来很担心”，这就说明他内心是担心的，他也怕“我”出事，可是他也是一个孩子，他可能认为自己没有能力去帮助自己的朋友，所以只能靠他自己爬了。

师：这个分析也有道理，是吧，想帮助朋友，但是爱莫能助。

生：老师，我不同意这种观点，如果杰里想帮助“我”，就算他不能下来救“我”，也可以在那里陪着“我”啊，不至于把“我”一个人扔在那个荒芜一人的地方。

生：杰里是去叫“我”的父亲去了，他待在那里有什么用，所以他应该是想着去搬救兵了。

师：同学们争论的有道理，我喜欢这样的课堂，每个人都能有自己智慧的思辨。很好，杰里虽然“抛弃”了“我”，但是最终是他跑去叫来了父亲，救了“我”，所以，“我”觉得杰里应该算是一个不错的朋友，对吧？

生（齐）：对。

师：那其他男孩呢？比如说内德？还有那些小伙伴，他们嘲笑“我”，在“我”身处困境的时候，离“我”而去，对这些孩子的行为，大家怎么看？

生：我觉得其他孩子这样做是不对的，当朋友有困难的时候，一定要互相帮助，而不是置之不理。

师：大家同意这种看法吗？

生：同意。

师：其实，在西方，尤其是在美国，崇尚的是个人主义，就是每个人都要独立去生活，为自己的行为负责，别人是没有义务和责任去帮助你的。那么，从这个层面看，这些孩子的做法，似乎也符合他们的国情，也是无可指责的，对不对？但是，老师更崇尚的是我们中华民族的传统，人人为我，我为人人。每个人都要学会去关心他人，帮助他人，这样我们的生活才是温暖的，有光的。也希望同学们能传承这种良好的文化传统，心中有爱，眼里有光，做一个温暖而善良的人，好吗？

生（齐）：好！

五、故事里的“理”

师：同学们，这件儿时经历的事情，让作者最终明白了怎样的人生哲理，请大家用原文的话说出来。

生（齐）：此后，我生命中有很多时刻，面对一个遥不可及的目标，或者一个令人畏惧的情境，当我感到惊慌失措时，我都能够轻松应对——因为我回想起了很久以前悬崖上的那一课。我提醒自己不要看下面遥远的岩石，而是注意相对轻松、容易的第一小步，迈出一小步、再一小步，就这样体会每一步带来的成就感，直到达成了自己的目标。这个时候，再回头看，就会对自己走过的这段漫漫长路感到惊讶和骄傲。

师：对，就是文章最后这段话。这段话，大家能明白什么意思吗？老师给大家提供一段作者写这篇文章的背景资料，帮助大家来理解文章蕴含的道理。

屏幕显示助读资料：

1945 年 1 月，在英格兰的沃顿空军基地。一个上尉飞行员接受了一项任务，驾驶没有任何武器装备和防护设施的飞机深入到德军本土执行侦察任务。他觉得几乎无法完成任务。总是想象着飞机座舱被炮弹击中，自己鲜血飞溅，连跳伞的力气都没有。

第二天，这位飞行员驾机滑行在跑道上，他告诫自己，现在，只是起飞，飞起来就行。升到两万五千米高空时，他又告诫自己，现在所要做的，是在地面无线电的指导下，保持这个航向 20 分钟，就可以到达荷兰，这个不难做到。就这样，他不断告诫自己，下面，只是飞越荷兰，这并不难；然后是飞临德国，这并不困难。

就这样，一程又一程，这位上尉终于完成了侦察任务，当他接受盟军的奖励时，他说，我之所以成为孤胆英雄，完全是因为我小时候一段经历的启示。

师：这段是作者莫顿·亨特成年后的一段人生经历，请大家结合这个资料和刚才我们对课文的分析，具体谈谈文章最后这段话蕴含的哲理是什么？

生：我理解的就是它告诉我们，在面对人生中困难的时候，尽量不要考虑得太远，就做好眼前的事情，就这样一点一点地前进，最终一定能取得很大的成功。

生：我的理解和他差不多，就是作者要提醒我们，不要被大的困难吓住，只要做好每一步，一小步一小步地前行，最后才能到达目的地。

师：这两位同学的理解都很正确。那我们回头看下题目，“走一步，再走一步”，你觉得里面的关键词是什么？

生：是“一步”。

师：这个“一步”，到底是指什么？

生： 人生的那些小困难或者小目标吧。

师： 是的，这"一步"，指的就是人生中的每一个小困难或者小目标。还有其他观点吗？

生： 我认为"再"字很关键。

师： 说说理由？

生： "再"是一种态度。

师： 什么态度？

生： 坚持不懈，不放弃。

师： 真好！一种坚持不放弃的态度。还有其他的想法吗？

（生摇头）

师： 看来大家都认可刚才这两种说法，"一步"代表着人生中的一个个小困难或者小目标，我们需要去征服或者实现；而"再"彰显着一种执着坚持的态度。那么"走"不重要吗？

生： 重要！

师： 为什么？大家再读一遍题目，可以把"走"重读，试试看能不能自己想明白。

生： 走　步，再走　步。（重读"走"）

生： 我觉得"走"是具体的行动，是付出。

师： 厉害！是的，"走"是一种具体的行动，是一种在面对人生中的困难或者在追求人生目标的过程中所采取的积极的行动。所以，我们来总结一下：

（板书　走：具体行动　一步：人生中的小困难或者小目标　再：坚持不懈的态度）

师： 孩子们，这个故事、这个题目要告诉我们的道理你明白了吗？（生点头）当我们面对一个很大的困难或者要达到一个很远大的目标时，我们不要被它给吓住，要善于把这个大困难化解成一个个容易解决的小困难，把大目标化解成一个个比较容易达到的小目标，就这样，一步一步走过去，一个目标一个目标去实现，最终再大的困难都能迎刃而解，再远的目标也能实现。

明白了吗？

生（齐）： 明白了！

师： 好！孩子们，生活中，我们常常会像文中的小男孩一样，与许多困难不期而遇。例如，有一天，爸爸带着我去爬山，可是那座山好高啊，我感觉自己可能爬不上去。正在犹豫的时候，我的脑海里想起了莫顿·亨特的那篇文章，于是，我鼓足勇气对自己说——

生： 走一步，再走一步。

师： 最后——

生： 我终于爬上了那座山！

师： 语文老师布置了一篇比较长的课文背诵，我觉得背诵的难度好大啊，我可能背不下。可是我不甘心，我想起了那个悬崖上的小男孩，于是我便大声对自己说——

生： 走一步——再走——（稍停顿，迅速改正）背一段，再背一段。

（全班笑声）

师： 终于，经过一点一点的努力——

生： 我熟练地背诵下了那篇文章。

师（竖起大拇指）： 真棒！

师： 孩子们，人生中总会不期而遇很多困难，有些看起来无法超越。可是，这个故事告诉我们，面对任何困难，只要我们设定合理的目标，用坚持不懈的毅力，坚定不移地付诸实际行动，那么，人生就没有跨越不了的高山，也没有到不了的——

生： 远——方——

师： 是的。希望每个同学都能做像莫顿·亨特一样的英雄，努力超越困难，战胜自己，最终都能成为人生的赢家！这篇文章是作者《悬崖上的一课》的节选，原文里还写到了好几件事，都非常有教育意义，老师希望大家下去自己网上查一下原文，然后认真阅读，并能写一点自己的阅读感受。好，今天的课就上到这里，下课！

再走一步，抵达文字背后的世界

——执教感言

接到“国培”送教任务：宝鸡千阳红山中学。同课异构《走一步，再走一步》。第一反应是，老师们想看一下自读课文怎么上。

自读课文怎么上？这也一直是我琢磨和研究的一个方向。之前，没有课型概念，无论哪一课都是铺天盖地的大水漫灌。现在，课标也罢，教材也罢，都泾渭分明地提出了依体而教的理念，也强调了不同课型训练学生不同能力和思维。所以，自读课，就一定要有“自”和“读”的呈现。

“自”，自主，自由，自立。强调的是课堂的主体必须是学生，学习活动必须是学生自己独立自主的过程。“读”，阅读，自由而充分地阅读。自读课必须让学生静下心来认真阅读，在阅读中结合自己的生活经验，对文本进行个性化理解。

《走一步，再走一步》，对于初一的孩子来说，课文能读懂，道理也能读明白。那么，自读的方向该如何确定？课堂呈现什么内容才比较合理呢？翻阅单元目标，提到了默读，提到了生活经验的积累。能力训练和情感态度的渗透兼具，好，这些就是设计课程首要的因素。还有呢？如何把这篇颇有哲理的文字，用最生动有趣的方式传递给学生，让他们在一般解读的基础上有所拔高，这似乎就有点难度了。

周六，一个人静静地待在办公室里，翻看文本，一遍又一遍。旁批，阅读提示。甚至于倒着读了几遍文章，字里行间都不敢放过。裸备。想了几个点，在纸上勾画出来。看教参，看赏析，找到了几个灵感，补充进去。网上查优秀案例，课堂实录——学情不一样，理解不一样，无法复制。

半天时间过去，自己把自己的设计全盘否定。发文本给高老师。没思路时，总是想起她这根定海神针——无论什么课，我都能帮你搞定！不一会儿，电话打过来，说她比较关注这五个孩子的行为，问我从这个点切入可好？我想，剑走偏锋或许会让课堂激荡起别样的涟漪。然而，我担心抓这个点，孩子们解读起来会有障碍。毕竟初一的孩子和她所教的高中的孩子从理解能力上来说，还是有很大差距的。她沉默了片刻说，你就按照自己的思路大胆走！

挂掉电话，陷入沉思。一步。走。再。灵光乍现，赶紧在微信对话框里打出这几个字。她迅速回应道：一步，是目标；走，是行动；再，是态度，是积淀。心有灵犀，果然半个字都不用多说。这种懂和被懂的感觉，真好！

她欲再说些什么，我回应：让我再仔细读读文本。这次我想靠自己，不然，永远都走不出第一步。

生活的这个城市，安逸而宁静。六点多，华灯初上，街道开始了喧嚣和热烈。

想得头疼，依然无绪。打电话给她，去河边走走？

好。

出校门，车拐上大路。坡底下一片灯火辉煌。大脑一片空白，盯着眼前闪烁的灯光，思维凝滞了。心理活动？每个人的心理活动？这篇文章最突出的就是心理活动的描写。以此为突破口，分析每个人物的内心世界以及性格并以此来领悟主题！车行坡底，大脑灵光一现。开心地笑了，像个孩子。《可可托海的牧羊人》调高音量，呼啸着穿过这个城市的大街小巷。

渭河边。冬日的芦苇在昏黄的路灯下，幽微而萋萋。谈我的思路，猜测学生可能做出的反应，想着应对的策略。这是我们两个人的江湖，对手，是我们挚爱的语文和可爱的孩子。刀光剑影。策马扬鞭。要的就是通透后的快意恩仇。欢喜的，是这种志同道合的惺惺相惜。

实战开始。

灿烂的冬阳里，那一张张生气蓬勃的脸，如此陌生又如此熟悉。喜欢课前的预热。和素不相识的一群孩子，天南海北地聊。喜欢看着他们清澈如水的眼神和激情澎湃的神情，永远给人力与美的享受。我跟他们说，咱们分享一个男孩的故事吧。我用了“分享”，而不是“讲”或者“学习”这类太过俗气的字眼。

给他们提出默读的要求。然后轻声细语，孩子们，让我们去阅读吧！

真喜欢这种课堂上的安静。能听见孩子们均匀的呼吸声，还有用笔勾画在纸上的声音。抓关键信息复述故事。第一个发言的小男孩站起来，胳膊受了伤，绷带绕过脖子托着两条胳膊在胸前。他复述得非常详细，很多可以省略的细节他都一一说了出来。没有打断他，课堂上的每一个声音都值得被聆听，浪费点时间又算得了什么呢！何况这样的浪费，如此值得！

再来一个小女孩，言简意赅，干脆利落。

分析“我”的内心活动。课堂依然不疾不徐，不愠不火。有的孩子语言感觉好，分析得精准而独到；有些则结结巴巴，需要引导。有意点到一个一直沉默的女孩，她红着脸说，我还没找到。那老师帮你，我们一起找。刻意带她分析那句话：再一次，我做到了。她说，这个时候作者心里自信就更增加了一些。有了多的自信以后呢？他就会继续迈出下一步。然后，她就准确地找出了相应的句子并且流畅地分析了出来。

那一刻，我知道，自信不只是在文中这个男孩的身上苏醒。

课堂渐入佳境。

对父亲心理活动的补白，对杰里心理活动的补白，甚至于对其他几个孩子内心的揣摩，都极大地激发了学生的兴趣。直到——

我问那个男孩子，父亲内心如此爱自己的孩子，而孩子又体弱多病，为什么他不能上去抱孩子下来，或者报警求助，让一个虚弱的孩子冒如此大的风险自己往下走？他是一个好父亲吗？

全班陷入沉思。

最后一排那个一直沉默的小姑娘，终于按捺不住地高高举起了手，眼神满是渴求。我准确而清晰地捕捉到了。

因为，人生中总有一些路是需要自己走的，父母最多只能帮他们照亮一点前行的光，不能替代孩子。这个父亲明白，如果今天不能战胜这个困难，那么孩子以后将无法战胜任何困难！

掌声四起。我的。孩子们的。听课老师的。

对于那几个孩子的行为，孩子们明显是持批判态度的。告诉他们，中西方文化的差异，会导致人们对于“乐于助人”这一行为的不同理解。当然，我明确了一点，希望他们能做一个温暖而内心有光的人，毕竟，我们这个民族自古以来就映射着“落地为兄弟，何必骨肉亲”的亲情光辉。最终，由这些人物的内心收束到文章的主题——所有人给予你的或温暖或冷漠，都是人生中的一个花絮，最终前行的路，都需要靠自己去走。

三个词定乾坤：一步——小目标；走——行动；再——态度（坚持和积淀）。

越来越喜欢设置一个语境，引导他们轻松而又深刻地抵达文本的内核：当爸爸带着你去爬一座很高大的山时，你感觉到自己根本做不到，你会恐惧，会退缩。但是，想起这篇文章，你会对自己说——

走一步，再走一步！小女孩的声音铿锵有力。

最终——，我就会攀登到峰顶！

当老师布置了一篇很长的文章要背诵，你觉得自己无论如何都不可能完成。这时候，你会想到今天看到的这个故事，你要对自己说——

走一步，再走——不对，是背一段，再背一段——（反应快的孩子迅速调整了思路）。

全班笑。孩子们笑，为自己的随机应变而得意地笑；我笑，为他们对课文的懂而欣慰地笑；听课老师也笑，为孩子们的精彩表现而赞叹地笑。

孩子们，人生中总会不期而遇很多困难，有些看起来无法超越。可是，这个故事告诉我们，面对任何困难，只要我们设定合理的目标，用坚持不懈的毅力，坚定不移地付诸实际行动，那么，人生就没有跨越不了的高山，也没有到不了的——远——方——

默契的应和。是为一喜。真是灿烂千阳的一群精灵。

走出教室，那个课堂表现异常聪慧的女孩“堵”住我，阐述了她上课没来得及说的想法。问及是否爱看书。答曰：喜欢老舍，尤喜鲁迅。

你读过的书里，藏着你走向这个世界的路。

返璞归真，繁华落尽。用语文的方式去教语文，这应该是所有语文人一生坚守的道路！

第三辑

曲径通幽处

思想的藤，伸出触角，向着那幽幽小径窥视。散文里的花，诗歌里的茎，小说终究是开在了文化的根须上。轻手合拢间，是一片星辰大海！

李镇西老师，我被你圈粉啦！

——听李镇西讲座感言

大屏幕上，《李镇西：教育的幸福》视频正在播放中。我悄悄地用手拭去了腮边滚落的泪珠，生怕被人看见。却发现，周围的人，个个都红着眼眶。

释然了。此刻，我们都一样，一样被讲台上那个朴实睿智、眼里有光的长者触动了内心深处最柔软的地方——一个老师温暖的情怀。

早在刚踏上讲台之初就听说了“李镇西”这三个字，之后也陆续看过他的文章、专著、事迹报告……知道他是一个让人高山仰止的人，是教育界的泰山北斗一样的存在。以后，也逐渐听闻了魏书生、黄厚江、肖培东、张丽钧、熊芳芳等一批语文界的翘楚，他们让我虽不能至但心向往之。再后来，终于有机会在古城西安现场聆听了魏书生、黄厚江两位名师的示范课，也关注了张丽钧老师的公众号，加了熊芳芳老师的微信，每天在她们的教育思想里荡涤自己的灵魂……逐渐，越来越多的名师帮我搭建了一座通往学科高峰的天梯，我想看看峰顶的风光。

可是，对于李镇西，这个神一样的传说，却从未有过和他有一丝交集的机会，是为一憾。所以，此次上海培训，我拿到培训安排表一打开，“李镇西”三个字赫然映入眼帘，一下子就激动得不行。彼时，很想跟自己说声谢谢——谢谢你曾经的努力，才赢得了今天可以一睹名师风采的机会。

期待又害怕这一天的到来，就像看一本喜欢的小说，既想赶紧看到结局又舍不得看完，是不是像一个笨小孩？

我感谢自己从小就养成的爱读书的习惯，爱到一度痴迷，这让我在语文课堂上不至于照本宣科，不至于离开了课本和教参就寸步难行。我喜欢学生跟我撒娇的眼神：老师，再讲点别的呗！那种渴望获取课本以外知识的眼神，让我分外迷恋。镇西老师说，教学生读书的人自己不读书……培养了一批又一批仇恨读书的人……还好，这句话不至于让我脸红，还好，一直以来都希望能带动学生爱上阅读，爱上语言文字，帮他们找到爱上生活、爱上这个世界最便捷的途径。只是常常会有无可奈何的改变，因为我实在无力在面对模拟试卷、面对刀下见菜的快餐考试时，还心无旁骛地只关注学生长远的发展。缴械投降，拼命组织学生刷题，似乎也成了我教学的常态。这就是我以及如同我一般的小教师的尴尬和无奈。今天，镇西老师的话让我明白了，如果是对的，就要努力去坚持，当然，这也有赖于自己迅速地强大起来！

“没有爱就没有教育。”苏霍姆林斯基的这句话，一直是李镇西老师终身奉行的教育实践，也是我们每一个教师奉为圭臬的教育箴言。我也自信，自己心中有对学生的爱。如果不爱学生，今天恐怕早已成为另外一个自己了吧。可是，我之于学生的爱，之于课堂的爱，仅仅限于一时一室，仅仅限于对一部分学生的爱，从没想过要将这份爱上升到一种精神层面的高度上。因为这种狭隘，让我在从事教育工作十八年后的今天，职业倦怠感到了极限，于教学、管理班级都缺乏了之前的那种热忱和耐心，人生突然就没有了奋斗的方向和动力。尽管脚下的步伐一直在向前，可是只有自己知道，那只是故作努力的一种掩饰罢了。心里梦想的叶脉，一点点开始泛黄。

有感于李老师讲的他的三个学生的故事，无论是顽劣成性但最后成为公司大老板的杨嵩，还是六岁因意外烧伤而毁容最终却成为著名翻译家的周慧，抑或没考上大学却依然用自己温暖的心去善待这个世界的普通打工者蔺伟，李镇西老师都给予他们同等的爱和人生的指导，让这三个家庭背景、人生境遇截然不同的孩子最终都殊途同归——成了一个幸福地生活的人！他说，杨嵩是我的骄傲，但蔺伟更是我的自豪！尤其是看到那个脸部被烧伤的小女孩，最终成长为一名出色的翻译家时，我更被李镇西老师作为一名师者对学生的博爱和人性的引导而感动，也终于懂得，大师之所以为大师，不是说有多么高深的知识，也不是说有什么高超的教育教学技能，他们成功的原因或许不尽相同，但我确信最根本的原因都指向一点——心中有爱！

“离开了人与人精神相遇和心灵拥抱，就没有了教育。只有当师生彼此相融，彼此能够听到对方的心跳，能够感受到对方脉搏的时候，教育才能真正发生！”“有了爱，不一定有教育，但没有爱，就一定没有教育！”

对自己说，你还没有真正地开始，又怎能如此潦草地结束？！

“儿童是教育的最高价值。”这句话，你以为然否？我想，这是一句真理。只是很多时候，我们背弃了教书育人的本心，如同纪伯伦所说，我们已经走得太远，以至于忘记了当初为什么而出发。我们当老师，或许也曾费尽心思去想如何才能提高自己的业务素养，也曾绞尽脑汁地去琢磨和反思自己的教学效果，我们唯一忘却的一点恰恰就是我们最应该重视的：我们知道孩子想要什么吗？我们抛开最应该考虑的问题，却在细枝末节上大做文章，所以你就会明白李镇西老师所说的，为什么小孩刚上一年级时，他们开开心心背着书包上学去，而十二年后，当他们高中毕业时，他们会疯狂地撕书来宣泄。他们是在庆祝，庆祝这种无休止地刷题、考试的煎熬日子终于结束了。孩子们错了吗？他们为结束了一个痛苦的时代而欢呼，错了吗？他们撕书错了吗？这十二年来无休止地折磨他们的不就是这一沓一沓的书、一摞一摞的试卷吗？终于结束了，他们不撕书，又该拿什么表达自己内心对这种生活的怨愤？你觉得，我们有什么理由指责他们？

有一年初三毕业前夕，学生也是这样“雪片”撕得漫天飞舞，站在楼下的我，仰头看着楼顶疯狂喧嚣的他们，心中涌起强烈的挫败感——这就是我辛苦教化了一年的孩子吗？可是，我却无力指责他们，因为，他们压抑得太久了！孩子们没有错，他们是在用这种方式庆祝一个噩梦般的时代的结束。那么，谁该为这偏激的行为来买单？我一直在想，到底是什么让我们的学生如此仇恨课堂和书本？难道除了刷题之外，没有更丰满的学校生活让他们去享受吗？

做了十八年的老师，最大的幸福莫过于被学生依恋。李老师说，被学生依恋是一种幸福，我深以为然。只有被学生依恋，你才知道自己的存在价值。

我没有像李老师那样外出培训、被学生追火车跑着送别的经历，但是我也有曾经因为出差一个礼拜，学生一天N个短信诉说“相思之苦”的体验，那时候，就觉得自己是这个世界上最幸福的老师。不知道从什么时候起，这种幸福已经不能满足我在这个喧嚣时代日益空虚的大脑，我变得不再把学生的依赖当作一种骄傲，越来越疏远了他们。

我想，我今生恐怕都做不了一个趴在地上和学生比看谁学狗叫更像的老师；我也做不了一个每周都会把学生分批请到自己家里吃饭的老师；我更做不到和学生绝对的平等，但是，我想努力向大师学习，我想让我教过的学生因为我的存在而感到幸福。

李镇西老师，谢谢您在我对自己的职业感到无力坚持的时候，让我重新燃起了继续下去的勇气；谢谢您在我想放弃的时候，指引我重又踏上了新的征程；谢谢您让我懂得，无论生活呈现在面前的是怎样的考验，都要自带光芒勇敢前行；谢谢您让我明白了，只要你愿意，一路都是好风景！

镇西老师，我被你实力圈粉啦……

巧抓文章关键元素，妙设问题解读文本

——谈王君《散步》一课的教学

王君，是青春的，因而，她的语文也是青春的。无论是她顾盼生辉的眼睛里，还是她宛如黄莺般灵动的语言中，都准确无误地向人们传达着这一点。作为“青春语文”的掌门人，王君老师以其灵动、独特、奇崛的课堂教学，让众多语文老师对“青春语文”仰之弥高。课如其人，此言不虚。王君老师的课就像她自己一样，处处洋溢着青春的气息，课堂上到处都溢满灵秀和奔放。

今天，通过网络直播，又一次被她精妙的课堂设计、独特的切入视角所震撼，被她深沉博爱的语文情怀所感动。聆听她《散步》这节课的教学，如同“曲径通幽”，一点一点纵深到文本的深处，纵深到语文的深处，也纵深到学生思想的深处。

当学生时便很喜欢《散步》这篇文章，那时节说不出它的美妙，只是单纯地被文字里透露出的那种美好的亲情、亲人之间的互相理解、包容和谦让而感动，觉得这样的情感实在是太美好了！尤其是文章最后一句话，让我一生铭记——好像我背上的同她背上的加起来，是整个世界。当时虽然对这句话不是特别懂，但是却莫名地被它打动着、感染着。

今天，听王君老师的这节课，内心颇受触动，她以四两拨千斤的授课功力，轻松而灵动地带着学生一步一步走进文本深处，字斟句酌，细品慢咂，让美好与美好生动地相遇，课堂上精彩的火花淬击迸发。

第一，感怀于王君老师精妙的教学设计

她的课堂并不是大水漫灌式的，而是巧妙地抓住文本的几个重要元素，主线分明地逐层推进，让学生的个性阅读逐渐深入。

王君老师这节课，总共抓住了文本的三个关键元素——我们、田野、散步。很明显，她是从人物、地点、事件这三个维度来把握的。虽然我们平时上这节课也会涉及这些方面，可是王老师对这三方面的分析引导，非常有内涵、有底蕴，她独特奇妙的思路是我们所无法企及的。

先来看看“我们”这个关键元素的分析。这一板块中，王老师设计的活动是聊一聊“我们中的每一个人”。请注意，王老师用的词是“聊一聊”，这就一下子将课堂严肃拘谨的气氛冲淡了，营造了一种很放松、随意的课堂氛围，完全消除学生对“标准”答案的敬畏。“聊一聊”，就是言为心声，自己怎么想，就随意谈谈自己的看法，不用背负压力。而且，为了突破这个教学难点，王君老师用了朗读的方法，让学生自己分角色朗读文本，在大量反复朗读的基础上体味人物的个性和内心真实的想法。这个设计是很必要的，也非常适合这个环节。“书读百遍，其义自见”，因为学生只有在反复的朗读中，才会有深入的考虑：怎么读？为什么这么读？这个思索的过程，无形中就是学生依据对人物的语言揣摩而深入解读人物内心和思想情感的过程。因为老师铺设的课堂环境很宽松，切入的方法很巧妙，所以课堂激智很精彩：

生：这个孙子真聪慧！

生：这个孙子真灵气！

生：这个孙子真狡黠！

生：这个孙子真善于观察！

生：这个孙子真善于提炼！

这样一来，学生对于文本中人物的观察和理解，就不是平面化的，也不是单一化和概念化的。他们会不自觉地想要走进人物内心，细细揣摩人物当时的所想所感，并把这种理解和自己的生活经验结合起来，感受就更加深刻和全面了。

后面对于“我、妻子和母亲”的分析，也因为这前面非常有效的教学铺垫而不断走向纵深，尤其是“演读”这个教学活动的展开，让学生通过情境再现，适当补充人物说话时的神态、动作、表情等，如此，直白单一的文字立马以别样的方式生动而鲜活起来。正是因为生动的情境再现，让孩子们对文本的理解就更加容易和透彻了。整个环节，王君老师运用自己高超的教学智慧，巧设活动，将学生个性化解读的思维完全激活，让他们畅所欲言，谈自己的独特见解，哪怕这个理解很“另类”，也没有关系，因为在王君老师的课堂上，每个孩子的天性都可以得到释放，只要是你根据文本而产生的阅读体验，都是合理的。

由此可见，借助不同形式的“读”，学生对人物的形象和性格理解愈加全面、透彻，理解了人物，那么对于事件的分析和主旨的把握自然也就得心应手了。

再说说课堂对地点“田野”的解读环节。在这一环节的推进中，王老师非常巧妙地提出“作者为什么选择田野，而不是公园，或者马路上，大街上”这个问题，这就比较有意思了，细想这其实是老师欲引导学生对环境进行分析的一个巧妙的铺垫和导入。在老师的引导下，学生就会将“田野”与“公园、马路以及大街”进行比较，自然而然就注意到了“菜花、鱼塘、桑树”等这些田野里独特的自然景物。我们解读这篇文章，觉得这些自然景物的呈现，渲染了一种和谐、美好的氛围，为“散步”这个事件涂抹上一层温馨的背景和底色。而王老师对环境的分析，则更加深入和有味，她为学生做了相对比较深刻的资料补充，重点谈到了“菜花、鱼塘、桑树”等元素在中华传统文化里的特殊意义，例如在解读“桑树”这个元素时，老师先后引用了唐朝诗人孟浩然的《过故人庄》里的“开轩面场圃”和晋朝陶渊明的《归园田居》里的“狗吠深巷中”名句，让学生补充下半句“把酒话桑麻”“鸡鸣桑树颠”，让课堂不仅濡染了传统诗歌的意境之美，更重要的是一下子让学生明白了“桑树”这个意象在中国传统文化里所代表的是“家”“和谐”“和平”的意义，那么在本文中作者有意重点突出“桑树”的用心也就不言而喻了。对于“池塘”的解读亦是如此，这样一来，不着痕迹地将一个深刻的概念轻松地输入进学生的大脑中，学生怎么会不懂呢？学生懂了，所以面对老师的提问“我们在阳光下，向着那菜花、桑树、鱼塘走去，就是向＿＿＿＿走去！”，学生的课堂生成就十分精彩：

生：向和谐走去！

生：向快乐走去！

生：向红红火火的生活走去！

生：向美丽走去。

生：向幸福和美满走去！

于不动声色中，以独特的匠心将课堂拉向纵深，让学生的学习真实发生，学生在这节课上的成长也是显而易见的，这点也是很让人叹服的。

还有对中心事件“散步”的分析。王老师着眼于分析删减词句后的句子表达效果的不同，和她新颖独到的对“圆形句式”的解读，带领学生在文本的字里行间来回游走，反复品读，以词知句，以句知文，虽着眼于文字，却以小见大，透过文字更加深刻地感知文章、文意，也感悟到“散步”这件事所折射出来的中华传统文化的内涵。

第二，王君老师课堂“补白”艺术也让人惊叹

黄厚江老师在教学《背影》一文时，曾经说过这么一句话：读文本，不要光看作者说了什么，也要想想作者还没说什么？这就是文本的“补白”艺术，留意作者没有说的地方，试着去根据自己的理解去填补这个“空白”，或许你会在作者“言有尽而意无穷”的后面，有更深的体会。具体在这篇文章里，就是王君老师处理妻子这个人物的过程。很明显，全文四个人物，我、儿子、母亲都有语言呈现，只有妻子没有，这当然不是作者的疏忽。文中涉及妻子的句子只有两句：“妻子呢，在外面，她总是听我的。”“妻子也蹲下来，背起了儿子。”这么重要的人物，为什么作者不给她安排哪怕一句台词呢？这是很让人费解的。可是仔细揣摩一下，我们应该能明白，这可能是作者有意为之：一是为了文章的凝练，能省则省；二是突出妻子的性格——内敛沉默。在家里出现分歧的时候，作为家里的核心人物——我，应该具体来处理，而妻子需要维护我的权威，保持缄默无疑是最好的方式。这样就很好地彰显了妻子的贤惠、理智。三就是“以无声胜有声”，平添了文章的蕴藉之意，含蓄而耐人回味。作者不写，并不代表这个人物不重要，相反，这个省略的话语里可能就是对文章主题的一个有力的补充。如果我们能把作者有意省略的部分给补出来，那么对于作者、对于文意就会有不一样的感知。王君老师就别出心裁地展开了补白这个环节，学生们的表现也是让人眼前一亮，很有自己的想法，不仅让妻子这个人物的形象更加立体、丰满，也把作者隐而不现却意味无穷之意展现了出来。

关于文本“补白”这个教学技巧，我觉得在我们的日常教学中，还是值得借鉴和提倡的，这对老师深度解读文本提出了更高的要求，也对学生的想象思维的培养很有裨益。

第三，王君老师的课堂注重对学生进行传统文化的渗透

这点也是非常有意义的。有意识地进行传统文化的渗透，这在王君老师的大部分课堂都有很明显的体现，使得她的语文课在活泼、清新、时尚的基础上又平添了几许古典气息和文化魅力。具体在这堂课中，其实每个环节都有渗透，最明显、最集中的当数在第五部分对文章主题的解读上。在前面行云流水的教学推进的基础上，老师直接提问学生对主旨的理解，这就是很明显的对文本情感、价值观的升华，借学生之口说出作者想要传递出来的思想——爱、责任、和谐、担当、生命、传承，等等，而老师最后更是以简洁朴素的语言，进行了总结和升华，让学生深受感染。这样以课堂为阵地，巧妙地对学生进行德育文化渗透的方式，也是语文课堂落实核心素养的有力体现。

当然，没有十全十美的课。王君老师这节课也有一些值得商榷之处，例如对文本有些地方是否存在过度解读，五个板块教学之间不自然的切换是否存在将课堂割裂之嫌等，仁者见仁，我们可以再仔细斟酌。

整本书阅读，让你见证更美的语文课

——听贾玲老师讲座感悟

每一次聆听贾玲老师的讲座，于心灵都是一次净化。

执教已二十年，这一路的成长，除了身边那些师友的提携之外，亦得益于能有多次机会听贾玲老师的报告，并从中汲取她对于教学、科研独特的领悟和丰富的经验。

一直铭记贾老师在一次报告中说过的一句话：有些老师认认真真胡教了一辈子！这么多年来，这句话一直鞭策和砥砺着我，让我时刻不敢忘记自己是一名老师，肩负着“传道授业解惑”的神圣使命。

这次参加“知行名师在线课堂”培训活动，有幸再一次聆听了贾玲老师关于整本书阅读的深刻见解，又一次被她独特的魅力和丰富的内涵所折服。

整本书阅读目前已经成为语文阅读教学改革的一个亮点，也是一个难点。作为语文老师，我们深知学生目前的阅读中存在诸多问题。很多时候，学生的阅读打上了功利的色彩，纯粹是为了读而读，为了应付考试而读。

作为一名经验丰富的优秀教研员，贾玲老师深知老师们最需要的是什么，最想弄明白的是什么，所以她给我们带来了这样一场丰富的灵魂盛宴。

腹有诗书气自华。贾老师丰富的阅读储备完全内化为她独特的气质和魅力。她的每一次报告，都是口吐莲花、引经据典，那些教育教学的案例信手拈来，让人折服。她用了精练的三句话，言简意赅地阐释清楚了“整本书阅读”这个宏阔的概念，从内涵到外延到阅读方法的指导，全部囊括，操作性很强。这也是贾老师讲座最显著的特点——行之有效的方法指导。

贾老师说，基础教育的一个重要使命是培养爱读书、会思考的青少年。语文学科在承担这个重要使命上起着至关重要的作用。我想，与其说语文学科承担着这个重要使命，莫若说语文老师承担着这个重要的使命。试想，一个自己都不阅读、不思考的老师，如何能担负起对整个民族阅读素养提升的重任。可是，令人痛惜的是，如今的学校里，有多少老师已经忘记了阅读，浮躁得静不下心来去阅读？这样的环境下，我们的学生该如何自处？我们提倡的“整本书”阅读，要如何才能全面开展？

这是一个值得人深思的问题。

“不是为了读，也不是只为了读。”这是贾老师讲座里的又一个金句。是啊，我们提倡全面阅读，提倡整本书阅读，自然不是“为了读而读”，我们期望通过全面阅读、通过整本书阅读，能潜移默化地提高学生的素质，能培养学生良好的阅读习惯。在如今这样一个融媒体时代，快餐阅读、碎片化阅读已经成为一种时尚，很少有人能安静下来去进行纸质阅读和整本书阅读，这是令人担忧的。一个不阅读的人，他的思想是肤浅的；一个不阅读的民族，她的灵魂是干涸的。只有大量的阅读，我们的生活才能充实而丰富。贾老师提到的关于整本书阅读的五点目标，从外在习惯到意识形态，逐层深入，对于我们开展“整本书阅读”有着非常重要的借鉴作用。

我们在教学中经常会为学生对文本解读的深度不够而伤脑筋，其实，这就充分说明了学生的阅读功底比较差，他们解读文本的能力和思维还远未达到一定的高度，自然就流于肤浅了。你若留心观察，那些表达能力、写作能力比较突出的孩子，莫不是喜欢阅读的“小书虫”。尤其是那些喜欢啃“大部头”的孩子，他们的理解能力一定超出寻常的孩子很多。所以，阅读，足以长才，而整本书阅读，足以提升素养。

贾老师特意播放了上海特级教师朱煜老师的整本书阅读教学课例——《宝葫芦的秘密》。朱老师这节课的确很精彩，从点到面，从感性到理性，从内容到方法指导，逐渐拔高，最后再融入对学生的思想教育，整节课亮点频出，发人深省。贾老师对这节课从六个维度给予了高度评价，让我们明确了整本书阅读课到底要如何更好地呈现给学生，才是最有效的教学。

诚如贾玲老师所说，作为一名语文人，我们引导学生多读书、好读书、读好书、读整本书，正是落实语文学科核心素养的重要途径。引导学生热爱阅读，激发学生阅读经典名著的兴趣，全面拓展语文课堂的内涵和外延，让语文课更加焕发生命的光彩，这是我们每个语文老师的责任和使命。

让我们一起，阅读整本书吧！

传经路上，愿你我也是取经人

——听吕志军老师讲座感悟

吕老师说，思到深处文自成。

凝练的七个字，传达出了一个睿智渊博的学者半生的智慧。“思到深处”写起来只是简单的四个字，但是做起来，却需要一辈子！

这让我想起了《红楼梦》里香菱学诗的片段来，香菱为了写诗茶饭不思、如入魔障，最终精血诚聚，在梦里成诗一首。其实，曹公是用这种玄幻的笔触来赞扬香菱学诗的那种执着和痴迷。

作为老师，备课上课已然是生活的常态。我们就是一个传经布道的人，用我们储备的智慧去唤醒一颗颗懵懂的心。

读，思，写。这是吕老师为我们总结的教师成长的三部曲。

先说读。阅读，能有效打通一个人的思想和生活。大量的阅读，可以让我们更好地去汲取和借鉴先贤的智慧，以便于更好地与生活握手言欢。只有大量地阅读，我们的知识储备和教学技能，才有可能不断地提升。

“读，是让我们站在了巨人的肩膀上。”作为一名老师，尤其是刚入职的新老师，如果在刚开始工作的时候，就能大量阅读名师、专家的教育教学论著，那么他的眼界一定会很开阔，专业素养的提升也相较其他不读书的老师要快很多。那些著名的教育论著，皆是那些在一线辛勤耕耘多年的名师们精血凝聚的宝典，他们的教育智慧、教学技能都是经过实践检验出来的行之有效的东西，所以我们等于省却了很多摸索的过程，还能快速而有效地提高自我的能力。这方面，我个人也是深有体会的。之前都是摸石头过河，既费时又费事，后来慢慢开始了阅读，大量地阅读前辈的教学专著，于自己教学确实起到了醍醐灌顶的作用，再加上很多经验丰富的老师们的悉心指导，进步自然要比之前大一些。

思，是连接读和写的桥梁。这个过程很重要，如果没有深入细致的思考，即使读再多也写不出有厚度、有价值的文字来。但是，思考的过程却也是最辛苦的过程。这是一个把感性经验升华为理论的过程，这就需要有意义的思考。但是，这种思考绝不是纸上谈兵的浅表化的思考，须有效结合自身的教育教学实际，把书本上的理论和自己的实践无缝对接起来，而且还要注重时代因素。

我们很多老师，经过多年的教坛历练，教学经验非常丰富。可是，为什么我们的论文却很少或者说没有高度和深度呢？我想，归根结底就是因为我们做的太多而想得太少。尤其是我们想写论文时，不知道该如何去选题，不晓得从哪一个角度下手比较好。吕老师说，要善于捕捉一闪念的火花。我很喜欢这个说法，“一闪念”的火花，其实就是积聚的教学智慧在一瞬间的爆发。早了不行，晚了也不行，就这个时候出现刚刚好。我理解这种“一闪念”绝不是什么有如神助，这簇火苗归根结底还是源于平时读与思的积累。就像滚烫的岩浆，在地心翻涌，不喷薄出来，你是断然看不到的。

“写，是让我们给别人送去半个肩膀。”

站在别人的肩膀上，我们事半功倍地取得了自己想要的成功，那么作为回报，我们就应该把自己的教育智慧和经验贡献出来，影响带动更多新生的力量。

只不过写的过程，不是那么随随便便就能完成的。吕老师说，什么时候才是写作的最佳时机呢？就是当你写作的欲望非常强烈的时候，写作的素材在你肚子里来回翻滚，眼见得就要溢出来的时候，一气呵成。这样，写出来的东西一般也不会差。

贾平凹先生也有过与之异曲同工的名言：写作就像母鸡下蛋，不写就憋得难受。如果我们写论文，也真到了不写就憋得难受的地步，那么写出来的论文质量绝对是有保证的。

除此外，吕老师提到的“逆向思维”，于我们以创新的思维进行写作也是很重要的一个品质。要敢于质疑，甚至于无疑处而有疑。即“学术上要有‘杠精’的精神！”

窦桂梅老师说，小小的笔，改变不了这个世界，但是它能改变我们的课堂。

吕志军老师说，和文字打交道的人是幸福的。

我们可以活得平凡，但绝不可以活得平庸。“平庸是把自己看得很高，平凡是把名利看得很淡！”

但愿，我们每个人都能沉淀下来，多读、善思、勤写，在教育这条路上，一边细水长流育人无痕，一边源远流长反哺自我。

以教材为抓手，落实立德树人核心目标

——听于红梅老师讲座感悟

做传统文化课题一年余了，虽然已经圆满结题，但是结题并不是结束，而是另一个征程的开端。做课题的目的，不在于做，而在于如何能把研究的成果运用于实践，指导实践工作，然后在实践中不断地修补完善和提高课题研究的结论，让它臻于完美。这个过程类似于“反刍”的过程，但绝不是简单的重复，而是更有益的积淀和提升。

本次工作坊举行的研讨会，在于红梅老师的建议下，我们把主题定位为“中学语文古诗词教学交流”，其实就是为了更好地将自己在课题研究中的点滴收获通过展示课的方式来呈现，而且套以当下比较时尚的形式——微型课的外形，这样难度无形中就提高了，对授课教师的要求也增加了很多，需要精准把脉文本，提炼文本核心要义，利用15—20分钟时间，言简意赅地将课文内涵传递给学生，特别是授课文体是古诗文，难度就更大了。

这五节展示课，我们五位老师都是第一次做这样的挑战。工作坊三位老师也是结合我们在课题研究过程中的点滴经验，精心设计课程。可是正如徐杰老师所说的，微型课就是“螺蛳壳里做道场”，空间有限但内涵丰富。因为谁也没尝试过在短短不到20分钟时间内，如何能一语中的而且还要体现文本的特点，做到识体而教。

当然，没有一节课是完美的，这五节课或存在这样那样的不足，但是我很为于老师的“但我相信，他们走在完美的路上”这句话而感动，每一个人的成长需要督促、鞭策，也需要肯定和激励，也感怀于高老师说的“在语文教改的路上，每走一步都是艰难的，也未必能让每个人都懂，但一定要坚持走下去”。

这次研讨会于我收获最大的，就是于老师最后的讲座——《刍议统编语文教材之古诗文教学》。以前教书，都是“哪里黑哪里歇”，没有一个课程体系的概念。所以教学二十余年了，总觉得自己的思维还是零散的，不系统的，没有一个螺旋上升的层次。有感于于老师的讲座，收获颇丰。

一、一定要树立课标意识

于老师的讲座首先从课标解读入手，告诉我们，课标就是教学的纲领，任何一个语文老师最应该解读的就是课标。只有吃透课标，你才能明白那纷杂的内容，哪些要作为重点去把握，而哪些只需要带领学生浅尝辄止。说来惭愧，我一直不太重视课标，也从未认真解读过课标。后来读到了温儒敏先生的《温儒敏论语文教育》一书，才真正发现了课标的重要，后来便认真将 2011 版和 2017 版的课标认真解读了一遍，发现的确有很大的启示。这次，于老师又郑重地提出，一定要重视对课标的领会，这也是她这么多年来在语文教学方面最深刻的体会。尤其是在传统文化的传承方面，不同的学段对此方面的要求是不一样的，初始年级和毕业年级的学生，在传统文化方面的认知、理解、传承和弘扬的标准自然是不一样的，而且如何通过编排的文本润物无声地将立德树人的任务渗透进日常教学中，这在新课标里也有明显的指向性的内容。如果，我们一线老师忽略了课标，忽略了教学的根本，那么任何教学内容都是欠系统性的，只能是随意漫灌，想到哪里讲到哪里，课堂的无意识思维便占据主导，这于孩子思维的培养是不利的。

二、古诗文教学要“言”“文”并重

听完五节展示课后，于老师跟我交流。她说，文言文的教学一定要“文”“言”兼顾，不能单方面地侧重于“言”（形式），也不能过分地注重“文”（内涵）。古诗文不同于其他文体，它有着久远的时代感和历史感，我们在教学古诗文时，既要尊重古人的语言特点，又要重视古人的人文思想。换言之，不仅要能带领学生从古诗文中感受古人语言的韵律美、节奏美，也能从字里行间体味到古人的智慧和深邃的思想。如果一节古诗文课的教学，能言文并重，形神兼具，那一定是让人心旷神怡的，也一定是让人回味无穷的。

反思自己在古诗文教学方面，常常把焦点放在了对文本内容的解读上。总希望能从中窥探到别人看不到的独特之处，然后以此为切入点企图达到鞭辟入里的效果，虽然有些时候也确能给人剑走偏锋的新颖感，但是也有让人不得要领的尴尬，尤其是对于学生，常常达不到我课前的预想效果，让人很是沮丧。现在想来，可能是自己在“文”的教授方面用力过猛了，忽略了古诗文“形”的彰显。俗话说，兴趣是最好的老师，如果不能成功激发起学生对古诗文的阅读兴趣，如何能让他们深入地解读和领会呢?

之前在网上听了王崧舟老师讲的《枫桥夜泊》这首诗。一首短短的28字的七言绝句，王老师上了70多分钟，却依然让人觉得余音绕梁、意犹未尽。这节课，不乏朗朗的读书声，不乏抽丝剥茧的细致分析，更不乏真善美良好品质的培养，学生在王老师激情的点燃中，充分放飞思绪，逐渐将自己融入课堂的静水流深中，将情感带入一千多年前那个清冷幽寂的夜晚、那艘漂泊江上的渔船上，沉入那颗孤寂怅惘的灵魂里。最让我叫绝的是，王崧舟老师和学生合作对古诗文的朗诵，抑扬顿挫、沉郁有致，让整个课堂上下充满了古风古韵。

一节好的古诗文课，应该就是如此的“形神兼备”“言文并重”！

三、解读课程体系，有的放矢育人

最感慨的是于老师对初中三个年级六册书中古诗文教学内容体系的深入解读，她分门别类地给大家展示了这六册书中古诗文的安排以及所要达到的教学目标，并逐一进行了分析，提出自己深刻的见解。一语惊醒梦中人，到此刻，我才明白原来课本的编排浸润了无数专家学者的良苦用心。那种知识建构、能力的提升、情感的熏陶都是有一个可循的层次递进路线的，叹自己却从未感知到这一点，只是一味地就书本教书本，从未尝试过课程的前后勾连和群文教学，以至于自己的教学常常陷于单薄和急功近利。尤其是没有树立一种大语文观，通常就是教哪个年级就关注哪个年级“考察”的内容，绝不肯旁逸斜出，浪费一点时间到那些目前不考的知识上去，认为到了一定时间，自然有老师会教给学生。如此，学生的知识体系便也是断裂的，对语文的学习也流于表面，更不用说产生浓厚的兴趣了。

看来，在以后的教学中，一定要有长远的目光，要依循课本的知识体系，让传授知识和培育新人的双重目标有一个循序渐进的过程，这样孩子的内心世界才会不断丰盈、不断通透起来。

除此之外，于老师也指出，要在平时的实践中，注重对传统文化的渗透，把育人的任务落实到日常的教学中。这点我是深有体会的。几乎每一节课，我们都提倡能落实核心价值观，能把书本知识和生活实践结合起来，要对学生进行情感、道德、价值观的培养，虽然说单凭一节课，根本无法达到对学生“三观”的教育，但是“不积跬步无以至千里”，每一节课都应本着这样一种理念而秉承自己的使命，把美好的情感、道德一点一滴地渗透给学生。

古诗文教学，就应该有一种“不畏浮云遮望眼，自缘身在最高层”的自信自强，就该有一种“正入万山圈子里，一山放过一山拦”的执着，真正地将古诗文和学生的日常生活契合起来，用独特而优雅的“言”去濡染学生的美体，用深邃而丰富的“文”去浸润学生的美心，这样我们的传统文化才能焕发蓬勃的生机和旺盛的生命力，也才能在现在纷繁的文化艺术之林，以其独特的魅力而成为经久不衰的经典之声！

从高凤香老师的创作看人性的向内和向外

看山是山，看水是水。

看山不是山，看水不是水。

看山还是山，看水还是水。

这三重境界，一般被用来形容写作的三重门。

我们很多人穷其一生游走在第一重门前，踌躇徘徊，前路渺茫。

有少数人得了法，进得第一重门，饱览了门内曼妙的风景，以至于忘记了当初为了什么而出发，从此便将人生搁浅在这门与门的天地里，了了一生。

而能不为浮华所动，坚守初心一直走到三重门里，看山还是山，看水还是水，这便是真正的涅槃羽化了。这时候内心已经与天地万物融为一体，没有了你，没有了我，没有了红尘中的名来利往。这种境界是一种通透了的达观和客观。

就像高老师在讲座里说的，她的写作在经历了长年累月的如切如磋如琢如磨之后，终于到达写作的至境，这实在是让人高山仰止。

高老师的作品，我几乎一字不落地看完了。她公开出版的我看过，没有公开的亦承蒙厚爱得以拜读。可以说，她的文字历程和人生历程，其实就是穿越三重境界的过程。

2011年，初识高老师时，即拜读了她的第一本散文集《寸寸青丝愁华年》。那本书，在相当长时间里，一直在我的枕边放着，每每午夜难眠时，便会静静地沉浸于那被泪水浸泡过的文字里，去体会一个历经苦难而不甘屈服的孤傲的灵魂，在幽微的暗夜里散发的不为人知的痛楚和对生命的叩问。

也是从那些文字里，我触摸到了人间疾苦的真实形态，也体会到了，一个人其实可以只活在自己的世界里，完全摒弃尘世的烟火。她会努力羽化自己，不见得一定是为了成仙，不过就是想在滚滚红尘做一个真实的自我罢了。

这时候，我个人以为，人是在向内而活的。

如明朝张岱，因为向内而活，所以他可以在大雪三日、湖中人鸟声俱绝的半夜时分，“拥毳衣炉火，独往湖心亭看雪”。张岱寂寞吗？当然，不然谁不愿意有“遂至承天寺寻张怀民”的欣慰。张岱的寂寞，不是一个男人的寂寞，是一个朝代的寂寞。面对九万里河山一夜之间易了主，他内心的那种绝望，该是人世间最无法匹敌的痛苦与灾难。于是，他选择了在尘世中向内而活，从心而活。内心孤独，便寄情山水。看山是山，看水是水，要的就是那份把如山的哀愁化解消融在这连绵不绝的群山里。这时候，人性其实也是自私的，更是恣肆的。因为，他只活他自己。

此即谓向内修行。

后来高老师的第二本散文集《温一壶月光》华美问世，从封面到内容，皆脱去了第一本散文集的清浅和忧伤。这本文集就如同它的名字一样，含蓄而内敛。为什么是“温”一壶月光，而不是“泡”或者“煮”，这样幼稚的问题我没敢问作者。可是我有自己的理解，“温”，温吞、温热、温柔、温良……温就是50度，不高也不低，不浓也不淡，不近也不远，是一种恰到好处的“温润”。月光嘛，不像太阳光那般热烈奔放，它是低回而婉转的，所以一定要是“温”，而且不能多，多了就无趣，只能是“一壶”，喝到肚子里，微醺。刚刚好！

这其实已经彰显了高老师文字在这个阶段，明显不是太注重表露自我的痕迹，那种曾经浓郁的“在场”的情感就像这一壶月光一样，含蓄而内敛地埋藏进了这壶中。

之后，高老师的《他说，寂寞》《禅香化雪》两本文集，可以说是震撼耀世。很多人读了这两本文集后，对自己的文学素养产生了深深的怀疑——

读不懂！说实话，这两本文集里的一些文字，我也读得不是很懂。那我就只能结合我对她生活、思想的了解，然后知人论世，去揣摩她文字的意图，好在天资尚不算太愚笨，总是能懂个几分的。

其实，这个时候，高老师的文字，很明显已经到了第二阶段——看山不是山，看水不是水的境界了。这个时候，她的思想、阅历、情感相较以前有了很大的突破，所以她内心的豁达和禅意已然跳脱在她灵动而深邃的文字里了。这个阶段，人性其实也就是到了由完全的向内叩问逐渐开始向外转移，因为内心积淀的东西已经不允许你继续停留在一己之世界自怨自艾，你自觉地想挣脱自己曾经画地为牢的禁锢，寻求一个更加达观的自我。可惜，张岱到了也没参悟到这个境界。其实未必是他不能，而是不想。

再读高老师创作的第三个阶段，自然是以长篇纪实文学《精耕记》为代表作。这本书，上至八十老妪，下至懵懂孩童，只要能识字，基本都能看。这种反差，在很大程度上让很多人接受不了。试想昨天还对着这个作者的书冥思苦想她深奥晦涩的文字里到底隐藏着什么意思，第二天就晓畅无误地读懂了她的另一本书，这种落差，心理不强大到一定程度，断然是无法坦然面对的。

这个时期的高老师，其实也活到了人性中最理想的境界，看山还是山，看水还是水，再说得明白一点，就是“繁华落尽见真纯”。到这里，她的文字彻底褪去了一身的繁华和骄傲，终于以最素雅和洁净的面目出现在读者面前。我亦认为她的人生也到达了一个无法匹敌的高度。她可以在自己的课堂收放自如，那是因为她对人生的通透领悟让她在解读文本时信手拈来；她在自己的生活中也活出了一道光，让很多人以此为奋斗的方向。因为你知道，那道光就是“自由”的代名词。

这个时候，人性是彻底打开的，关注更多的是来自他人和整个世界的苦难。

贾平凹《山本》这部小说里，我最喜欢的人物是130庙里的哑巴尼姑宽展师傅。你光听这个名字，就足以感佩平凹先生的匠心——宽展。哪会有人起这么个法号呢？可是，宽展师傅就敢。在这部小说里，宽展师傅和她守护的地藏王菩萨庙，其实是救助处在苦难中的涡镇人民的一个道场，当然这救助更倾向于内心的救赎。这也是人性中最真实而良善的体现。

当一个人的心里、文字里，处处有了山川风物、天地人神、苍生黎民，唯独没有了自我的痕迹时，说明他的内心已经完成了小我的涅槃，开始了向大我的重生。这样，人生的格局便打开了。格局恢宏了，人性中更多的闪光之处便一一展现出来。文字也罢，做人也罢，总是以“无我”为终极追求，关注的视野也更加宏阔，便有了“以文化人”“以文渡世”的风骨。这样的文字，是理性而高尚的；这样的人生，是开阔而禅意的。

此即谓向外修行。

愿你我皆能如此，向内而生，向外而活。

千江有水，明月入怀

——读《董一菲诗意语文讲谈》

从语文而文化而历史而自然而人生。

——董一菲

董一菲老师的语文课是温润而通透的，如同一块色泽质地纯良的玉石，散发着绝不逼仄但却灼灼的光芒。她的课亦是古朴而悠远的，是一位从诗经里缓缓走出的女子，一顾倾城，再顾倾国，顾盼生辉间惊凤游龙、荡气回肠。

当前语文界，我最喜四人之课。

熊芳芳老师的课是一壶甘醇的美酒，在纷繁的语言文字的江湖里快意恩仇、红鬃烈马。她的课，恣肆汪洋，于时空的隧道里自如穿梭，古往今来，醉酒当歌。

肖培东老师的课是一掬甘洌的清泉，在踏雪无痕之间让人回味绵长。他的课，不以奇崛为长，轻轻浅浅、水落石出，却予人上善若水的豁然顿悟。

高凤香老师的课是一杯醇厚的普洱茶，入口即唇齿生津，蕴藉自然万物之灵气。她的课，饱蘸着禅意的笔墨，在俯仰之间翩若惊鸿，写意人生。

此生有幸，熊芳芳、肖培东、高凤香三位老师的课皆现场聆听过，近距离感受到这些生而为语文的行者生命的绽放。只一菲老师，仅于扬州的一次课题年会上有过一面之缘，至今却无缘聆听她犹如天籁的诗意语文课堂，是为一憾。

偶然之间，关注了一菲老师的公众号“董一菲诗意语文”，每每于清晨睁开眼睛便能看到公众号里推送的思想性和实用性很强的教育教学方面的文章，最喜当然是一菲老师波澜不惊、洞明世事的文字。继而网上买她的书，一本接着一本，一发不可收拾。

诗意语文，多么美好的字眼！

这个世界上，有哪个民族的文字，能比汉字更美观、更有质感？横撇竖捺，代表着方圆人生；起承转合，彰显着世态万千。

这个世界上，有哪个国家的语言，能比汉语更优雅、更富韵律？音韵流转，暗合着风云变幻；平仄开合，激扬着万丈豪情。

你说，我们的语文课堂，怎能不诗意，怎可不灵动呢？

一菲老师说，诗意语文的存在，是为了“对抗功利，安顿心灵”。多么美好的八个字啊，刹那间如一树花开，让语文的终极本质坦荡而出。语文，不就应该是料峭的冬夜，那一枝于枝头盛放的寒梅么，在皑皑白雪之上演绎着寒梅滴血般生命的执着和诗意——无论现世如何荒凉，都要于这荒凉中烘托出生命的底色！

语文课，是所有课程里最能直接到达人内心深处的课程，也是最能让人直面自我、直面人生的课程。我们在品味文字的同时，也在品味自己的灵魂，也会去追问和作者同样的生命体验和感受。我们希冀能借助语文的魅力，让学生释放人性的真善美，锻铸和谐而诗意的人生。可是，曾几何时，我们把语文课上得如此功利、如此乏味。一遍一遍机械式的抄写，让唐诗宋词显得如此面目狰狞；一段一段故作深沉的句解，让鲁迅、沈从文变得世俗而聒噪。《诗经》里的爱情，再也没有了悠远而清凉的美，有的只是赋比兴的晦涩和重章复沓的烦琐；《史记》里的侠义，不再是义薄云天、慨当以慷，只化为了长篇累牍的艺术特色和人物形象的程式化的分析。语文课堂，不再是生命的场，而成了功利的祭台，那么，我们的孩子，该如何在语文课堂上诗意地安放身心呢？

一菲老师的课堂，每一句话几乎都是一句诗，每一个微笑，都是学生思维诗意的栖居地。我曾把她几节课的导语摘抄下来细品，越咀嚼越妙趣横生，越品鉴越惊心动魄。我们很多时候是在精心设计一节课，而一菲老师的课，似乎就是浑然天成、一气呵成的。从她的第一个导语词一出来，这节课的色调就已经奠定了。就如同她说的，“当语文课堂窒息着激情的生长，诗意语文以激情的洪流裹挟着所有的语文要素，完成一种精神的对话，让学生在自己的内心发现诗、发现美、发现仁爱，发现浪漫精神和诗性角度，以一种高贵的姿态坚守美的信念。”

我被这句话而震撼，一个师者，一个以语言文字为法器的语文老师，他的课堂难道不应该处处彰显着生命的光泽，不应该让学生在一文一言中感受到人生、人性的至臻境界吗？

在一菲老师的语文课上，所有的学生都是被尊重的，所有的天性都是被释放的。同样一句诗，每个人都可以有自己不同的阐释，而每一种阐释，一菲老师都会用自己宽博的师者情怀给予你最无瑕的溢美和支持！一菲老师提倡课堂的诗意对话，她主张师生应该更深更远地走进文本，“既是六经注我，更是我注六经”。她带领着她的孩子们，游走在文字的千山万壑之间，从流飘荡，任意东西，以自己对个性的尊重与包容，唤醒万千孩子的主体性和创造性。

一首《迢迢牵牛星》，一菲老师讲得意境幽远。既有就诗论诗微观的分析和体悟，通过叠词的分析，让学生感受到文章的情深意长，意境开阔，又有同类题材的对比阅读，从大处着眼，对此类诗词的主题、风格、表现手法、语言特点的统一解读。她的课，不仅仅突出的是文章，更有文学，继而文化，语文课标所提倡的语文核心素养在她的任何一节课里都以最和谐、融洽的方式呈现，毫无违和感。

一菲老师是诗意的。一菲老师的学生也是诗意的。因为，一个如此灵动而诗意融动的老师带出的学生，内心深处必然萌发着诗意的种子。看她的课堂实录视频，老师和学生之间的对话，就如同老友之间的推杯换盏，妙趣纵横。在她的课堂上，学生是自由而奔放的。你可以任意挥洒，不随流俗。例如在评价《鹊桥仙》这首历来被奉为爱情圭臬的词时，有学生就直言“我不喜欢‘两情若是久长时，又岂在朝朝暮暮’这两句。既不深情又不痴情。我更喜欢‘盈盈一水间，脉脉不得语’的那一份美丽柔情与朦胧，这更像诗。

而秦观太直白了。”你看，孩子们的内心是单纯而丰富的，他们对于经典有着大胆质疑的勇气和果敢。这些都源于一菲老师给了他们自由的空间，让他们的思维不被禁锢、不受束缚，尽可能地“由艺术而人性又由人性而艺术”。

冰冻三尺，非一日之寒。你如果了解了一菲老师对孩子的训练过程，我想你也会明白为何在她的课堂上，老师可以口吐莲花、气若幽兰，而学生亦积淀深厚、儒雅清丽。一菲老师每年要求学生背诵二百首左右的诗歌，设计专题性诗歌鉴赏课十节，打印几十篇适合学生阅读的鉴赏文章让学生阅读……而她所做的这一切，无非就是“让孩子漂亮和优雅诗意地存在着”。

除了被一菲老师诗性从容的课堂征服外，我亦被她风轻云淡、波澜不惊的文字而折服。年轻的时候，总是喜欢那种语不惊人死不休的文字，喜欢文字里的那种飞扬跋扈、剑拔弩张。可是，随着岁月的积淀，越来越喜欢这种雨落江河的文字感觉，倏忽无声亦无形，可是却在无痕中平添了生命的力与美。读到书里“雪爪鸿泥”这一章，深为她与语文“心有千千结”的不解之缘而感染，亦为她对语文、对语文人凝结于内心深处的那份爱与执着而感动。在她的“私塾”里，既有上高中青春昂扬的孩子，也有读小学尚未开蒙的幼童，可是一菲老师教他们《春江花月夜》，教他们背《诗经》和《道德经》，她让孩子们在佶屈聱牙的古文里，感受到了汉民族语言文字的美，感受到了中华文化的博大精深！

天空没有飞鸟的痕迹，而我已经飞过。一菲老师，凭借自己那一双诗意灵动的羽翼，在语文的天空里悄然滑过，她把诗意的种子播撒在每一个热爱语文的孩子的内心深处，并用诗意的山泉灌溉和滋养。她把“一种诗意，一种美，一种温暖，一种情怀”作为最丰厚的礼物，赠送给一个又一个天真烂漫的孩子，希望他们能用一颗美好而真诚的心去遇见生活，遇见自己。千江有水千江月，万里无云万里天。一菲老师，将自己的爱与执着融于千江碧水之中，映照着诗意语文的璀璨星辉，灼灼其华。

感谢诗意语文，让我遇见最美的语文课。

感谢一菲老师，让我遇见最美的语文人。

感谢生命里的这场邂逅，让我遇见最美的自己。

“好玩”的黄逗逗

——印象大师黄厚江

这里躺着一个热爱语文的人——黄厚江“墓志铭”。

我写出这样大逆不道的话语，请数以万计的黄厚江老师的粉丝们，尤其是狂热崇拜黄老师的女铁粉们万勿群体而攻“我”。这话不是我说的，它真的是黄老师的“遗言”。在湘水之畔、橘子洲头的梅溪湖中学，面对他授课的几十名学生和后面听课的几百名老师亲口说的。

彼时，他正给梅西湖中学初二一个班的孩子讲作文指导课，随着课堂“剧情”的发展，他对那些只有一面之缘却已爱入心底的小朋友们说：

黄老师有一句遗言，希望将来由你们亲手刻在我的墓碑上——这里躺着一个热爱语文的人。

黄老师微笑着对孩子们说出这句“遗言”，孩子们起初是笑着鼓掌，渐渐的，掌声消散了，几个孩子悄悄地低下头抹了一下眼睛。再然后，我的眼眶也湿润了。

如果，你不是一个语文老师，我想你永远无法体会这句话给人内心的触动；如果你不是一个热爱语文课堂的老师，你永远无法理解这句话对人灵魂的冲击。

这里安息着一个把名字写在水上的人。这是英国诗人济慈的墓志铭。爱到即使离开这个世界了，也要带着那份情怀一起尘埃入地，我想，那一定是深入骨髓的爱恋了，无可救药。

这次跋涉千里，只为赶赴一场秋天里最美的约会——邂逅最美的语文人，邂逅最美的语文课堂。

这是第三次见黄厚江老师，第二次聆听他的课。

2018 年之前，“黄厚江”这个名字于我只是语文著作或者网页上的三个很疏离的汉字，和余映潮、李镇西、魏书生、熊芳芳、肖培东等当代语文界的名师一样，在我这个初中小语文老师的心里，只是一个传奇。此生何其有幸，一年时间，“结识”了这些语文界“神”一样的存在。

初“识”黄厚江老师是在 2018 年，古都长安，黄叶纷飞。那个阳光清冽的日子，第一次亲眼见到了黄厚江老师。

那天黄老师的穿着很朴素，我不大记得他穿了什么，只是清晰无比地记住了他头上已然稀疏灰白的头发，怎么看怎么不像一个名师的风范。台上这个瘦削的小老头无论如何也不能和我心里定位的大师相提并论。尤其是那双眯缝着的双眼，让他看起来竟有了几分颓唐之气。

黄老师那天授课的内容是郑振铎的《猫》。

这老头儿一开课，不讲作者，不讲背景，煽呼着一群半大小子和姑娘们给这三只猫取名字。于是，学生们各种“搞”事情，取的名字也是五花八门。黄老师对他们的“奇思妙想”一一进行评点。哪个名字取得很符合猫的特点，哪些名字不够贴切，课堂那叫一个“乱”啊！孩子们为了一个名字争得面红耳赤，和同学争，也和初次见面的黄老师争，一点也不忌惮他是全国名师。我一边看着乱哄哄的课堂，一边看手机。乖乖，一个名字取了半节课，这导课环节怕是也太任性了吧！后面的教学内容还能上完吗？且让我们拭目以待名师是如何拖堂的哟！我承认，自己当时竟有一丝小兴奋、小激动。其实，用“幸灾乐祸”来形容我当时“阴暗”的心理可能更准确一些。我很想看看名师们“出糗”的样子。

然而……

直到那节课临近尾声，黄老师带领孩子们终于给猫取好了众口都调的名字，突然他话锋一转，问学生，“你想做文中的哪只猫，为什么？”再愚蠢的人也明白，这是对文章主题的挖掘，因为有了之前对三只猫全面细致的分析，学生对主题的理解深刻而独到，出口成章，妙语连珠，引得底下听课老师掌声雷动。我待在那里，如芒刺在背。

大象无形，大音希声。这就是名师的艺术。你尚未看清楚他使用什么招数，他已经刀剑归鞘。你以为他在玩，他确实是在玩，你以为他玩是为了调动气氛，却不知道他已在不知不觉的“玩”中，渗透了他一节课所有的内容和思想。意不意外？惊不惊讶？

难怪，业界送绰号：黄老邪！

果然邪性！服！

第二次见面，是在因李白的那句“烟花三月下扬州”而举世闻名的江左名都扬州——第十二届“语文报杯”全国中年教师教学大赛的会场，黄老师是评委组的组长。三天大赛课结束了，黄老师作为组长进行了总结发言。

“这二十四节课，让人很失望，没有一节让人眼前一亮的好课……”

一石激起千层浪，底下一片哗然。

这些参赛选手，都是各省精心挑选出来的精英中的精英啊！

黄老师不仅批了，还批得决绝，不留丝毫情面，但是言语中满含对新生代教师的殷切期望。他情深意切地告诫年轻教师要始终坚守语文本色教育的阵地，痛斥当今语文课堂存在的一些浮夸之风……

他说，语文课堂就得有语文课堂的样子，搞那么多花样，还是语文课堂吗？那天，黄老师说了很多，说得底下听课的老师冷汗直冒。试问，有多少人没有被如今这浮夸的教风所熏染而迷失了本心呢？

那一次，更是让我深深地理解了眼前这个瘦削却思想深邃、敢说敢做的语文界前辈。

今天，是第三次见面了。

一看见黄老师今天的衣着，我又乐了！红短袖套绿马甲，外罩一件深色夹克外套。然后一节课下来，脱得只剩下短袖了。

一开课，他已然开始和素不相识的学生开“玩”了。他让学生猜他名字是哪三个字，并组词说明，而且还要组一个让老师开心的词。我当时就想，这节课绝对又是一“玩”到底了。

果然，整整“玩”了一节课，甚至都把黄老师自己的“遗言”给玩出来了，还玩出了自己的绰号——逗逗。这是他去某地上课，一群小仙女送给他的“礼物”。

于是，一节打死你我都想不出来的作文指导课便在黄老师以自己为“模特”的引导中，一点一点、不疾不徐、铁锅炖“阿黄”地新鲜出炉了。

我亲眼见证了一个男孩子在开课伊始小练笔环节，三分钟内一个字都写不出来，后半场居然踊跃发言，虽然表述很成问题，但依然被老师“忽悠”得热血沸腾，发言激情不可阻挡。

一节课很短，短到黄老师还没有和孩子们“玩”尽兴就匆匆结束了。

一节课很长，长到孩子们用一生的时间也无法忘却这节课黄老师渗透给他们的写作知识和人生启迪。

孩子们何其有幸，能有这样一次零距离聆听名师教诲的机会。我们何其有幸，能见证这样有味道的语文课。

讲到作文教学，黄老师说，用三年时间教孩子们把一件事情讲清楚，你就功德无量；讲到教育学生，他说，抢着发言的学生不需要你教，不善于发言的学生才是你要重点关注的；说到课堂教学的效果，他说，课堂上，学生的成长要能看得见，这才是好的语文课堂。黄老师兀兀穷年，终其一生都在为本色语文发声，他一直呼吁语文教学一定要体现语言文字的魅力，要让孩子们用已有的生活经验去感知未知的经验。肖培东老师也说过，语文课堂需要感动，而这种感动是学生在文本中走来走去、走来走去，慢慢地感受出来的……语文课堂如果没有词语的揣摩和语言的鉴赏，那这种课堂是扭曲的。

所以，无论是余映潮、熊芳芳，还是黄厚江和肖培东，无一不是在用语文的色彩来装扮孩子的课堂，用“生命语文”来为生命发声。高老师告诫我，不要用所谓的教案书，教参书适当参考，课件尽量慎用，一定要积淀自己赏析文本的能力，并尽力培养学生解读文本的能力。可惜那时，年少轻狂，对她的话向来是不以为意的，才导致这许多年走了不少弯路。如今，也想好好做个语文老师，也想做个好的语文老师。然而，在现代化教学设备横空出世的今天，我们很多语文老师的“阵地”已然失守。一节课，PPT 一放到底，碎问碎答，课堂教学过程已然不是师生思想碰撞、淬击、融冻、共生的乐土，而变成了禁锢灵动、溺毙个性、教化顺民、灌输鸡汤的名利场。——老师想办法把自己弄傻，然后再想办法把学生弄傻（黄厚江语）。

这，真的还是我们的语文课堂吗？这，真的还是语文老师的课堂吗？

唯独教育，不可浮躁。刚从朋友圈看到这句话，深以为然。这该是学之根本，也是国之根本。

黄老师说了很多，却让我怎么也听不够。

他去洗手间，粉丝们都追到洗手间门口等着签名、拍照。你见过哪个明星趴在洗手间门口的墙上为粉丝签名吗？我见过，他叫黄厚江，中国当代语文教育的领军人。众目睽睽之下，他没有丝毫顾忌，脸上还笑出了层层叠叠的褶皱，还有两个不仔细观察就察觉不到的小酒窝。

就这样，越老越天真地“玩”下去吧，黄逗逗老师！在你热爱的三尺讲台上，嬉笑怒骂，传道授业。只要看见你，我就看见了中国语文教育的高地；只要看见你，我就始终坚信，中国语文教育的光芒，一定会薪火相传，世代不衰！

仰望一座山的高度

——致敬徐杰老师

有人说，人和人之间是靠相同的气息和频率互相吸引的。

我深以为然，纵使此生不曾相逢，纵使相隔万水千山。那横穿时空的相同波段的气场，会让你们不由自主地想要靠近对方，想要走进他灵魂的深处，去感受那份滚烫的心脏跳动的温度。

那段时间，处在专业发展的瓶颈时期，深知继续这样下去，于职业的提升肯定是非常无益的，但是却苦于没有办法去突破这个难题。周围虽然也有很多良师可以效法，但是毕竟大家都很忙，叨扰过多总是不太礼貌的。

于是就去读书，读各种专业书籍，看名家的课，在网上搜罗经典的课堂实录去品咂、咀嚼，着实也是有些收获的，只是精进的速度太慢了。

徐杰老师就是在这种情况下，“走进”了我的视野。

某天百无聊赖时浏览专业方面的相关公众号，突然一则“广告”进入眼球——徐杰备课室，面向全国征集备课教师。彼时还不知道徐杰这个人，语文界的大咖也算略知几个，但是徐杰这个名字很陌生。往常对这种广告我是嗤之以鼻的，网络营销而已。可是这次，或许是冥冥之中的缘分，我居然毫不犹豫就点击进去，结果一个大大的惊喜——一节课只需要十块钱！这简直颠覆了我对传统网课的认知，那些动辄几千块钱的网课一直是我心头的痛。师本清贫，养家糊口将将好，哪里有多余的闲钱去支付这些“天价”费用。所以，毋庸讳言，这十块钱的标价更加促使我毫不犹豫地付款。

没想到，天上掉下来一个大大的“馅饼”，而且如此的营养丰富。

第一节集体备课的内容是《紫藤萝瀑布》，说实话，这篇蕴含着深邃哲理的文章，我第一遍教时自己都没搞明白，所以一直对这篇散文有点怵。结果两个小时的时间，在主备人杰哥的带领下，我们来自天南海北的组员纷纷相聚互联网，通过屏幕集体探讨这节课的内容和应该把握的重难点。不得不说，杰哥确实是一个资深的教研员，他看问题的眼光非常独到和新颖，解析文本也非常有深度和广度。在他的点拨下，我一下子豁然开朗，之前萦绕在心头的对哲理性散文的恐惧消减了很多。

杰哥是一个儒雅型的男人。虽然五官算不上精致，但是说起话来温文尔雅，不紧不慢。连一笑都透着江南男子特有的秀气和腼腆。

两个多小时的备课过程，杰哥全程和蔼可亲，耐心细致地解答屏幕上大家提出的关于备课上课中存在的各种问题。从教这么多年，我还真心没有参加过这样学术氛围浓厚的研讨活动。我一直感慨，南方的教育要比北方的教育先进很多，不管是硬件还是理念，所以中国的很多国家级的名师都出在南方。

就这一次，让我深深地迷恋上了这样集智备课的形式，而且多次对那节课进行了回看，反复记录杰哥的“金句”。在我极力的宣传和推崇下，工作室几位年轻人也“加入”了这个团队，跟着杰哥一起成长。现在，几个年轻教师也成了杰哥的“铁粉”，对杰哥公众号推送的每篇文章都要细细阅读，并且从中汲取了很多专业方面的养料。我们很喜欢没课的时候，几个人挤在我们的“热带雨林”（因工作室绿植很多，童童称之为“热带雨林”）观摩杰哥的示范课，看到精彩处就不停地回放，对杰哥“评头论足”。当然，我们不是绝对迷信权威的，也敢于大胆地提出自己的质疑，然后互相争辩。在这样的氛围中，我们跟着徐杰这个素未谋面的“师傅”，在精进专业的道路上，向光而行……

那天晚上，敏玲转发了杰哥公众号里的一篇课堂实录，然后在群里说，咱们把这节课讨论一下吧。那一瞬间，内心暖暖的。这些年轻人，在这一年多时间里，犹如春光里的嫩芽，野蛮生长。不必说她们现在的课堂教学艺术已经是可圈可点，也不必说她们业余时间对于专业书籍孜孜不倦的阅读，单是对于好课的这种痴迷，就足以让我感慨。在这样一个喧嚣功利的时代，能静下心来好好钻研学术的人有多少，何况还是才踏入教育行业没几年的青年人。也正是她们几个这种奋进不息、努力向上的劲头，一直鞭策激励着我不敢有丝毫的懈怠，生怕自己的积累不能满足她们的需求，更不用说工作室其他工作时间长、教学经验丰富的老师，她们对我的帮助和支持，就更加让我不敢有丝毫的马虎了。

突然看到徐杰老师要去支教的消息，心里很难过。没了杰哥的引领，我们要如何向专业领域做更深的探究。我们自己当然也会抱团成长，可是有一个专家级的资深老师带领，我们前进的步伐会更快一些，视野也会更广阔一些。不过转念间便释然了，杰哥是一个有情怀的老师，他内心关注的是更多语文老师的专业发展，也关注更多孩子语文素养的提升。他在自己职业生涯最鼎盛的时候选择去支教，我明白，他是想贴着泥土，把语文的素养根植在中国最贫瘠的土地上，让那里的孩子能多一些机会，多一些希望。

中国教育的脊梁，概莫如此！

向杰哥致敬！希望有一天，他走过的路，我可以继续。

第四辑

青草更青处

寻梦，撑一支长篙，向语文更深处。一路繁花，一路芬芳。在纸墨的幽香里，追寻课堂的诗与歌。用一段花开的时间，看莺语流年里的美好！

试着让课堂“慢”下来

教室里过分沉寂了，略微显得有些尴尬。

这第一个问题抛出来，就出师不利，学生一个个低下头，眼睛死死地盯着书本不敢抬头，似乎生怕被我点名。

这是我没有预料到的。工作室妍琼老师提前就给我打了“预防针”：汤老师，我们的学生……基础不是太好，回答问题不太主动，你要有思想准备。

可是，第一个问题就冷场，这样的课堂我以前从未遇到过。这跟十分钟前我和他们暖场的欢快场面截然不同。

怎么办？照这样的情形，这节课设计的内容肯定是完成不了了啊！

通常遇到这种情形，我会迅速地调整思路，尽快结束在这个问题上的纠缠，把课堂尽量不露痕迹地带向预设的答案和环节，以保证教学任务的完成。可是此刻，我真的不想就这样“硬拽”着他们跟着我的节奏走。不是一直都强调课堂是学生的吗？那么，课堂就应该为学生服务，他们不会的不就是课堂要着力解决的吗？“皮之不存毛将焉附”，第一个问题都没彻底弄懂，后面建构在此基础上的问题，还有讲的必要和意义吗？

于是心一横，不管什么示范课公开课了，也顾不上后排闻声而来的其他听课老师了。我真的决定跟着孩子们的节奏走，他们不会的，我一定要努力教会他们。

有了这个念头，我的心突然就平静下来了，课堂节奏也“慢”下来了。

眼见得全班还是没人举手，我就走近一个刚才和我课前预热互动比较活跃的男孩子——

这位同学，老师想听听你的想法，可以吗？我的语气是我之前上课从未有过的温和，我真的不想给他任何压力。

他坐着一动不动，既不站起来，也不说一个字。

后面听课的几个年轻老师有点沉不住气了，脸上显出了焦急的神情。我懂，他们是怕我今天阴沟里翻船，毁了“名师”的名号。

我依旧不紧不慢，微笑着问他：“有答案吗？”他脸色微微有些涨红，轻轻摇摇头。

“没有答案？这个问题你想不明白吗？”我轻轻地追问了一句。

“嗯。”他面带羞愧地冲我点点头。

“孩子，没关系，你先站起来。你想不明白，那老师带着你咱们一起把它搞明白好吗？”我依旧微笑着、态度温和地征询他的意见。

他终于干脆利落地点头同意了，然后立即站了起来。

我让他自己选一个段落，然后认真阅读一下文字，接着引导着他一点一点分析。他磕磕绊绊地总结出了答案。全场明显都舒了一口气，可是我不想就这样让他坐下，因为我知道他可以说得更好。

“你看，你自己总结得多好！可是老师觉得，你还可以再用简洁的语言凝练一下自己的答案。”那一刻，我相信我的眼神里充满了信任和鼓励，而且他也一定懂我满眼的情愫，终于用流畅的语言精练地梳理出了自己的思路。

那一瞬间，我竟然比回答出问题的他更加开心。

第二个，第三个，第四个……我不记得自己这样不紧不慢地引导着多少个孩子不断地走进文字的深处，我只知道，每看到一个孩子在课堂上融化开思维的坚冰，智慧的泉水汩汩涌动，我的内心幸福而满足。哪里还顾得了时间所剩几何，课堂内容能否进行得完。

因为有了之前大量时间的引导和思考，后面的内容进行起来就比较顺了。孩子们也逐渐活跃了许多，回答问题居然也能主动举手了。而且，竟然有个小男生能对别人的看法提出不同的意见。这真的让我非常的惊喜。这个小小的细节，说明孩子们已经能从最开始的被动回答问题逐渐转变为主动地思索和审辨了，这样的进步在一堂课上完成，难道不是一件让人欣喜的事情吗？

我们一直在提倡课堂的“生成”，我想，这个“生成”不仅仅是指新知识的生成，更重要的是新的能力和思维的生成，这于他们是终身受用的。

后来的评课环节，听课老师们一致评价这节课能够“看生下菜”，及时调整课堂内容，不以上完课为要义，而是始终契合学生的需求，以他们的问题为课堂的导向。

如今，仔细回想这节课，我终于明白了很多名师说的那句话：课堂，一定要慢下来。是啊，只有课堂慢下来，才能充分地贴近学生，聆听他们内心的想法。也只有慢下来，更多的孩子才能更好地融入课堂，跟着老师去文字的世界探索。肖培东老师说过一句话：“语文课堂就是老师带着孩子在文本里走来走去的过程。”“走来走去”这四个字说得多妙啊，慢慢地走过来，再缓缓地走过去，这一来一去之间，孩子们的心不就明澈了吗？

慢下来，听听孩子们需要什么，问问他们还有什么不懂，带着他们从不懂向懂的彼岸泅渡，这才是教育该有的模样，不是吗？

本文发表于《教师报》2886期

换个思维，讲好故事

今天上《皇帝的新装》。

备课时想起在某次教学技能大赛上担任评委，有选手上这一课，中规中矩上完后，评委组组长、一位资深的语文名师感叹地说了一句：童话这么上，多没意思啊！

深以为然。童话是最有趣味的一种文学体裁，孩童时代谁不喜欢天马行空、恣肆玄幻的童话故事？可是，如果一本正经、用大人的视角去解读童话，那真是一件很无趣的事情呢。

陷入沉思。有趣的文本要用怎样有趣的方式呈现呢？

讲故事！童话可不就是精彩的故事嘛，引导学生美美地将这个故事有滋有味地讲出来，不就是最好的呈现方式吗？

给了他们十分钟去默读课文。好文字，值得浪费光阴。

提供两个思路，供孩子们选择。

用第三视角复述故事。从前，有一个国王……

用第一视角复述故事。我是一个英俊潇洒、睿智贤明的国王……

五分钟交流讨论的时间。

原本以为，孩子们大多会选择第一个方式，毕竟第三人称是一个万能视角，讲述起故事也比较随心所欲，也是常人惯用的方式。可是显然这帮猴孩子们对“当”这个滑稽的国王更感兴趣。

有的讲述平铺直叙，把讲故事变成了读故事。能理解，毕竟是孩子嘛。

而有的孩子给人惊喜：绘声绘色、精彩演绎。

更让人忍俊不禁的是一个女孩子，全程陕西方言表演，夸张的肢体动作和随机添加的台词，让教室内充满了快活的空气！

然而，讲好故事只能是学习的一种途径而不是课堂的全部，重要的是如何把童话里暗含的东西在讲故事中不露痕迹地给学生渗透进去才是最重要的。

于是，我选择了再用“1+X”的方式来讲这个故事。

何谓“1+X”呢？

老师是主要的讲述者，在讲述过程中，对于有人物心理活动的地方，或者文本空白但是可以补充人物心理或者动作、表情的地方，则随机由不同的学生来配合完成。

课堂生成如下：

“我是一个英俊潇洒、治国有方的君王。我有一个小小的爱好，就是喜欢穿华丽的衣服，越漂亮我越喜欢，一度痴迷到每隔一个小时就要换一套衣服。我的忠心耿耿的大臣们很体谅我的辛苦，所以国家大事他们基本都会替我打理好，为我省下不少换衣服的时间。有一天，我的国家来了两个裁缝，他们自称能做出世界上最华丽的衣服，最神奇的是，这件衣服有一个特殊的功能：任何一个愚蠢或者不称职的人都看不见它。哎呀，这可太美妙了，如果我穿上这件衣服——”

我随机点起左手边靠过道的女孩子。

她站起来，胸有成竹地接道：“如果我能穿上这样的一件衣服，那么，我就可以辨别出在我的国家，谁是聪明人，谁是笨蛋。我的那些大臣，谁是称职的，而哪些人又是滥竽充数，我要把他们赶出王宫去。”

孩子们的热情一瞬间被点燃了，很显然，他们对这种从未见过的讲故事的方式给打动了。纷纷举手示意要尝试一下。

“于是，我给了这两个能干的裁缝很多的金银珠宝和丝绸绢帛，让他们连夜给我赶制这件神奇的衣裳。几天过去了，我有点按捺不住了，我想知道我的新衣裳进度如何，我简直迫不及待想要亲自去看看，可是一想起它的那个特殊功能，我就有点别扭——”

点起一个手举得最高的男孩。

“我担心万一我看不到那件衣服，可就麻烦了。那样，全国的人都以为我是一个愚蠢的人，或者他们会认为我不配当国王拥有这个王国。那将是多么糟糕的一件事啊！不行，我要先派个人去看看，探个虚实。”真是一个灵秀的小家伙！我心里暗暗赞叹。

“我决定派那个最忠心的大臣去看看，他是一个多么睿智的人啊，一定可以看到的。于是我那个忠实可靠的大臣到了两个裁缝那里。天哪——”

走到教室后面，点起一个平时不喜欢发言的男孩，因为我从他眼睛里看到了异于平时上课的眼神——那里有了光！

“天哪——我怎么什么也看不到！难道，是我太愚蠢了吗？还是我不称职呢？糟了，这事可千万不能让国王知道啊，我家里还有八十岁的老母亲和四个未成年的孩子要养活呢……”

他精彩的现编台词，让全班掌声笑声混成一片。而他也兴奋得涨红了脸。

“结果，我那个诚实的大臣告诉我，他的确看到了这世上最美丽的衣服。过了几天，我又想去看看那件美轮美奂的衣服，可是我不知道我在担心什么，我愚蠢吗？我不称职吗？该死的，我到底在担心什么呢？哦，算了，我还是再派一个尽职尽责的官员去看看吧。结果，他回来也报告说自己的眼睛简直都要给看花了，那件衣服比最美丽的羽毛还要漂亮一万倍！”

教室里，安静极了，每个孩子都瞪大眼睛，竖起耳朵，有的歪着脖子，有的用手托着脑袋，目光齐刷刷地靠到我这里。

真的很享受这种感觉——聚焦课堂所有的目光。

“终于，我下定决心要亲自去看一看这件绝世的衣服。当我到达缝纫房时，那两个裁缝还在辛苦地熬夜赶制，我真是有点感动呢！‘陛下，请您过目，您看这衣服的色彩多么绚丽华贵啊！’他们由衷地赞叹道，之前的那两位忠诚的官员也在旁边极力向我描述这件衣服何等美轮美奂。可是，等等，我发誓，我什么都没看到啊！天哪——”

示意那个语文课上一直很活跃的女孩子接着讲。

“天哪，太可怕了，难道我真的是一个愚蠢的人？或者我根本不配拥有现在这样的地位？可是，我做了很多年国王啊，没道理啊！怎么办？不行，我不能让人看出来。于是，我就假装很认真地听他们的介绍，还不忘随时夸奖一下。”

不愧是同学们封的“戏精”，她一边编台词，一边还配上浮夸的表情和动作，惹得全班哈哈大笑，掌声雷动。

“最后，我们终于决定要举行一个游行大典，让全城百姓都来瞻仰一下这件神奇的衣服。大典那天，我穿着这件美丽的衣裳在大街上行走，全城的百姓都蜂拥而出，想一睹这传说中的神衣。他们都不约而同地赞美道——”

第一排那个总是低着头红着脸的小女孩，怯怯地举起了手。我心里一喜。

“他们都赞叹道：这件衣服真美啊！”

“甚至还有人具体描述起这件衣服的式样来，你看，那颜色——”我试图再把她的思维打开一些。

“他说，你看那颜色多么鲜艳美丽啊，就像用彩笔画出来的一样！”我对她投以肯定和赞扬的微笑，她开心地抿嘴笑了。

“大家都七嘴八舌地称赞这件美得让人窒息的衣服，我兴奋得忘乎所以，尽管我一直觉得自己是光着身体在大街上行走。我想——”

一个女生没有举手直接就把话头“抢”了过去。

“我想，这一定是我自己的问题，大家都看得清清楚楚。我一定要掩饰好，不能让人看出破绽来。”

我给她竖起大拇指点了一个赞，她调皮地回了我两个赞。这些孩子啊，被我“惯得”一点都不害怕我。

“突然，人群中响起一个孩子脆生生的声音：‘可是他什么衣服也没穿啊！’虽然人声鼎沸，但是这刺耳的声音还是让我清晰地捕捉到了。真是一个天真的孩子，自己看不见就说我什么都没穿，真是愚蠢至极！可是，事情似乎并没有那么简单，我听到很多百姓开始窃窃私语——”

语文课代表明白无误地接收到了我传递的信息，站起来，自信地讲起来：

“百姓们窃窃私语：国王真的没穿衣服啊！他真的是光着身体的，不是吗？”

看到那朵盛开的笑颜，我的心里也亮堂堂的，灵秀的孩子总是这样给人惊喜。

“我似乎感觉到大家说的是真的，或许我真的是什么也没穿！我觉得浑身开始发抖，可是我不能让大家看出来我心虚了，这太丢人了！我必须坚持把大典举行完毕！”

“我硬着头皮假装高傲地走在前面，我的那些内臣们，鬼知道他们手里拖着的是什么鬼玩意儿。可是，他们依旧毕恭毕敬地跟在我后面——”

最后一个机会，我给了全班每一个人。

“手里拖着一条并不存在的——后——裙——”

全班几乎不约而同地摆出托后裙的姿势来，动作相当浮夸，每个人脸上洋溢着欢快的表情。

铃声恰到好处地响起，我们的课堂在愉快的氛围里，走向了结束。一节课，我们似乎什么都没讲，但是，又似乎讲了很多很多……

后记

第二节课，分析各色人物的心理。课堂生成非常精彩。

最后，提到了那两个骗子，问：这两个骗子行骗的目的是什么？

答曰：骗钱。

答曰：为了将这个国王的愚蠢暴露在全城百姓面前，让大家能起来反抗推翻这个昏庸的君主。

答曰：骗子并不是骗子，他们用这件衣服的确检测出了国王和一众人等的“愚蠢和不称职”。

……

孩子的世界，往往潜藏着成人没有的智慧的光芒！

心在哪，课堂就在哪

上完课走出教室，于老师说，这节课你的心里没有学生。

我当下羞愧无比。导师就是导师，多年丰富的教研和教学积淀，让她不但能精准地发现课堂存在的问题，更能洞穿我的内心世界。

是的，下课铃声响起的那一刻，我对自己说，这节课，用力过猛了。

还是太在意自己外在的形象。在家门口，那么多语文同行来听课，不出点彩怎么能行！所以选课、备课时，心里始终想的是如何才能做到“与众不同”。

一直对上课有个执念，喜欢挑战自己钟情的文章。就像那场“昆明的雨”，两年内我一连下了三场，却没有一场是特别满意的。这次选张岱的《湖心亭看雪》，就是因为这么多年来一直对这个孤独的人、对这篇充满灵性和不羁的文章情有独钟。

隔了三百多年的时空，我坚信我是懂他的，懂他文字里满满的孤独和落寞，懂他伫立于茫茫天地间的桀骜和不羁。

可是这个时间段，初三孩子已经学过这篇文章了。

不上学生已经学过的课，不上重复的课，不上做过的课。这三个“不”，是我给自己定的规矩。在换课和换学生之间，我选择了后者。

我做了一个大胆的决定，用初二的孩子来上初三的课文，而且是一篇韵味无穷的古文。

不是没有犹豫，不是没有担心。可是，挑战自我的念头最终还是占了上风。

作了决定，就要积极做好准备。

开始一遍一遍地裸读课文，想要走进那个将自己放逐在尘世之外的男人内心深处。读着读着，无语凝噎，竟然有些心疼那个冰雪中决绝的灵魂。

网上找出《西湖梦寻》和《陶庵梦忆》来读，盯着屏幕一个字一个字地读，读得潸然泪下。繁华终究成一空，富贵到底是浮云。书香门第、官宦世家、少年才俊，从一出生就过着鲜衣怒马、锦衣玉食的奢华生活，如果只是这样也便罢了，毕竟这尘世富贵公子何其多！可是，上天偏偏赋予他无与伦比的才情和桀骜不驯的性情。于是，这世上便有了这样一位遗世独立的翩翩公子——少为纨绔子弟，极爱繁华，好精舍，好美婢，好娈童，好鲜衣，好美食，好骏马，好华灯，好烟火，好梨园，好鼓吹，好古董，好花鸟，兼以茶淫橘虐，书蠹诗魔。

多么有趣的灵魂啊！

越读越喜欢，越读越想更多地了解他，想把一个真实、生动的张岱介绍给孩子们，当然，也介绍给听课的老师们。

随之就是去查这节课的公开课，看看名师或者其他老师是怎么把握的。有些思路着实让我惊叹，完全可以仿照来上，也应该可以出彩，但是我不愿意拾人牙慧。

模仿，就永远成为不了自己！

虽然文章很短小，但是估摸学生对文本的理解还是有一定难度的。所以，专门设计了预习单让工作室春娟老师帮着下发给学生，督促学生认真预习。

从选课到上课，三天时间。备课，用了两天两夜的时间。公开课前一夜，在脑海里把上课流程过了一遍又一遍。凌晨两点多，沉沉睡去。梦里，一片冰天雪地。

第二天早早赶到送教的四中，没想到四中的老师们比我还早，早已经把教室布置停当了。细心的班主任老师在教室一遍一遍地叮嘱孩子，要好好配合，回答问题要积极。很是感动。

照例是课前的热场。和孩子们聊天，询问他们对文本掌握得怎样。结果大部分孩子说，看不懂。当时心里就一惊，有点慌，但嘴里还是安慰他们，没关系，上课我们一起认真学习就懂了。检查他们的预习单，有些孩子预习得很认真，应该是查阅了不少资料，上面写了很多补充资料；而个别孩子的则是一片空白。翻看后面设置的预习题，结果孩子们都空着没做。我懊恼自己的疏忽，没叮嘱宋老师后面的题目是让孩子们提前做的，估计他们以为是上课要用的，就没有做。

我对自己说，没关系，上课用几分钟时间把这几道题过一下。

离上课还有十分钟时间，教室里已经坐满了来听课的老师，后来才知道，竟然有几个咸阳的老师不知从哪儿得到了消息，大清早冒着料峭寒意赶了过来。

导师于红梅老师也是大清早就和自己研修共同体的几位老师赶过来了，落座在教室后面。

突然就很紧张，不知道要说些什么。

终于上课了。

疏通字词环节，前两个学生提出的问题，其实书下都有注解，还没等我说，其他学生就解答了。第三个男孩子站起来问，“痴”是什么意思？一个女孩低声说，痴行，痴情，痴心。

我知道，她肯定是查阅了相关资料，从资料上摘抄的，这三个词是“痴”的三层解读，也是文章的主旨所在。现在回想，如果当时就顺着她的这个回答铺开来讲，或许课堂会有别样的精彩。可惜，我却把这个点放过了，因为我想按自己设想的思路走。

我还是低估了这篇文章的难度，因为自始至终我都是站在自己的立场去解读，并未换位思考，学生能否读懂。结果，在课堂的推进过程中，学生明显有点吃力。虽然我极力调整大家的情绪和引导他们去分析，课堂也会有可圈可点的精彩，只是整体课堂氛围还是比较凝滞的。

我上课有个毛病，喜欢搞气氛，喜欢把学生点燃。

所以，当我看到课堂氛围不佳的时候，就又开始发挥我的“特长”了，课堂慢慢也就有活力了。回想那节课，恐怕只有引导学生分析那两个写景句子的过程，课堂的生成还是比较明显的。孩子们努力或者说竭尽全力融入句子里面，用心分析和解读，表现尚可。如果当时就停在这里，让学生充分地贴近文本，把文字、文章完全“泡”开，或许他们这节课的收获会更多。可惜我却急于赶课，只想着一定把既定的内容上完，把预设的精彩的环节展示出来。之前好多课也都能根据学情及时调整授课内容，可偏偏那一刻心魔控制了一切，拼命扯着学生往前“赶”。

结果可想而知，课是很仓促地上完了，生硬、艰涩感太明显了。

于老师说，你不是给学生在上课，你是在完成你的教学设计。不同风格的文章要搭配不同的课堂氛围，你觉得这篇文章适合上得那么“热闹”吗？

无地自容，心服口服。

晚上躺在床上，把白天的课从头到尾又细细回顾了几遍，越想心越紧，到最后浑身汗涔涔。反思如下：

心里没有学生。从一开始的选课、备课到最后的上课，一直都是从自己的角度考虑。再说得透彻点就是功利性太重，不能平常心对待。没有考虑这篇课文一节课时间学生能否接受？老师感兴趣并不代表学生感兴趣；老师欣赏这个人物学生未必欣赏；人物所处的时代背景和生活方式，老师能理解并不代表学生也能理解。在设计授课内容和思路时，一心只想“剑走偏锋”，想把文本往深挖、往透挖，把作者写的和没写的，都想掘出来给学生渗进去，却没有考虑到一节课这么多内容如何能灌输完。结果，自己备课备得心力交瘁，最终效果却不尽如人意，不能不说，还是自己的授课心思不单纯，没有秉承“以生为本”的教学圭臬。

没有结合学情，随机应变。课前检查学生预习单、和学生做交流过程中，已经发现学生对文本还是比较生疏的，虽然文章不长，但是言简义丰，再加上张岱其人孤高自许，一字一词皆暗藏乾坤、包罗万象，学生连基本的文义都没疏通，如何能深入其中去感悟？在了解了这个学情后，我没有当机立断，对自己的教学内容进行“瘦身”，反而更加激起了斗志，不信啃不下这块“硬骨头”！盲目的自信、不贴合实际，尤其是在授课过程中，对于学生存在的问题简单处理，不能深究，忽略了“学生的问题即是课堂的主题”这个理念，致使上课内容没有完全体现“为学生服务”的课堂准则。

老师过分凸显，学生地位淡化。整堂课，用于老师的话说就是，老师絮絮叨叨讲个不停，完全没有给学生留下充分融入文本的时间，课堂上学生没有有效阅读的时间。很多问题抛出来后，老师就急切地想要答案，学生稍微一冷场，老师就急着把结论给出来，然后才对学生予以解释，课堂缺乏让学生思维融冻的过程。一节课显然是老师在控场，学生是基本被老师的节奏带着走，课堂“密不透风”。

授课语言不简洁、不干净。反复听那天的课堂录音，发现三句话里就有一句是多余的，很多与课堂无关的语言反复出现。尤其是我为了调节课堂气氛，或者在和学生互动时老喜欢“抖机灵”，课堂气氛是活跃了，可是却冲淡了教学这篇文章应有的那种淡淡的忧伤和哀愁的氛围，让学生的感情游离于文中人物的情感，不能设身处地，自然也就无法感同身受，那么于教学目标的达成是非常不利的。之前看徐杰老师公众号里的文章《老师要“熬”住了少讲》，很有感触，觉得好课堂未必一定要其乐融融、一片和谐。其实，真正能“静”下来的课堂才是“让学习真正发生”的课堂。因为静下来了，才是学生心无旁骛地感知文字、感悟情感的时刻，学生的分析能力也正是在这“静”下来之中，一点一点提高的。老师一定要“熬”住了少讲，看来，我还是“道行”太浅。

公开课结束后，好长时间我一直困在沮丧和懊恼的情绪里走不出来。雪老师一句话点醒梦中人：肖培东老师也有上得不满意的课！是了，这个世界上没有完美的课，我们偶像也有失误的时候，只不过专家出现失误后，更多的是反躬自省以求达到至臻境界，而我却沉浸在这种负面情绪里自怨自艾，从格局上又是落了下乘。

心在哪里，课堂就在哪里。为师者，当对文本怀有敬畏之心，对课堂怀有虔诚之心，对学生怀有真诚之心。如此，课堂就一定是孩子们的场，就一定是精彩生成的场，也一定是教育最美的场！

没有完美的课，只有不断臻于完美的心。往后余生，只愿能心有光芒，行有方向，不断走向通往完美的路……

热爱，往往创造出美好的境界

临近期末，新课是早已经上完了，各科相继进入到白热化的复习阶段。铺天盖地的试卷，充当着这个干燥冬天的精灵，雪花般覆在学生的眼前。

孩子们已然是有些疲倦不堪了，被这日复一日枯燥的试卷熬得没了一点活力。

照例是试卷讲评。早自习嘱他们先自行检视，对昨天晚上做过的那套卷子进行反刍，存在的疑惑或者问题标注出来，等上课了集体处理。

拿起试卷，就着窗外透进来的冬日里难得的阳光，我细细品咂起那篇阅读短文——《珍珠鸟》。

冯骥才的这篇文章，上小学时最是喜欢。尤其是文章最后那句话，有如神来之笔，意境全出：信赖，往往创造出美好的境界！

多么可爱的珍珠鸟啊！多么美好的画面啊！

如今再来读，心里最柔软的地方被什么东西怦然一击，暖暖的，柔柔的。

越读越是喜欢，这样清淡、冲和、干净的文字，真是应该让孩子们细细品味一番才可以呢！

心里忽然升腾起一个想法。

上课铃声响起。

机械地从抽屉里拿出试卷，摊开，然后昂起似有千斤重的头颅，每一个人都目光涣散地看着黑板。

我心里暗自叹息——这还是一群孩子啊，不过十一二岁！

昨天晚上做这套卷子，有没有认真阅读第二个阅读文章？我微笑着问他们。

没——读了！长期的这种和老师们的“斗智斗勇”，让他们草木皆兵，说话力求滴水不漏。

喜欢这篇文章吗？

不——喜——欢——这次他们是实话实说了，因为这个问题不能成为老师生气的理由，他们的“作战”经验丰富着呢，除了察言观色，还能以退为进。

说说为什么不喜欢？读不懂？我用一副不置可否的表情看着他们。

嗯。看不懂。

不知道作者想说啥？

感觉没什么意思！

……

七嘴八舌，这次倒是异常精神抖擞。

那好，这节课，我们就来细品一下这篇大家都不感兴趣的文章，好吗？我半是挑衅半是调侃地说。

能察觉到那一瞬间，每个人的眼里有了不一样的东西，和透窗而过的阳光融合在一起，把教室里衬得亮堂堂的。

给你充足的时间，再细细地读一遍文章，一个字都不要放过哦！教了这么多年书，我深知，没有深度的阅读，自然也就无法淬击出精彩的思维火花。

一分钟。五分钟。八分钟……

窗外，寒意凛然。窗内，一片温馨。

他们静静地沉浸在文字的世界里。我看到最后排那个平时上课老是需要被提醒的孩子，读着读着，脸上露出了微笑，还有第一排那个虎头虎脑的小子，他拿着笔圈圈点点。

阳光不急，清风不燥，真好！

等到全班都抬起来头，我知道，他们所有人刚刚进行了一场最美的与文字的交流。

我们只交流一个问题：告诉大家，你从这篇文字中，读到了什么？我抛出了这节课的主题。

片刻的安静，他们都陷入了沉思。

课堂，需要等待，需要留白。那是世间最美好的安静与沉默。

陆陆续续，手开始举起来了。

我读到了——信赖。她永远是班里最活跃的精灵，什么问题她都能第一个产生想法。

信赖？在文中如何体现？我颔首微笑看着她。

老师您看——

你不是给老师分享，你是和大家一起分享。我纠正她。

嗯，对，大家请看文章第十二段，我写字的时候，小鸟就在我旁边，有时候还用嘴轻轻啄“我”的笔。为什么鸟能如此地大胆而不设防呢？就是因为它对“我”产生了极大的信赖——

她照例是很快的语速，照例是很浮夸的动作。可是，全班的目光都被她给深深吸引了。

掌声，发自肺腑的。

来，继续，谁还能从文章哪些地方看到“信赖”。我继续鼓励，课堂要让更多的孩子参与进来。

那个平时比较爱搞怪的男孩子站起来了。他一站起来，全班就先笑了。因为我们知道，他又要“语出惊人”了。果然——

大家看，我觉得最能体现信赖的就是大鸟生孩子的时候……

全班哄堂。思维活跃的孩子，他的关注点往往“与众不同”。

别笑啊，你看嘛！大鸟生孩子（我提醒他“生宝宝”），哦对，生宝宝的时候，你看作者从来没有因为好奇而探头进去看，直到鸟宝宝都能钻出笼子了，“我”才知道它生小鸟了。这难道不是“信赖”最有力的证明吗？

掌声、笑声，还有他得意的脸。

孩子们相继“泡”进了文字里，从文字的蛛丝马迹中寻找着和自己内心契合的东西。

答案越来越多：和谐；陪伴；呵护；尊重；爱。

很多答案都出乎我的意料。更让我惊喜的是，他们已然懂得带领全班“扎”进文本中去，用作者的语言和描述来佐证自己观点的正确，而且分析得头头是道。

课堂的高潮是在这个时候出现的。

那个写作非常灵秀的女生有异于大家的观点：戒备——鸟对人类的戒心。

她的证据是，鸟妈妈看到孩子飞出去，总是会“在笼子里生气地叫一声”，把自己的孩子呼唤回去。她说，因为害怕人类的伤害，所以鸟妈妈一定要把孩子拢在自己身边，这样它才会觉得是安全的。

孩子们若有所思地点点头。

我灵机一动，请她把鸟妈妈的话语补充出来。班级里立刻热闹起来了，四十多只鸟妈妈不约而同地“呼唤”起来。

孩子，你快回来啊！不要轻易相信人类，他们会伤害你的，快回到妈妈的怀抱里来！这个灵秀的女生生动形象地扮演着一位焦急而心疼孩子的母亲。

她话音刚一落，又是那个“戏王”，模仿小鸟接了一句——我就不回去，你能怎么着！

全班笑倒一片。

我笑着说，这是一只被宠坏的鸟宝宝啊！十分任性和豪横！可是，大家看，事实上，这只鸟宝宝是这么任性吗？

不——是——

哪句话能看出来？

“它立即飞回笼里去。”孩子们的心越来越细了。

那这和我们刚才说的“信赖”岂不是矛盾了？明明戒备心很强啊！我故作矛盾的样子。

不是，老师，你看后面——

后面怎么了？

后面说，母亲再叫它回去，它就不是立即回去了。那个平时不怎么爱说话的男孩子自己站起来抢答。

何以见得？

第十三段。“它就在父母的再三呼唤声中，飞向笼子”，“再三”就能看出来，它已经不担心了，没有戒心了。

那它干啥还要回去？一直待在外面不好吗？我故意追问。

回去睡觉啊，吃饭啊——

还要写作业呢？还有试卷没写完呢——

这帮调皮的小猴子啊，总是喜欢设身处地、想方设法地宣泄自己内心的“不满”。

哦，这还是一只文化鸟啊！我调侃道。

笑声一片。

阳光暖暖的，照在身上。很舒服。

……

精彩，就像窗外的阳光，流泻一地。

孩子们，从这篇文章里，我们看到了人和动物之间的和谐、信赖、互相呵护、互相尊重……这真是世间最美的画卷。其实，在没有被伤害之前，所有的小动物都像文中这只不谙世事的小鸟一样，对人类社会充满着善意和爱意。可是，就像它的父母一般，因为被伤害、被侮辱过，所以慢慢就对这个世界、对人类起了戒心，甚至恨意。老师希望，我们都能像文中的“我”一样，从内心深处尊重、爱护那些小生命，不是居高临下的爱，而是平等尊重的爱。让这和平、温暖、自由的阳光不但照在你我的身上，也照射在这个世界上所有和我们一样，有灵魂、有思想的生物的身上……

冬阳中，我看到了一双双明澈的眼睛。那眼睛里，流淌出了一种温暖而柔软的东西——爱与良善。

我的心，也被这种和谐、灵动的课堂氛围而感动着——热爱，创造了属于我们的美好境界！

语文课堂不妨多些“奇幻”色彩

今天上《桃花源记》第二课时。

一个问题定乾坤：

原文结尾是“后遂无问津者”，为何“后遂无问津者”？

教室里各种七嘴八舌：有说因为“寻向所志，不复得路，遂迷”，自己明明做好的记号，却最终找不到了，很诡异，所以就没有人再去寻找了；有说连刘子骥这样的高尚人士都因为想要探访桃花源而“寻病终”了，那么其他人就更不可能再去冒险了；也有说人们根本不相信有那样一个美好的世界，所以才不会去白费工夫呢?

孩子们的思想，很多时候真的很有意思。他们会摒弃一切成人世界的功利思想，用单纯的思维去考虑问题，可往往却有意想不到的突破。

角落里那个男孩子缓缓地站起来，说，老师，我有一个大胆的设想——只是——

没关系，有什么想法就说出来，标新立异是我们课堂永远的追求，如果千篇一律倒是没意思了，是不是?

他点点头，咬了一下嘴唇，仿佛下定决心似的，说：我认为根本没有桃花源，这只是这个渔人做了一场梦而已。

全班都诧异地看着他。

其实，每年上这一课，我们最终会让孩子们明白，桃花源只是陶渊明虚构的一个理想世界而已，寄托了作者对那种和平安宁的理想生活的向往——

它自然是不存在的。

可是，这个孩子独辟蹊径，他承认渔人的存在，而这一切，只是渔人的一个似真似幻的梦境而已。这个想法就很有意思了，有点奇幻的色彩了。

你为什么会有这样的想法呢？我饶有兴味地看着他，直觉告诉我，这节课将会有意想不到的精彩。

因为，你看课文开头写渔人看见一片美丽的桃花林，里面的景色非常优美，渔人应该是被美景陶醉了，在其中游玩，然后累了，就躺在船上睡着了，然后他顺着自己刚才看到的美景，产生了梦境中的联想——

所以，之后的一切，都是他自己做的一个美梦而已，是吗？

嗯，我觉得是这样的。他笃定地点点头。

很好，我投之以欣赏的目光。

那么，老师能提一个问题吗？我问他，他点点头。

既然是一个梦境，那么你认为渔人“及郡下，诣太守”，是真实存在呢，还是依然是在他的梦境？

我觉得，这个应该是——真实发生的。他似乎有些犹豫，但最终给出了自己的答案。

哦，何以见得？

我想应该是渔人醒了之后，觉得他自己梦境中看到的世界太美妙了，所以他想把这种美好的景象描述给太守，然后渴望太守能为全县的老百姓也创造这样美好的生活。

我打心底里，为这个小伙子点了一个大大的赞。

没等我说什么，旁边一个女生站起来说，那他明知道这个地方是梦境，为什么还要带着人去装模作样地寻找这根本不存在的“标记”呢？

教师角落里一个男生站起来抢着说，他应该是想通过这种方式让太守相信桃花源是真的存在，不是虚构的。

我看班里有些同学开始点头。

我又适时抛出一个问题：

那其他同学如果赞同康庆轩同学桃花源是渔人梦境的说法的话，你是否也能从文中找出相关的证据呢?

一石激起千层浪。

我第一遍读，就觉得这个故事是虚构的。班里分析能力最强的语文“小王子”朱栩策同学站起来说。

你看嘛，这里的人从秦朝时躲避战乱逃离到这里，到现在已经是晋朝，几乎快500年的历史了，可文章中说“男女衣着，悉如外人”，500年，很长的历史跨度，换了好几个朝代了，而且，秦朝的服饰和东晋人的服饰非常的不同，可桃花源里的人“不复出焉”，他们的衣服怎么可能“悉如外人”?难道他们有未卜先知的功能?

班里一片热烈的掌声。

那何以见得这一定是渔人的梦境呢?我故意“刁难”他，我一直觉得孩子的分析能力需要这样的“刺激”。

因为是在他的梦境嘛，所以他自然而然就把里面人的衣服和外面人联系起来了，因为他也没见过秦朝的衣服，所以只能根据自己已有的生活体验来呈现了嘛。

果然好有道理的样子!

还有吗?我环视全班，希望能淬击出更多思维的火花来。

老师，我觉得还是那个“处处志之”和“寻向所志，遂迷”比较可疑，一个女生站起来说，如果真的是从桃花源出来，而且做标记了，那么有常识的人都知道，做标记一般会选择比较隐蔽的地方来做，可是最后却找不到了。这是不合常理的。所以应该是渔人的梦境太逼真了，以至于他醒来后，分不清自己到底是去了桃花源还是做了一个梦，也分辨不来自己到底做没做标记，或许他的潜意识里，自己真的是做标记了，所以才会带人去找标记。

我不得不佩服这些孩子们人小鬼大的机灵。

继续!语文课上，我从来都是抱着“看热闹不嫌事大”的态度隔岸观火。

老师啊，我是觉得“率妻子邑人来此绝境”这句话比较可疑。您看，一个县的人突然一夜之间人间蒸发了，而在历史上居然没有留下痕迹，当时的社会居然没有一丝察觉，这恐怕也是不可能的吧!

这个“雷人”的想法，一下子把我给击中了。我瞬间联想到了“一夜之间消失的玛雅人”，该不会是他们迁移到了桃花源中吧？自然，我被自己天马行空的想象给逗乐了，这两者之间隔着几千年的时空呢！

角落里一个平时思维非常敏捷、回答问题总是诙谐幽默的男孩小声嘀咕了一声什么，我点名让他站起来大声说。这位“小主”竟也毫不客气，站起来就说——

一个乡的人都挤到桃花源里，这么多年过去了，繁衍生息，那里面能容纳下这么多人吗？再说了，那么多人，真的就没有一个人偷偷跑出来看看外面的世界？怎么可能嘛！

对哦，何况外面的世界有可能是“空调‘WiFi’西瓜”对不对？！我调侃他。

全班哄堂大笑。他脸有点红了。

昨天导入这一课时，我提问，在你们的心中，世外桃源是怎样的？别的孩子都是答风景优美、没有战争、老百姓生活安居乐业，等等，这小伙子端的冒了一句：空调“WiFi”西瓜。全班笑翻。

此刻，我以其人之道还施彼身，大家自然心知肚明，心领神会。

不过你不得不承认，这个思维也是很独特的了。

打铁趁热，我觉得课堂升温到这个程度，就应该往主题上奔了。

果然，有了之前激烈的思维碰撞，有了这段对“奇幻梦境”的探讨，他们轻松就理解了陶渊明这篇千古美文的主旨思想。可谓是“水到渠成，万佛归宗”。

我一直不太喜欢中规中矩的课堂，我喜欢让学生在我的课堂上达到“癫狂”的状态，因为“不疯魔，不成佛”嘛，只有不掺杂任何因素的纯文本的解读，才是最契合学生的阅读和生活体验的理解，也有可能是最接近作者写作初心的理解。

让语文课堂“奇幻”一点，“不同寻常”一点，或许，这也是我们可以努力的方向。

带着你的眼睛

其实，我原本是想把那段话读给他们听，认真、用心地读给他们听。我想带他们进入她的内心世界，进入她即将与人类永久隔绝、一个人在茫茫地心孤独地度过自己余生的那一刻的内心世界。可是，才读了一句，泪水便盈满了我的眼眶，喉间凝满了哽咽。在教室里，在众目睽睽之下，这样失态，是教学生涯第一次。之前，也会被某篇文章感动，也会在课堂上唏嘘，但是如此刻般无法遏制，确实从未有过。

教室里一片宁静，空气也仿佛凝固了。孩子们低头看着书，没有人抬头。或许，他们也不知道此刻除了低头假装读书还能干什么。

我不知道我用了多久控制住了情绪，隐忍着内心的波澜读完了那段话：

……今后，我会按照研究计划努力工作的。将来，也许会有地心飞船找到“落日六号”并同它对接，但愿那时我留下的资料会有用。请你们放心，我现在已适应这里，不再觉得狭窄和封闭了。整个世界都围着我呀，我闭上眼睛就能看见上面的大草原，还可以清楚地看见那里的每一朵小花呢……

这段话，不，确切地说，这段留存于人世的最后一段不是遗言的“遗言”，它的主人，是一个年轻的女孩子，年轻到你随便走在大街上，一抬眼就会看到一个同样充满青春活力、热情奔放的女孩子。可是，说完这段话后，她将一个人待在地球最中心的地方——地核深处，待在一个不超过十平方米的狭小的空间里，周围全被温度在5000摄氏度以上的岩浆包围。她，将会在这样的环境里，度过自己应该还有很长一段路程的余生。

没有人知道她叫什么。没有人知道她干了什么。甚至于她的亲人、朋友，可能都永远不会知道，她在地球的哪个地方。

她，是一名地航员。请不要惊讶于这个陌生的名词，也不要认为是我笔误将“宇航员”写错成“地航员”。对，她是一名地航员。和宇航员最大的不同就是他们探索的方向截然相反——宇航员渴望探索茫茫的宇宙，而她，则是向地心最深处下潜。宇航员想知道我们头顶的那片蓝天，到底蕴含怎样无穷的奥秘；而她，想弄清楚，承载着全人类的这个星球，它的内部结构到底是怎样的，它是由什么构成的。

我不知道，我说到这里，你是否对她以及她所从事的这个职业产生了浓厚的兴趣。那么，请你静下心来读一读当代科幻小说家刘慈欣的科幻小说《带上她的眼睛》。统编版教材，语文七年级下册第六单元第三课。

起初，因为是一篇自读课文，所以我没有对它过分地关注。我以为能自读的文章，尽量锻炼一下学生的阅读能力，让他们自己好好分析和揣摩。安排预习，也只是泛泛地让他们读一两遍，标注一下疑问点。童童的实习期马上结束，想着让她再进行一次谢幕表演，所以轻描淡写地和她讨论了一下课文的内容和应该把握的点，就让她放手去上课。好在这个孩子天生是吃教育这碗饭的，她自己认真备课后告诉我，她觉得这篇科幻小说可能不像我们想象的那么简单，里面有大量的科技原理，而且内容比较庞杂，我们的学生恐怕未必能自读得明白。她提出有一部电影《地心引力》，讲的是宇航员的故事，和这个内容有些贴近，可以让学生先看看，对这方面有一个大致的了解，或许讲起来效果会更好。我果断同意了她的提议。于是，一节自读课文，我们很有仪式感地通过播放电影的形式来进行预热，后来，童童还很细心地找到了根据这篇文章拍的一个七分钟的短视频，也给学生播放了。

埋了那么多伏笔，我们都认为目的应该可以达到了。其实，在课堂上，童童的引导和学生的质疑释疑配合得相当好，学生探究问题的兴趣也得到很好的激发。如果放在以前，我认为这节课，她和他们是成功的。可是，坐在后面听课的我，总隐隐觉得有什么地方不对。我觉得学生的表现和我预期的还是有些不一样。

于是，我沉下心来，认真地把文章细细地读了一遍。心，随着文字一点一点下沉，到结尾时，我已经潸然泪下。

我差点错过了一篇多么好的文章！

那个年轻的生命，在选择了做这项伟大而冒险的工作时，我不知道她可曾有过一丝的顾虑和犹疑。探索宇宙，人类已经进行了很多年，有很成熟的经验和技术，可是探索地心，尚属首次，什么参照都没有。这一去，意味着不再回来。更可怕的是，没有人告诉你，这一去，你将面临怎样的无法预知的灾难，可能连死亡在它的面前都显得那样温情脉脉。地心，应该是一个比但丁神曲里描写的地狱更加让人惊骇的地方吧？

可是，她最终还是坐在了那一架通往探寻人类空白世界的地航飞船——落日六号上。为什么要命名为“落日六号”？应该是想贴着太阳的脚步，走到地球生命的极地吧。

厄运有如预料般不可躲避地来了。“落日六号”在通往地心的过程中，误入地核区域，发动机受损，最终向地心深处沉去……

当然，发达的科技使三位地航员保住了生命。可是，他们赖以生存的飞船被裹在6000多公里厚的物质中，船外除了温度在5000摄氏度以上的岩浆外，连一丝空间都没有。后来，她的一名同伴，因承受不了那种炼狱般的生活选择了自杀，同时也误杀了另一个同伴。只剩下她一个人在6300公里深的地心深处，过着暗无天日的生活。

所幸的是她还能和地面指挥中心保持联系，而且她还戴着一副传感眼镜。只要有人带着这副眼镜，那么他所看到的，听到的，闻到的，都可以通过传感眼镜感知到她的神经系统里。小说中的“我”，便是在极不情愿的情况下，接受了“带着她的眼睛”去旅行的任务。“我”在旅行中，对一切都毫无兴趣，长时间的灰色生活让我对生命中的一切都失去了兴趣。可是，她却央求“我”去看花，闻花香，看落日，去触摸清凉的溪水，甚至于半夜也要唤醒我去“带”她看星空……并且为第二天下雨不能看到草原的日出而啜泣。这一切，让“我”觉得不可理喻。

当“我”结束旅行回归正常生活以后，时常会偶尔想起她，却发现“我”

的生活在她的影响下有了一丝丝的“绿意”。“我”不再觉得一切都是灰蒙蒙的，“我”的心里长出了一萌绿芽，悄然生发。

可是，“我”最终知道了她的真实身份，知道“我”“带”她走过的那些地方，看过的那些风景，是她进入地壳前最后到过的人间，也知道那次旅行结束后，她的地航船微子通信设备的能量也最终耗尽了，这就意味着，她将断绝与人类世界的最后一丝联系。飞船里的生命循环系统还可以运行50—80年，她将在这不到10平方米的地心世界，孤独地度过自己的余生。

可是，这样的生活，于她来说，难道不比死亡更加可怕吗？如果是我，我宁愿选择给自己一个痛快的了断。尤其是在两个同伴牺牲后，她一个人要如何面对这茫茫的地心世界！

可是，她选择了坚强地活着。因为，她知道她有使命尚未完成，尽管，她也知道，她用生命换来的资料可能将永远不见天日。但是她希望有一天，会有飞船来与她对接。

我无法猜测她最终的命运。这，还需要费神去猜吗？

我只是感怀于她在知道能量耗尽，将永诀于人世时，没有一丝的恐惧和抱怨，而是用虚弱的气息平静地留下了那段不是遗言的“遗言”——今后，我会按照研究计划努力工作……请你们放心，我现在已适应这里，不再觉得狭窄和封闭……我闭上眼睛就能看见上面的大草原，还可以清楚地看见那里的每一朵小花呢……

不，孩子们，你们欢快的表情明确地告诉我，你们没有读懂这篇文章，你们，没有读懂那个被凝固在地心深处的女孩子的内心世界。不，不是这样的！

课间，我把自己的想法和童童交流了一下，我想给学生再讲一下这篇文章。

紧跟着的第二节课，一开始，我就问孩子们，你觉得你读懂这篇文章了吗？孩子们自信且自豪地回答，读懂了——

真的吗？真的读懂了吗？我一反往常的轻松搞笑，严肃地问他们。

孩子们开始犹豫了，有人低下了头认真看书，最终所有人都低下头看书。

为什么要“带着她的眼睛”，她为什么不自己去看？日出日落，花开花谢，那么平常的事物，为什么会让她如此迷恋？那一支漂浮在她面前的铅笔为什么在文中反复出现？为什么“我”的生活会出现一丝“绿芽”？她真的已经“适应这里，不觉得狭窄和封闭了”吗？她为什么一定要“我”带她去看自己起航前去过的地方？文中反复说她哼唱的德彪西的《月光》，这个情节有什么用意？……

一系列的问题，终于从孩子们的嘴里迸发出来了。我欣慰了，他们终于知道走进文本去感知人物的内心世界，感知作者的内心世界了。

给他们讲了很多。我希望他们不仅仅从这篇科幻小说里了解到一个全新的科技领域，我也希望他们不只是感受到了人物的伟大。我想，他们更应该知道的是，之所以我们的生活越来越好，是因为有很多人在我们看不见的地方，在默默无闻、拼尽全力甚至付出生命的代价为我们负重前行，开辟一条通往自由、和平、和谐的未来世界的道路……

我想让他们知道，在这个世界上，有很多人，他们寂寞而艰难地活着，是为了让其他人快乐而轻松地活着。

我想让他们知道，有一种人生，值得我们虔诚地，仰望……

那节课结束时，我看到了一些孩子眼角无声滑落的泪珠儿。我突然明白了，我站在这个讲台上的意义到底是什么，不仅仅是传道授业，不仅仅是答疑解惑。我更应该是一名地航员，三尺讲台上的地航员，带着数以万计的眼睛，洞穿这个尘世的一切喧嚣和浮华，去探察人类心灵世界的“地心”深处……

有多少爱，可以重来

这是从教以来，第二次在课堂读课文读到哽咽。

我听到底下有孩子也在抽泣。瞥眼间，平时上课活泼异常的男孩子悄悄地用手抹眼角。读完放下书时，再一抬头，教室里一只一只的“小兔子”。几个女孩子，脸上布满了泪痕。

我知道，她们终于进入到文字里去了，进入到史铁生悲戚的命运中，进入到一个慈爱、坚韧、包容的母亲对儿子无限的爱和牵挂中，也进入到一个儿子多年以后回首往事时滋生的对母亲的悔恨和愧疚中去了。

第一次教学《秋天的怀念》时，只觉得这篇文章很感人，史铁生的文笔果然是独到的。领着孩子们分析母爱，分析儿子内心的愧疚，分析作者最终对生命的感悟。可是，教学完了也就过去了，并未留下什么深刻的印象。可是今天早读，安排学生在底下自己预习这篇文章时，我静下心来开始研读它，细细地，慢慢地。

品咂，琢磨，回味，反刍。

竟然在不自觉中潸然泪下，意识到时，自己都吓了一跳。是了，我终于读进去了。我不只是看到了一个母亲对儿子深沉的爱，我更是看到了她内心无法言喻深深掩藏的痛苦与绝望。那是比悲伤更让人悲伤的事情，不能说，不能发泄，只能自己憋在心里慢慢消解。还要努力装出一副轻松、若无其事的样子去宽慰自己瘫痪的儿子。如果说，双腿瘫痪的史铁生遭受了身体上难以承受的痛，那么，母亲则承受着儿子失去双腿和眼见着儿子因病崩溃产生轻生念头的身体和心灵上的双重创伤——人最痛苦的莫过于自己爱的人生不如死，那比自己将要死去更加的让人绝望和窒息。

我也读出了一个儿子多年以后的忏悔和愧疚。失去双腿的痛苦，让他的心志彻底被瓦解了。他整天沉浸在自己的悲观的情绪里自怨自艾，他觉得自己的世界只剩灰色——铺天盖地的让人看不到希望的灰色，所以他肆意宣泄着自己的愤怒、绝望、戾气，而承受这一切的，只有最爱他的，母亲。

他怎么会知道，他用双手砸碎的不是一片片玻璃，而是一个母亲千疮百孔的心啊；他更不会知道，他暴怒地扔向四周的东西，撞击的不是墙壁而是母亲已然脆弱但丝毫不敢懈怠的意志！

女本柔弱，为母则刚。因为是母亲啊，所以，你不可以不坚强，不可以不勇敢。你拼尽全身力气去守护的那个人，不就是你这一辈子活着的最大理由吗？

时隔多年，当作者史铁生终于能坦然面对生活的一切“馈赠”时，当他终于可以风轻云淡地徜徉于北海的花海中时，他终于懂了母亲弥留之际未说完的话——我那个有病的儿子和我那个未成年的女儿……

我那个有病的儿子，没有了我的照顾，他要怎么活？我那个未成年的女儿，失去了母爱的庇佑，她要怎么活？这一段文字，彻底触动了我内心最柔软的心弦，鼻头骤然酸涩。一个生命到了终点，一个灵魂即将陨灭的时候，念念不忘的，一定是此生最爱！

这个可怜的母亲，她内心的这份不舍和牵挂，别人不一定懂，但是为人母者，一定懂。想起儿子突然生病的那个夜里，我整个人就跟疯掉了一样。看着他撕心裂肺地哭喊，我心如刀绞，不，仿佛有一千只手伸进我的身体里去掏扯我的肠子。那一瞬间，只一个念头，活在一起，死，也要在一起！我不会让我的儿子孤单一个人，永远不会。劫后余生的今天，再来回想那可怕的一幕，都会疼，生生的疼。也深深感念上天的眷顾，想要对这世间所有的孩子好！因为我知道，他们身后都有一个为了他们可以不顾一切的母亲。

所以此刻，我想让他们懂。懂这份催人泪下的母爱，懂这幕人世间的生离死别，懂史铁生文字里写出来的，也懂他文字背后隐藏的。因为，在这个情感已经稀释得没有色彩的时代，我希望这样浓郁着亲情、温暖的文字，能让孩子们用心审视自己身边早已被他们淡忘了的，爱与守望。

读。一遍。两遍。对读。分角色读。

母亲彼时的语气、神态、作者没有写，我们去揣摩，去感悟。儿子暴怒的语态、动作，作者也没有写，我们去换位思考。

渐渐的，孩子们成了那个绝望而崩溃的儿子，又成了那个可怜而伟大的母亲。

大半堂课，我们就这样一遍一遍读，一遍一遍地“走进”文中的那对母子。所以，当我站在讲台上提出第一个问题：用一个词形容一下这个“瘫痪”的儿子的内心世界，孩子们的答案层出不穷。他们没有这种人生体验，但是之前的读，之前的悟，让他们已经悄然走进了人物的内心，与他们的喜怒哀乐融为一体了。

这是一个怎样的母亲呢？第二个问题。

孩子们的答案更是多样，并且从文中举例分析，头头是道，完全没了往日课堂的拘谨和沉默。我问其中一个男孩子，是否也有和作者一样冲母亲发火的经历，结果班上很多孩子都在点头。那个男孩子轻声诉说着自己所做的错事，脸倏然红了。我问他，现在想想，有没有觉得对不起母亲。他使劲点点头。以后，对母亲好点，好吗？我看见他眼眶红了。

我想，好的文章必然会引起读者的共鸣。课堂，也应该是这样，能让学生融进去，在文字的世界，建构有我的境界！

课后，两个女孩步履匆匆地从后面追上我。

老师，您今天布置的作业我们没办法写……

我露出了一个疑惑的表情——回忆一段自己成长中与母亲之间发生矛盾或者被母亲感动的事情，明天课堂分享。这个作业，很难吗？

老师，我三岁以后就再也没见过我妈了，我真的不记得和她之间有什么事情了。那个瘦削的女孩子低下头轻声说道。

老师，我六岁我妈就离开了，再也没有回来，我也没有印象。另一个个头稍高一点的看着我，态度比较从容。

很心疼。突然就想伸出手抱抱她们。我不知道那两位母亲因何而丢下了自己的孩子，但是我敢肯定，她们一定有不得已的苦衷。可是，我要怎么对这两个无辜的小人儿去解释呢?

那就写写与爸爸之间的事情吧!

嗯。她们的脸上绽开了一朵美丽的花儿，蹦蹦跳跳跑开了。真好，她们的天空依旧色彩斑斓。

秋天，一个成熟的季节。无论是万物，抑或是心智。那个经历了人生梦魇般经历的孩子，他在秋风乍起的日子，看着北海绚烂绽放的花儿，终是懂了自己的母亲，懂了生活的真谛：要好好，活着……

逼自己上好“短板”课

虽然站在讲台上纵横捭阖十八年了，拿出一节像样的课对我来说，也不是什么“难于上青天”的事，可怕就怕在“绳从细处断”。接到宝鸡教院老师安排的“国培送教下乡”的任务——七年级作文指导课《记叙文思路要清晰》，着实让我倒吸了一口凉气，不禁暗自佩服选课学校老师旷古烁今的“刁钻”，作文指导教学于我来说，就是一个明显的短板——虽然自认为自己的文字功底相对还是很不错的。

一直以来，我都觉得文字是个人对于这个世界的感悟，由外在到内在的一个潜移默化的转换过程，这个过程的迁移，完全是个体内心的自我真实体验。体验深了，文字自然就意蕴深刻；体会浅了，那必然是一篇很粗糙的文字。基于此，我始终对于所谓的作文辅导班是嗤之以鼻的。天赋这类的事情，是能辅导出来的？所以，对于作文指导课，我往往是蜻蜓点水地为学生点几个点：题眼、思路、可选材料。也不提供什么范文，因为我怕范文成为他们复制的模板，然后就任由学生天马行空地去发挥了。自然，文字功底好的学生，往往会给你惊喜，而大部分学生的作文嘛，让人批阅起来有种想找块豆腐撞晕的冲动。

为什么，偏偏就是我最不擅长的！

高老师说，如果是好上的课，人家老师还需要你们去送教？人家要听就听他们觉得不好把握的课！这才是“送教下乡”的根本目的。

此言让我汗颜无比。

没有后路可退，那就只有硬着头皮上了。

设计课。按照之前的常态课设计好了教学流程，拿给高老师看，她一句话就给我怼回来：所有的语文老师应该都会想到这样的思路的，亮点在哪里？送教就要彰显出你独特的授课艺术来！

呃……有点懵。

随后，多次和她进行沟通交流，她以从教三十年的经验告诉我一番真理，好课堂在于“从学生中来，到学生中去”“课堂得有新生成的东西”“老师不能先入为主给学生灌输知识点，而是应该从课堂中引导学生自己提炼”“好课堂应该是有螺旋上升的层次感”……这些来自一线多年积累的宝贵经验让我渐渐明晰了自己上课的思路。

随后，用了三天时间，我的教学设计成型了。

这节指导课，我设计了四个板块。

第一板块：把脉病文，归纳问题

这个环节我是给学生提供了一篇从思路方面有诸多问题的“病文”，让学生通过阅读后，指出其中所存在的问题。因为是借班上课，而且陇县和我们所执教的地区相距较远，学生的学情存在着很大的差异。所以，这个环节，我主要是想摸一摸学生的底，看他们对于记叙文写作的知识点到底掌握到什么程度，这样以便我随时调整上课的内容和节奏。结果有点小意外，陇县温水镇中学的初一学生写作基本功还是很不错的，小家伙们很快就从文章中找出了不少的问题，有些问题和本节课的授课思路很贴近，有些就稍微有点远。但是，这样一反馈，我的思路就明确了。

第二板块：治病救“文”，提炼知识

这个版块对学生来说，有一定的难度，让他们针对刚才找出的问题，来给一个“诊断”方案，试着对文章你认为有问题的地方进行修改。学生表现得不是很积极，这也在意料之中。我不断调整上课的节奏，启发引导学生对某个字、一句话、一个段落直至对文章整体中心的调整，一一进行了口头上的修改，在修改的过程中，让学生自己归纳记叙文思路清晰的几个常规的知识点：审题目——明中心——精选材——裁详略——巧构思——定顺序。在我的引导下，学生逐渐把知识点归纳出来，并且对知识点的理解也达到了一个较为理想的状态。

第三板块：欣赏范文，能力提升

这个版块是对本节课所学知识的一个综合检测，通过学生欣赏范文，来具体明确记叙文写作思路清晰的要领，让学生自己分析，这篇范文好在哪里？因为有之前从实践中得来的知识做铺垫，所以这块学生也能说个七七八八。在此基础上，我又让学生思考写一篇好的记叙文要从哪些地方着手，结合范文，我们总结出了三点：内容真 + 技巧高 + 语言美。因为觉得学生的功底还不错，我临时又拔了一个高度，将之前自己预设的但不打算讲授的内容提了出来：倒叙的作用。

我在多媒体上给学生呈现的是倒叙手法记叙的文章，学生手里面拿的是按顺序手法写的文章，让学生对比这样把某部分提前的好处，学生自然而然能理解倒叙的好处：设置悬念，使行文有波澜。这也算是对记叙文叙述顺序知识点的一个拔高。

第四个环节：回顾总结，牛刀小试

整节课我都在践行“问题从学生中来，最后知识点的应用也回归到学生中去”。在这个小结环节，让学生回答导课时自己面对写作文最困惑的三个问题：写什么？怎么写？如何写好？本节课算是结束了。作业就是让学生自己结合本节课所学到的写作方面的知识，写一篇思路清晰的记叙文——《那天，我回家晚了》。

课上完了，但是心里不断回顾整节课的授课过程，反复看上课视频，不满意者甚多。

一、文本的提供应该从授课学生中来

文本的提供应该从授课学生中来，这也是当时上完课后评课时，陇县当地的一些语文老师开诚布公地给我提出来的建议。虽然我提供的文本是学生的病文，但是因为是老师提供的，和上课的学生们之间没有什么贴近的联系，所以学生阅读兴趣可能不会太浓，如果能当场让学生练习一个小片段，然后老师挑几篇存在问题比较多的，让学生去找毛病，因为文本是从自己身边得来的，这样更接“地气”，那学生阅读并且反馈问题的积极性可能会更高一些，这也是对学情更有力的触探。

二、对写作技巧的分析还不够透彻

虽然整节课都在彰显学生的主体地位，把学生推在课堂的前沿，老师只是起到辅助的作用，知识的归纳和总结也都是由学生自己完成的。但是，因为课堂安排的内容量有点大，导致学生归纳出知识点后，没有充分的时间对知识进行更加细致有效的联系，所以感觉课堂呈现给学生的有点“夹生饭”的意思，估计有相当一部分学生对知识的掌握不太到位。这也让我反思语文课堂的容量问题。很多时候，老怕这也没讲到，那也没讲到，所以总是挤挤挨挨地安排了很多内容灌输给学生，可真正的效果怎样呢？所以，我在反思，其实与其一节课给学生讲十个知识点，还真不如让他们扎扎实实地掌握好三个知识点，这样的课堂才是有效的啊！

课堂一定要交给学生。

虽然“把课堂还给学生”这句话，我们已经提了很多年，但是我却总是“不舍得放手”，很多时候一节课下来把自己讲得口干舌燥，学生听得昏昏欲睡的。通过这节课，我大胆放手，把课堂的延伸主动权完全交到学生手里，不是让学生跟着我的思路走，而是让学生推动课堂的进程，变之前的“认真听我说”为“请你告诉我”和“让我来告诉你”，这样课堂的师生地位就更加对等，学生的思维才能真正放开，课堂才会有“意想不到”的收获，也就是我们所说的“新生成的东西”，更重要的是，把一种学习的思路传递给了学生。

经过这样一次历练，我开始重视写作指导课的教学，我觉得写作文其实也是有些技巧可以让学生去联系。这次经历也让我明白了，作为一名老师，要认真对待每一类型的课，认真对待每一节课。特别是对自己较为畏惧的“短板”课，更要知难而上，这样我们的教学能力才能得到更大的提升，业务素质才能有根本的改变！

第五辑

飞鸿踏雪泥

惊鸿一瞥，踏雪有痕。做自己世界的独行者，不问前路，不问归期。留一个沉思的背影，温暖着这个世界的来与去。

孩子，你可知道，你的弃如敝屣是他人的梦寐以求

孩子，你还记不记得《小鞋子》？那部我陪你一起看的伊朗电影。

你还记不记得那个眼神里裹满忧伤的小男孩 Ali？还记不记得他在全市长跑比赛中获得了第一，却在领奖台上哭得稀里哗啦？

你知道的，他原本是想跑个第三名。因为第三名的奖品是一双运动鞋。

我记得，你看完后，也哭了。你说，妈妈，他们好可怜啊！

是啊，孩子，这个世界上像 Ali 和他的妹妹一样，一双鞋两个人换着穿的穷苦人太多太多了。这不是电影，孩子，你要知道，这个世界，不是每一寸土地都能享受阳光的照射。

可是今天，我不想和你再说这对可怜的兄妹。我想和你说说他们，那些应该就在你身边的孩子们。

疫情是残酷的。可是，疫情不能成为任何人放纵自我的理由，你说对吗？在灾难面前，每个人都要有为人的担当，这是上天赋予你作为一个人的责任和使命。

停课不停学。所有的孩子都动起来了，因为没有人知道我们还要被这可怕的病毒禁锢多久，可是时间是珍贵的，不能让它就这么白白流逝，对吗？

关掉电视。关闭手机。为了能保证你听课网速的流畅。家里所有的人几乎都处于禁言状态，只希望能给你营造一个好的学习环境，让你静下心来，多汲取一些于这一生都受用无穷的东西，比如说，知识。

可是，孩子啊，是不是太过安逸的生活让你忘记了奋斗的意义是什么？

看着你坐在电脑前，心不在焉地总是不时朝外面要看几眼，或者找各种理由跑出来“透个气”，我真的很无奈。

说实话，我能理解你，一天好几个小时盯着电脑屏幕，有几个人能那般禅定。可是，我能理解，并不代表我认同你的做法。既然你选择了要学习，我希望你可以尽最大的努力，做最大的付出。因为，曾经我也是这样辛苦过来的。

或许，我说的这些，你又认为是老生常谈、唐僧念经。是啊，唐僧确实很碎碎念，可是孩子，如果不是唐僧的苦口婆心，那曾经大闹天宫创下弥天大祸的石猴又哪来的有朝一日的涅槃成佛？

我想给你看几幅图片。

图片一中的女孩叫郭翠珠，14 岁。洛宁县上戈镇刘坟村的一个普通农家女孩。停课不停学期间，她家里经济条件比较差，没钱装宽带，手机流量也不敢用，就在爸爸的陪同下，到村子的村委会“蹭网”学习。

你看，天已经黑透了，可是她依旧心无旁骛地专心学习。父亲蹲在离她两米远的地方，默默地看着自己女儿学习。

孩子，你告诉我，如果换作是你，你可以吗？

第二幅图是一个高三的哥哥，他叫小通，家在河南南阳。因为高考在即却不能复课，他很着急，虽然他成绩名列全校第三，但是他仍然怕这段时间耽搁了老师的网课而影响了高考成绩，于是他不想为难辛苦打工的父母，自己每天早上 5:30 起床，洗漱，早读，吃饭，爬到屋顶“蹭”邻居家的网上课。

他没有凿壁，但是他却给自己的人生打开了一条通往光明的道路。越努力，越幸运，这话应该就是为这样的孩子量身定做的。你说呢？

图三这个小姐姐，疫情期间爬四里山路到悬崖边蹭网上课。四里山路其实不算什么，因为她知道，人生中有很多路远比这四里山路更为艰难，如果连这第一步都不能踏出，那么，这辈子会永远禁锢在山里。

没有艰难的第一步，就不会有成功的九十九步。

第四幅图这几个孩子，都是家在大山里。疫情期间，为了上网课，她们只能早早就爬到山坡上信号比较好的地方。妈妈心疼女儿，为她搭了一个简易“教室”，陪着她一起上课。她怕孩子冻着，不时用手握着女儿冻得通红的小手给她取暖。还有这位爷爷，一大把年纪，每天天不亮就护送着两个孙女去山上的窝棚里上网课。

孩子们在窝棚里上课，爷爷蹲在窝棚外面烤一堆火给孙女们取暖。山里的冬天得有多冷啊，可是我知道，这位老人的心是热的，因为从两个孙女身上他看到了家族走出大山的希望！

其实这些孩子原本可以不用这样辛苦，对吗？他们有着最充分的理由不去学习，是不是？可是，他们没有选择安逸，他们想用自己的努力去为自己搏一个未来。怀揣梦想的人，心永远不会荒芜。因为他们知道，愈是艰难处，愈是修行时。

把自己活成一种方式。把光阴的荒凉做成一朵花别在衣襟上，微笑着前行。孩子，这句话我想送给你。

那么，请你，请亲爱的你，再回过头来想想自己，想想你在温暖舒适的家里，全家人都围着你转，都渴望把最好的东西给你。而你，珍惜了吗？懂得知足吗？你甚至于怒气冲冲地朝着我们所有人发火，嫌我们光会逼着你学习！

春天就要播种，夏天就要施肥，秋天就要收割，冬天就要贮存。孩子，自然四季不是一直都在昭示我们：在该干嘛的时节就干嘛。如果错过了这个春天，你将错过整个四季，多可怕呀！那么，在你人生的春天，我们不逼着你播种，难道要眼睁睁看着你肥沃的土地里长满蒿草吗？我怕今天我对你的放纵，会换来以后你对我的怨恨。

你看看这些辛苦的孩子们，他们的人生比你艰辛百倍，可是他们没有抱怨生活的不公，只是默默地凭借自己的顽强和努力去克服一切困难，去朝着自己的梦想不懈追求。你比起他们来，条件何其优越，你又有什么理由不努力呢？！

“我奋斗了十八年，才和你坐在这里喝咖啡。”这是我很早以前在一本杂志里看到的话，之所以记到今天，是因为我明白说这话的这个人，他内心的辛酸和骄傲。

这个世界上太多的你以为的唾手可得，却是他人心心念念的梦寐以求。

这种痛，没有经历的人，是永远都不会懂的。

写到这里，我想起了一个小男孩。二十年前，我初为人师时教过的一个小男孩。

当时他 10 岁，五年级。

临近期末，在家长的建议下，我们全班决定购买一套试卷来进行冲刺练习。

第二天，我查新买的试卷作业。全班几乎人手一册，每个孩子都把他们的新试卷抖落得很欢实让我看。

只有他，手塞进抽屉里，不敢抬头。

我走过去问他，你的作业呢？

他不敢抬头，也不敢回答。

老师，他肯定没写。对！一定是没写！

我写了！他突然抬起头冲着周围的同学喊道，气得面红耳赤。

那你就拿出来给老师检查啊！

我——他像一个斗败了的公鸡，头又垂下去了。

我拉着他的手，轻轻地对他说，如果你真的写了，就拿给老师看，哪怕你做错了很多，老师也不会怪你啊，如果没写就一定要说实话——

老师，我写了！他依然眼神坚定。

没带吗？我问。

带……带了。

那就拿出来呀，没事的。我摸着他的头，安慰他。

我看见眼泪在他眼眶里打转，可是这个倔强的孩子终于还是没有让眼泪流出来。他慢吞吞地从打着补丁的书包里往外掏着……

当那套“试卷”完全呈现在我面前时，我惊呆了。不，应该是教室里所有刚才还愤愤不平等着看他笑话的孩子都呆住了。

那是完完全全纯手工“制作”的一套试卷——他的妈妈没有钱给他买那十几块钱一份的试卷，借别的孩子的硬生生连夜给他抄了一套试卷。字迹不算漂亮，但非常工整。

十份试卷，每份里还有阅读题，虽说是五年级的，但文字量也不少。我无法想象，一个白天劳累了一天的母亲，晚上还要在昏黄的灯下给他的儿子手抄一份试卷。她得有多累啊！

那一夜，她熬了通宵。

“有啥辛苦的！家里穷，可是不能耽搁了娃娃的学习啊！”后来的某天，她憨厚地冲我笑着说。

那一天，那节课，我没有再讲题。我想有一节课比讲考试卷更重要，那就是如何坚强地面对生活中的一切艰难和困苦。那天我给孩子们讲了很多，现在已经忘了具体内容。但是最后的那段话，我记忆犹新。

孩子们，或许龙飞（隐约记得是那个男孩的名字）的家庭条件没有你们家好，但是老师要说，老师觉得他是这个世界上最富有的人！可能这句话今天你们理解不了，那就请你们记住这句话，将来等你们长大了，你们就会懂了。

孩子，你告诉我，这句话，你懂吗？

孩子啊，你是何其幸运啊，虽没有生在大富大贵之家，但是最起码衣食无忧，最起码我努力想让你生活得优渥。今天，我督促你学习，并不是为了将来你能成名成家，出人头地，我只希望你未来的生活不至于太辛苦，如果能如你所愿而活，那自然是我最大的渴求。

所以，珍惜你所拥有的一切吧，孩子。当你为了不能穿名牌鞋而跟我怄气的时候，请你想想这个世界上有多少孩子还光着脚在泥泞里奔跑；当你抱怨我不给你买名牌手机的时候，请你想想尘世间还有多少人一生都不曾享受过阳光的抚慰。

请记住，你对待世界的样子，就是将来世界回馈你的样子！

做好你能做的

当班主任十几年了，最大的感觉是，很累。无论是身体还是内心，常常是心力交瘁。不过，也有体验快乐的时候，是那种无与伦比的幸福与满足，所以，一半海水一半火焰，我们痛并快乐地当着我们的孩子王。

很多时候也会静下心来想想，这么多年了，在管理班级这方面，自己都积累了哪些可以称之为经验的东西，很汗颜，少之又少。

这个社会加于我们太大的责任，我们不能推卸责任，也无法推卸。但是，我们毕竟只是一个小小的教师，小小的班主任，我们所能发出的光，毕竟是有限的，所以，我不想喊什么大口号，说什么大道理，我只想说，作为一名班主任，做好你能做的，就好。

做好你能做的，哪怕只是生活中细微的小事，做好它，也常常会有意想不到的收获。每次接手一个班级，我总是习惯于让孩子们写一篇随笔，内容是介绍自己。我希望通过这样的方式，很快地了解班里的每个学生，了解他们的学习状况，了解他们的家庭情况，了解他们对待学习的态度和意识。文字，是通往一个人心里最短的距离，所以，一篇文字，便让我对班里孩子的情况有了很大程度上的了解，这样，在以后和他们沟通起来就更加的便捷和有效了。班级构建初期，孩子们行为习惯还不是很好，这个时候，作为班主任就要起到很好的引导和督查作用，帮他们尽快养成良好的态度和习惯。或许，你只是弯腰捡起了地上的一张废纸，或许你只是用抹布把讲桌擦得干干净净，或许你只是在太阳出来后，关掉了教室里的电棒，不经意间的小事，在你看来，连举手之劳都算不上，可是，在那些孩子们的心里，会激起怎样的波澜呢？你看见了吗，他们有人悄悄弯下了腰捡起自己脚边的果皮，他们有人会在第二天一大早就把讲桌收拾得清清爽爽，他们会随手关掉走廊里依然亮着的灯，他们会用一点一滴来回报你无声的教育。这个时候，你会不会很欣慰，觉得一切的辛苦都是值得的？！

做好你能做的，永远走在学生的前面，让他们看到前进的标杆，把正能量播撒进那些聪慧的土地。己所不欲，勿施于人。当我们在声嘶力竭斥责学生不能按照我们期望的去做的时候，请你静思一会儿，这些，你做到了吗？我一直希望我的学生可以是一个热爱读书的人，因为，只有热爱读书的人，才是有品位的人。所以，我要求他们随时都携带一本名著，课间闲暇之余，可以翻开看那么几页，不一定能学富五车，但是最起码，小修其性，不至于他们下课无所事事，追逐撵打，鸡飞狗跳的。但是，一开始，情况不是很好，他们老是坐不住，下课就往出跑，或者在教室里喧嚣沸腾。后来，我每每读书，就习惯在教室里读；上早读，我和他们一起看书；下课，我也会待在教室里继续看书。久而久之，很多孩子也受熏陶了，慢慢也喜欢上了读书。尽管大部分人是在看一些价值不是很高的书，但是我觉得，能让他们安静下来，不再那般浮躁，就已经是一个进步了。罗马城不是一天建成的，我们可以步步为营。我希望学生能按时到校，或者提前到校，这样，他们就可以充分利用早晨这宝贵的时间去消化知识，提升能力。那么，作为班主任，我对自己的要求也是这样，尽可能地和他们同一时间到校，不是为了监督，而是为了告诉学生，他们不是最辛苦的，老师是和他们在一起的。这样，孩子从内心就有了归属感，他们也会严格要求自己，就算是迟到了，他们也会心甘情愿地接受罚站。虽然，有时候也会觉得很累，但是每天早上，当你看到满教室孩子那种虔诚的读书情景时，冬天的寒冷，便在瞬间消融了，还有什么是比学生的理解和认可更让你引以为豪的呢？！每天，都试着把正能量传递给你的学生，请相信，他们终归会懂你。

做好你能做的，就是站在学生中间，俯下身子聆听他们内心深处的声音。“90后”的孩子，是叛逆的一代，也是个性张扬的一代。如果我们还是依然如同当年那般，去调教如今的学生，那必定会适得其反。为师者，也不必高高在上，总觉得和学生之间无话可说，觉得孩子太幼稚。对，他们是很幼稚，但是他们也是有血有肉有感情会愤怒的鲜活个体。所以，我们必须尊重他们，尊重他们内心的想法，尊重他们个性发展的需求。我一直期望而且一直在朝这个目标努力，我希望我的班级永远都是一个健康、活泼、有序的班级。初三本来就是压力山大的一年，我不想再给他们太多的压抑，让他们如蜗牛般背负着重重的壳艰难地前行。“管而不僵，活而不乱”，是我一直力求的班级管理模式，我希望他们每天都生活在笑声中，我希望他们可以严肃而活泼。我给每个孩子设定的目标是，努力做好你自己。我喜欢和他们聊天，尤其是那些叛逆性格很突出的孩子，我喜欢探寻他们的内心世界，我常常觉得，征服他们，让他们走出阴霾对着太阳绽开笑脸，我会很有成就感。他或许学习成绩不好，那么，看看他身上闪光点在哪里，用放大镜去找，一定找得到，这就是你打开坚冰的突破口。现在班里孩子的家庭情况很复杂，我们如果不加调查只一味地随意批评学生，很有可能就触及了他们的痛处，所以，沟通是很必要的。我们班里有个孩子，和母亲关系很紧张。她告诉我，母亲在她很小的时候就抛夫弃子，去了外面的花花世界，后来混不下去了，就灰头土脸地回来。父亲没有嫌弃她，为了孩子还是接受了她。可是，这个母亲却一直把命运的不幸和自己生活的艰辛归咎为丈夫的无能和孩子的拖累，所以对他们非常薄情。女孩子对我讲这些时，哭得不能自已。她说她每天怕回家看见母亲那张冷若冰霜的脸……我一直为世界上有如此蛇蝎心肠的母亲而感慨。我告诉她，如果你真的不想看见她，就好好读书，将来考上大学了，就可以离她远远的，离那个家远远的。于是，她很努力地学习。可是，后来，开家长会，我见到了那个孩子的母亲，她对我的说辞又是截然相反，诉说孩子的叛逆，和自己的敌对。我终于明白了，她们母女间隔着多么可悲的厚障壁。我极力去说服那个母亲，让她给孩子应有的关怀和母爱；我用心去安慰那个受伤的孩子，让她多体谅母亲的身不由己，给大家一个彼此关怀的机会。我不知道，到底效果怎样，但是，我知道，作为一个班主任，我必须尽力去做好这件事。这是我能做到的，那么，我必须尽全力做好它。

走一步，再走一步。人生，是这样，做班主任，又何尝不是呢？！我们承载的东西太多，所以，常常喘不过气来。我想说，抛开那些浮云，脚踏实地，就从今天做起，从身边做起，努力做好你能做的，不同光阴赛跑，只同自己角逐，相信，明天会和今天一样的，绚烂……

教育的温度

NO.1 来，一起去看最后的秋天

来，一起去看最后的秋天。

站在高高的法桐树下，看着落叶静谧而下。静静地，见证着一个季节与另一个季节的，变迁。当一片金黄的如同手掌般的叶片，旋转着落在我的身边时，我发了这条短信给她。

没有天高云淡，我努力仰起头想看看，却发现只是徒劳。这个午后，太过冷清了呢。沉沉的雾霾放肆地遮掩了一切。包括草坪，包括树林，包括湖水，包括湖水里已然枯残不堪的，秋荷，还有水边大片大片散发着成熟气息的，芦苇。我很想知道，在这样的季节，在这样一片近乎凋枯的芦苇丛边，是否还会滋生出那“蒹葭苍苍”的唯美爱情，是否还会有那望穿秋水的痴情寻觅？！

我极力仰望着法桐树顶那一只一只着了季节色彩的蝴蝶，看着它们在秋风中，瑟瑟簌簌地颤抖着，于是，整个树都颤抖起来，于是，整个秋天也颤抖起来。我看着那片最大最黄的叶子，那么大，那么黄，泛着金属的色泽。我想，它如果掉在头上，会不会砸得脑袋疼？！突然，觉得自己的想法幼稚得可笑。我常常会这样，莫名其妙突发奇想。

那片最大最黄的叶子，果然被我看得零落了下来。我伸出手想去接它，但是它凋零得那么慢，那么慢，像一个莲步轻移的大家闺秀，生怕走得快失了身份。

好，马上到。

那片树叶走了还不到二分之一的路程，她的短信就到了。

我知道，她一定会来的。就像之前她一个短信，我无论在哪里，都会放下手中的事情赶过去一样。我们平时几乎是不联系的，但是，如果哪一天哪一刻，一个来自彼此的短信，会让我们的双腿先一步于大脑做出反应，用最短的时间，站在对方的面前。

我选择站在那片年老珠黄的芦苇丛边等她。我希望见到她的第一眼，可以用故作深沉的语调告诉她，看，蒹葭！我不用猜都知道，她一定会用很不可思议的眼神望望我，再望望那片芦苇，然后用惊讶无比的语气问，这真的是蒹葭？！这是真的蒹葭？！我知道，她之所以这样地充满了质疑，完全是因为我在给她讲那首唯美的情诗时，把这个叫芦苇也叫蒹葭的水生植物，描述得过于浪漫，过于俊逸不凡，以至于她在笔记里写道，总有一天，我要站在那样一大片一大片茂盛而鲜亮的芦苇丛中，等着那一袭素衣的男子，划着船，寻寻觅觅。风，会把他洁白的衣袂，逗弄得飘飘扬扬……

我一直认为，她是这个世界上最单纯的女孩。我一直疑心，她的心该是用玻璃做的吧，很透明的那种玻璃，通透而易碎。随随便便一个笑话，便可以让她开心好几个小时。但是，随随便便一个笑话，也可以让她难过好几天。我总是觉得，她该是活在童话的世界里吧，那里没有权利与欲望，没有征战与杀伐，没有尔虞与我诈。那里，只有七彩的云朵，只有栖息着青蛙王子的清澈小溪，有每天在林中欢悦奔跑的小鹿，还有那迎着太阳拼命盛开的，鲜花。

她背着大大的书包，呼哧呼哧地站在我的面前。我歪着头看着她，说，看，蒹葭！她用很不可思议的眼神看看我，再看看那片芦苇，然后用惊讶无比的语气问，这真的是蒹葭？！这是真的蒹葭？！我笑得直不起腰来，眼泪瞬间溢出。我说不清我流泪是因为高兴，还是难过。这么多年了，她依然那么单纯，像一缕山泉，一眼就可以看到底。我不知道，面对这份与生俱来的单纯，我是该开心还是难过？

世本无一物，何处染尘埃？是在哪里，在什么时候，我们把自己给丢了呢？在哪里？

她说，她是一路跑过来的，这样，可以和我多聊一会儿。我知道，她待会儿还要去上晚自习。我知道，陪我聊完天，她还要去征战题海，还有两米一高的卷子等着她去挑战。我问她，累吗？她轻轻地摇摇头，说，习惯了。是啊，这么多年了，她一直像个苦行僧一样，不知疲倦地奔波在学习的道路上，怎样的苦，怎样的难，她都没有抱怨过一声，只是默默地，默默地拿着笔，忘乎所以地指点题场。我曾试图阻止她用这样自虐的方式去学习，可是，她望着我的眼睛，轻轻地对我说，我不能停下！我没有退路，我只能向前。否则，我宁愿去死！我着实被震撼了，我无法想象一个十几岁的孩子，会对我说出如此的话语。她流着泪说，当你被全世界孤立的时候，你最想干的是什么？我说，证明给全世界看，我是最优秀的！她说，那么，还要我再解释吗？我无言了。这是我第一次被一个孩子给说得哑口无言。

我终于似乎明白，为什么她连一个朋友都没有。我也终于明白了，下课后，她一个人静静地站在窗前，凝望远方的那种，落寞。

我知道，不是伤到了极致，没有人愿意把自己封闭在冰天雪地里。

我曾一度试图靠近她，可是，她总是像个刺猬般，竖起全身的刺，让人动弹不得。每每上课，看着她苍白的脸，我知道，她又熬了一个通宵，心，会忽然很痛。看着她在随笔里写下的那些点点滴滴，每一个字都是一只蚂蚁，噬咬着我的五脏六腑。那种痛，你不会明白的。

我知道我不是春风，更不会润物无声。但是，我一直很努力很努力，很小心很小心企图靠近她，慢慢地，打开她的心结。我不要她如此地偏执下去，我不要她用自己的优秀做剑仗，最后刺向自己的咽喉。

终于有一天，她在我面前哭得像个孩子。可是，她本来就是一个孩子啊！

我终于知道，在她幼小的时候，像个丑小鸭般被全班的同学排挤，带头的是自己曾经最要好的朋友。她哭着对我说，那些日子我都带着刀子去上学。

我的心，揪得成了一片碎抹布。那种殇，该有多疼啊？！

我不能输！我要让那些曾经轻视我的人，仰起头来看我！她恨恨地说。

我多想仔细，很仔细地抚平她的伤口，让她不要那么疼。可是，我知道，有些记忆，是一辈子的划痕。

我给她看雪小禅的散文，给她看高老师的文字，给她看我的文字，给她看所有在光阴中饱尝刺痛，却依然努力向着阳光微笑的文字。我知道，所有的语言都是苍白的，但是，文字，却是进入一个人的心最短的距离。

两年时间，我终于看到了她脸上绽放的微笑，那么单纯，那么清澈。

那么单纯，那么清澈，就像身边的一汪湖水。冬日的寒意，让这湖水看起来，分外得有凉意。她走在我的左手边，叽叽喳喳聒噪个不停。说她的期中考试，说她感觉哪门不错，哪门又答“扯”了。说她的同桌，一个脸上始终挂着天使般微笑的女孩。她说，你知道吗，我第一次看到她那灿烂的笑，我就喜欢上了她。她的明媚感染了我。她还给我讲她暗恋的男孩，这点倒是让我很是惊讶。她说，你知道吗，我今天去参加英语竞赛，看到他了，我在心底偷笑了一上午。我开玩笑说，试卷名字最后别是写成他了吧！她立马说道，那不能啊，这点里外我还是分得清楚的。我故作忧心忡忡地望着她，你完蛋了，这样下去，估计你去不了日本了。她曾经告诉我，她很想去日本留学。她赶紧很紧张地辩解，我没有影响学习啊，我那么聪明，怎么可能因小失大呢？！喂，小姑娘，低调点成不？她呵呵地笑。其实，听到她这么说，我还是很开心的。为什么要低调啊，有优点就要亮出来，干嘛装谦虚呢！这话倒是让我刮目相看啊！这丫头，什么时候变得如此的自恋了啊！不过，这样的自恋，我喜欢！你变化很多哦！我看着她说。必须的么，我已经长大了。她说话那语气，更加彰显出了她发自内心的，自恋，或者，叫自信。

遇到一个卖糖葫芦的。我问她，来一串？她犹疑着说，会不会太幼稚了些？！随后斩钉截铁地说，管他呢！

我一直觉得，我们两个人在秋末冬初的日子，在落叶缤纷的午后，一人举着一串山楂做的糖葫芦，无所顾忌地吃着，实在是相当幼稚啊！引得一拨又一拨的小孩对我们进行了长时间的围观。

吃着吃着，我忽然问，还恨吗？！

早都不恨啦！您说得对，干嘛要用别人的错误来惩罚自己呢？干嘛不善待自己，善待身边关心爱你的人呢？！

心，释然了。糖葫芦，真甜呐！

走到一片枫树林边，她惊呼到，好红啊，跟血一样！我白了她一眼，你就不能用个高端大气上档次的词？她说，你倒说说，还有什么词更能形象地描述它的色彩？我很努力很努力地想了想，还真没有。她一脸得意地看着我，表情很是嚣张。

你知道吗，当我一看见你发的那几个字——来，一起去看最后的秋天，我一把抓起书包就冲了出来。最后的秋天，这个词，太魅惑了。她很认真地对我说。

我就知道你喜欢！我笑得也很嚣张。

我们的笑声，瞬间就穿透了密密匝匝的枫叶，我不知道它会飘向哪儿，但是我知道，它会染了整个季节，会让蓝天飘起清脆的鸽哨……

姑娘，加油！

NO.2 男孩，哭吧

疼痛已然扭曲了他的脸。

伏在桌子上，连呼吸都是那么的难。四月的晨曦，透着一丝凉意。可是，汗珠还是无所遁形地布满了额头，细而密。

喊他到办公室。举步维艰，扶着墙一步一步往过挪。

是胃又疼了吗？两周了，他的胃病时好时坏。一年来，从没请过假的他，也被迫向病魔妥协。只是，依然很努力地负隅顽抗，哪怕只是来上一会儿课。

不是。他艰难地吐出这两个字。脸因为疼痛而一片煞白。

是这里疼。他指了指自己的左下腹部。一呼吸就会疼，抽着筋的，那种疼。

我说，打电话告诉你家里人，让他们带你去医院看下。

他眼睛里闪出了倔强的光芒。不。很简短，但是很有力度，有一种无法抗拒的，执拗。

我告诉他，小病不看，积成大病，不要因小失大。

不要告诉我家里人，不管怎样，不要告诉家里。他呈现出了和他年纪不相符的顽固。当老师这么多年了，这样优秀的孩子第一次碰到，这样不听话的孩子却也是第一个。

为什么。我很疑惑。消瘦的他疼得直不起腰来，可是却努力想表现出没事的样子。但是，这个表演此时显得是如此拙劣。

我家里人……总之，您不要打电话给他们。他几乎用恳求的目光看着我，看着我们。一年了，在他眼里我看到的只有自信和骄傲，看到的只有阳光，这样几乎哀求的目光真的从没见过。

能告诉老师，究竟为什么吗？你生病了就得看啊，不通知家里人怎么行呢？我耐着性子安慰他，我知道耽搁一分钟，对他来说危险会加重一分。

不，老师，不管怎样，都不要告诉我家里人。他的眼圈红了，滚烫的泪水在眼圈里丰腴饱满，但是却始终没有流下来。

那老师带你去医院看下好吗？不看，怎么能行！马上要体育测试了！我看着他的眼睛，用不容置辩的语气对他说。

旁边的同事也一起附和。

他终于点了点一度很是倔强的头。

因为第一节有课，所以，他的班主任和另外一名老师带他去了医院。

站在讲台上，心不在焉。那节课，我的确不是个好老师，很是敷衍地上完了一节课。课间休息，站在人来人往的楼道，看着眼前这些花一样灿烂的笑脸，想着他，忽然心里一阵抽搐。

三年前，开学伊始，我夹着讲义去教室。一路和同事聊得眉飞色舞。身边是匆匆穿行的学生，跑到我们身边，头一低，就开溜了。乡村中学，孩子始终还是泥土气息太浓郁，他们还不太习惯见了老师有礼貌地问好，尽管他们内心对老师也是无上的尊敬。他们总觉得开不了口，总觉得那样不自在，而为师者，也渐渐习惯了这种擦肩而过，习惯了学生局促的低头。

拐角处，他闪了出来，怀里抱着一沓作业本。看到了我和同事，他深深地鞠了一躬，用细微的声音说，老师好。一口东北味。我诧异地看着他半晌，直到他都走远了，我还没回过神。同事说，那孩子刚才还是九十度的鞠躬，会不会是这里有问题啊，她指了指自己的脑袋。我惋惜地叹了口气，真可怜。内心，又生发出一丝悲哀来：一个不健全的孩子尚且都懂得尊重师长，那些头脑发达的学生反倒是……

后面，会经常碰到，也会受到他九十度的恭敬，每每也总是叹息地看着他，然后朝他微笑着点点头。

可是，事实很快教会了我，什么叫人不可貌相。当他的名字赫然出现在期中考试初一级部的榜首的时候，我愕然了。

一打听才知道，这不是一个不健全的孩子，这是一个天才。

从那开始，再看他，就不再是同情，而是无法言喻的，赞赏。

两年后，谁能想到，他就成了我的学生。我一直在想，如果人和人之间真的有缘分一说，那么，我们这算不算一种缘分呢！

我很快见识了他的天赋才能，无论是在学习还是管理班级或者处理事情上，他都有着比一般孩子超乎寻常的能力。每次考试，他总是稳居级部第一，而且是让第二名望其项背。班里的大小事务，他总是处理得井井有条。自习课，他组织学生有条不紊地学习，甚至还会上黑板给全班解答题目，俨然一个老师的角色。在我的极力争取下，把他从英语老师手里“抢”了过来，担任我的科代表。一年来，说实话，真的是省了不少心。但凡语文晨读，他总是老早就给学生布置了背诵任务，甚至会代替我来检查他们的背诵。一开始，语文作业老收不齐，他比我还急，想了很多办法都不奏效，最后，他终于想出了一个很有效的办法。每天早晨，他都第一个来校，站在教室门口，其他学生交一本作业，才准予进教室，否则，就趴阳台上写作业去！这样，没几天，语文作业保质保量按时就会码得整整齐齐地放在我的办公桌上。这些，一度让我很是感动，也庆幸自己没选错人。

他是个很有独特思想的人，看了不少书，甚至都涉及了哲学、心理学、经济学。常常在课堂上，他总是宕开一笔提出非常规的问题，或者极力和我来辩解，弄得我很是被动。可是，我不会生气，相反，我很享受这种被后浪冲击的感觉，这种力量，催人奋进。

更多时候，他会和我交流人生，交流自己的梦想，我从来不觉得我面对的是一个只有十五岁的孩子，因为，他的思想远远超过了他周围的那群孩子。

他有时候也会给我讲他的家庭，讲他为什么会背井离乡，从遥远的辽宁迁回早已荒芜的旧居。我才知道了，他光鲜的外表下，其实掩埋了太多的不为人知的痛与泪。

犹记得开学初，布置学生写随笔，介绍下自己，他洋洋洒洒写了好几张。字里行间全是止不住的心酸。

一个孩子，母亲十八岁时在东北漫天大雪中生下了他，而那个给予他生命的男人，却没有担当，在他出生不久就撇下他们母子，远走他乡，杳然无踪。从此，这个孩子，便不知道人世间，还有一种爱，叫父爱如山。他和母亲相依为命，也幸而有姥爷的资助，不至于让他们忍饥挨饿。雪上加霜，姥爷的生意做赔了，只好变卖了典质，举家迁回了远在陕西的农村老家。于是，世界，呈现在他面前的，便是截然不同的另一种面貌。

陌生的天空，陌生的人群，陌生的语言，甚至，他觉得连这里的空气都是陌生而窒息的。可是，为了母亲，为了这个家，他熬了过来。表哥比他大一岁，学习很烂，落了他一级。转校过来之后，姥爷第一次严肃地跟他谈了一次话。要他留一级和表哥一起，帮助表哥。条件是，供他上完大学，否则，一分钱都不会给他。为了母亲，为了这个家，他忍泪点头。

文字结尾，他说，我不知道，自己来到这个世界究竟是不是个错误？为什么这一切，甚至于他人的命运都要我来负责，那么，谁对我的人生负责？！

我着实被震撼了，我清楚地看到那流血的文字下，那颗千疮百孔的心。

一年了，我尽所能，化解他内心的怨愤，我试着让他打开心结，还原他一个做孩子的纯真。我想把童年还给他，我想把快乐还给他。渐渐地，他的脸上也多了些许灿烂，尽管在人后，他还是如此地，忧伤，可是，最起码，他懂得了在人前努力扬起绽开的微笑。

再后来，他告诉我，他母亲再婚了。他突然间多了一个妹妹，不久又有了一个弟弟。

再后来，他告诉我，母亲和继父以及弟妹都去了西安，家里就只有他自己了。

临近中考，我们都在做着最后的冲刺，体育测试也迫在眉睫，每天高强度的训练，苦得这群孩子没了个人形，可是，为了中考多一分胜算，我们别无选择。

他就是在高强度的训练中，累垮了。先是胃炎的老毛病犯了，一直打针吃药，今天，发展到了这个地步。

下午，他从医院回到学校。坐在办公室的椅子上，他泪流满面。这是我第一次见他流泪，那个坚强的孩子，承担了凡此种种的磨难，他都永不言痛，可是，今天，在我面前，他却哭了，哭得像个孩子，可是，他本来就是一个孩子啊！

他哽咽着告诉我，家里负担太重了，母亲现在脾气也很暴躁。动辄总是骂他。其实他不怕妈妈骂他，他最怕的是母亲对他的漠不关心。这几日胃疼，母亲为此很是懊恼，责备他不让人省心。所以，为了不让妈妈再生气，他中午一再坚持不让通知家人。

泪水顺着他刚毅的脸庞肆意而下，我默默地递给他纸巾，没有阻止他。我知道，他需要宣泄，他背负的东西太多了，整天戴着面具生活。他过早地看到了这个世态的炎凉，看到了人心的不古，生活残酷地把他从孩提时代就催化成了一个能敏锐地洞察人性美与丑的，人。

他哭累了，安静了下来。我轻轻地告诉他，这个世界上，他不是最不幸的一个，还有很多孩子父母离异，孩子被视作累赘，像皮球一样踢来踢去，而他，最起码还有母亲，还有家；我告诉他，他不是最痛苦的一个，还有很多孩子，天生残疾，忍受着身体和心灵的双重折磨。而他，最起码有一颗睿智的大脑，有不可限量的前途。我告诉他，要多去体谅母亲的不易，原谅她压力太大心情烦躁时的口不择言。我告诉他，这个世界上，唯一爱你，也是最在乎你的人，是母亲。

懂吗？我看着他，眼含期待，我相信，以他的慧根，绝对能参透。

他凝望远方，良久，看着我的眼睛，深深地点了点头。

男孩，想哭就哭吧。

但是，哭过之后，一定记得，要在眼泪祭奠的青春里，开一朵地老天荒的，风雨花。

NO.3　有些抱歉，始终没有说出口

我瞪着他们，狠狠地。

我不知道，是不是我的眼神超越了以往任何时候的严厉，抑或我已经濒

临崩溃的表情太具杀伤力，他们，像三只受了伤的小兽，瑟缩着挤挤挨挨地并排站在我的面前。

空气窒息般地凝固，时间也停住了日夜不息的脚步。我的大脑一片空白，我能听得见自己的心跳，急遽而愤怒。

他们，脸上一片通红。那不是诱人的红，不是见到师长时的赧然，也不是做错事后的羞红。酒精是罪魁祸首，让他们脚下趔趄不稳，口齿不清。显然，他们还没有喝到昏天黑地的程度，所以，意识尚还残存。他们竭力想在我面前站好，竭力想表现出自己的忏悔。可是，一切的表演显得那般的拙劣，他们越是刻意，我越是厌恶。

这么多年了，还从来没有学生斗胆敢喝得醉醺醺来学校。一直自诩班风严谨，一直自信学生对我的权威是心甘情愿俯首称臣的，可是，今天，这一切在他们三个面前，一下子成了最具讽刺性的笑话。

我实在无法接受，会是他们三个，尤其是居然还有她！

五十多个孩子，良莠不齐，心性差距很大。从来没奢想把他们全都送到更高一级的学府，我很清楚我只是一个小教师，我不是神。每一年，接手一个班级，总会自己告诫自己，不求完美无憾，只愿无愧于心即可。也一直以此作为自己的信条，拼命朝着那个方向努力。我知道，虽然一路走来，会有很多心酸，会被误解，会被埋怨，但是，我一直坚信，你的付出，有人能懂！

这么多年来，事实也证明了，你的付出，他们都懂！只是有些孩子当时就懂了，而有些，非得在人生路上四处碰壁，折了那双骄傲的翼后，才会幡然醒悟。这时候的懂，是格外的深刻，也格外的珍贵。

现在，他们三个，齐刷刷站在我面前，满嘴的酒气。

一个副班长，一个文体委员，一个组长。

这是要代表月亮消灭我的节奏吗？！我听见了自己血脉偾张的声音，沸腾的血迷路的兽般四处奔突，毫无头绪且锐不可当。

我在等他们给我一个合理的解释，尽管这个想法有些幼稚。我无论如何也无法用平静的心态来接受这个事实，我希望他们有什么貌似合理的理由给大家一个交代，给我，给他们一个台阶下。

可是，他们摇摇晃晃，嘴里支支吾吾，连一句完整的话语都说不出来。

他们终于还是耗尽了我最后的耐心，点燃了我一触即发的怒火。

我使用了撒手锏，尽管那是我一直以来最不齿的方法。

半个小时后，他的父亲，她的母亲，像两个做错事的孩子般，惶恐地站在我面前，不住地搓着手，词不达意地向我道着歉，又折回头对自己不争气的孩子厉声呵斥。

只有他，自始至终不肯告诉我他家里的联系方式，软硬兼施都无济于事。他只重复一句，老师，你要怎么惩罚我都行，就是不要叫我家里人！

语气里，是低声下气的哀求，但也有掩饰不住的鱼死网破的决绝。

他的父亲，是个很精明的男人，絮絮叨叨地跟我一边道着歉，一边不住地称赞我是如何的负责尽职，说孩子自从上了初三，像换了个人似的懂事了很多，也知道学习了。说要是以前碰到的老师都如我般，他不知道要省多少心！

我无动于衷地听着，心里没有一丝的得意或者自豪。此番的话，我已经听了很多回了，早已练就了一副百毒不侵的皮囊。

那个孩子，他的儿子，一改刚才的愧疚，用一双迷离的眼睛盯着我。那目光里，我清晰无误地捕捉到了，恨意。

我知道，他是在怪我叫来了他的父亲。

当他父亲对我唯唯诺诺地诉说时，他目光里满溢着不可遏制的轻蔑。是的，是轻蔑，对他父亲给我点头哈腰的蔑视。

我的心，止不住地下沉，一点一点，越沉越深沉。

我对自己说，我干了一件多么愚蠢的事情。我甚至都不敢再抬头看他的眼神，因为那眼角流露的恨意足以使我呼吸不畅。

还有她的母亲，一个微胖的妇人。脸上手上，满是生活艰辛的磨砺留下的斫痕。她眼睛肿胀，无奈地看着自己面前已然有些迷离的女儿，又满脸歉意地看看我，好像她自己犯了什么滔天大罪般。那份拘谨，那份无措，让人心酸。

在远离她女儿的楼梯拐角处，她哽咽地向我诉说着一个苦命的女人和一个苦命的女孩儿的故事。

她年纪轻轻便被抛弃，带着尚还幼小的女儿，艰难度日。本想着就这样和自己的女儿波澜不惊地度过此生，只求护她安好。可是，最终还是熬不过那艰难的岁月，带着她嫁给了一个脾气不好的男人。男人是善良的，却是暴躁的。女儿和他之间经常会为了琐碎的事情吵得不可开交，她夹在中间左右为难。后来，发展到连他的家人也处处责难那个无辜而叛逆的小女孩，到处诋毁她，这更激起了她强烈的反抗意识。她惊弓之鸟般，用谨慎的眼睛提防着这个世界，并随时摆出一副战斗的架势。

她红着眼圈告诉我，昨天下午，她又和大伯吵架了。大伯因为她穿的衣服“不像个正经女孩子穿的”而对她大加斥责，她也如同小刺猬般，狠狠地回击，结果被那个男人扇了一巴掌。女人脸上流淌着无奈而凄楚的泪水，两只眼睛饱含着疲累和心酸。

她说，今天是女儿的生日。本想着给她好好过一个生日，让孩子开心，哪里料到……

女孩子靠在白色的墙壁上，脸色不复刚才的殷红，一片煞白，比身后的墙壁还要惨白。

忽然，心很疼。

第一眼看见她，就知道她是一个叛逆的女孩，骄傲而不屑一顾的眼神赤裸裸地暴露了她。她的文字从来都是止不住的凉意横生，却唯美得似烟花消释。一直都是一个人独来独往，像一只落单的候鸟，不问世事，永远坐在教室的最角落，不悲不喜。

学习很烂，尤其是理科，一塌糊涂。教过她的同事告诉我，她根本没有用心思在学习上。我一直试图走进她，走进她固若金汤的心房。

后来，她终于愿意和我站在太阳底下，轻轻浅浅地说话了。有时，会露出不易察觉的笑。

再后来，她和另一个同样孤单的女孩终于凑成了一对完整的天使之翼，两个人自由而恣肆地翱翔于她们自己的世界。

我曾经一度暗自松了一口气。

还有那个瘦瘦高高的叫阳的男孩，长得不是很英俊，却一直喜欢我叫他，帅阳。家境应该是很好的，因为衣服从来都是很上档次的。闲暇时，凑在我身边，什么都聊，就是不聊自己的家庭。班级花名册里，他的那栏，只有他的姓名和他的电话号码，其他均是一片空白。问过，逼过，他总是狡黠地化解我的诘责。

这个高我两头的男孩子，平时老是跟在我的后面，孩子般，絮叨个不停，不管我厌烦与否。就算被我狠狠地批评了，第二天也照样会给我一个灿烂的笑脸。那时我自然不知道，毕业时，他会在最后一次作文里写道：您是这么多年来，第一个容忍我不写家长联系方式的老师，也是第一个我想永远记住的老师……

现在，他醉醺醺地站在我的面前，全然没了往日的恭敬与调皮。

看着他和他，看着她，我的心被悲哀紧紧地裹挟着，密不透风。每个光鲜的衣着后，掩藏着怎样千疮百孔的心呵？！

我很想向那个拘谨的男人和那个无助的女人道歉，我很想向那三个蜷缩在墙角的孩子道歉，因为我的不宽容，间接伤害了这么多人，我很难过。我无法预测，今天会在他们以后的生活中留下怎样的阴影，会不会让他们也变得像此刻的我一样，不宽容，不理解。

可是，我始终还是什么也没做。

当了这么多年老师，第一次有这样深深的挫败感，也第一次感到了力不从心。因为小时候也曾体会过老师的伤害，所以，便格外小心，不想让自己也成了花季里面目狰狞的刽子手。可是，现实与理想之间的差距，遥远得让我无法用一个词来准确地定位。无论我如何的努力，最终还是无可避免地伤害着，认认真真地伤害着。

我坐在太阳底下，敲出这一行行文字。桌子上方，绿绿的藤蔓在流泻的光线里，用逼仄的生的气息书写着这个春天的，传奇。它也曾历经过去年冬天严寒的侵蚀，差点殒命。可是，到底是挺过来了，并且以这样凌厉的姿态勃然萌发，给命运以最残酷的嘲讽。

沐浴着三月妖娆而妩媚的春光，我很想说些什么，可是，却不知道该对谁说，到底说什么。

那滴沉默许久的泪，终究还是华丽地在指尖无声地绽放！

古文复习之教学相长

《礼记》有云：学然后知不足，教然后知困。知不足，然后能自反也；知困，然后能自强也。故曰：教学相长也。

连续两个礼拜的古文复习，到今天，已经进入白热化了。课堂基本已经不是我的课堂了，每次还没进教室，讲台早已经被要展示的小组给挤得满满的。每个组都不想让，都争着要展示，教室变成了花果山，就差个水帘了。每次须得我“大发雷霆”才能 hold 住那 98.8 摄氏度的超高温。一节课下来，我似乎成了外人，他们自己展示，然后大家轮番地毯式“轰炸”，各种问题接踵而至，而且一个比一个高端大气上档次。底下哪组提的问题如果将上面的汇报组给“将”住了，你且看那一片跋扈的嚣张，隔岸观火的掌声，还有人幸灾乐祸地给传递错误答案混淆视听。如果，问的问题很不幸被上面来了个瓮中捉鳖，提问题的就会沮丧得捶胸顿足，唉声叹气。

像在看一场情景剧。众生百态。啼笑皆非。如果哪天你从我的教室外面经过，找不到老师的影子，可千万别奇怪，老师不是被埋在了那堆男生的后面，就是被包围在了某堆女生的里面。

不过，细细咂摸，倒也乐在其中。试问，作为一个老师，有什么能比看到学生潜心钻研、积极探索更为快乐的事呢！

现在，作业收上来，不必检查谁没写或者没写完，而是看谁做得更为仔细，更为用心。今天查昨天布置的作业，很多学生已经不单纯是简单地翻译文本，把后面附着的练习题一做，他们很多人开始“泡”文本，一句一字都去品，还有一些学生在许多字句的旁边都做了批注，诸如某词的语法现象或者某句的句式，倒装句属于何种倒装，文章的写作背景，主旨句，文眼……一篇小小的文言文，基本上被批注得“惨不忍睹”了，可是，汤老师批作业批得那叫一个心花怒放啊！

其实，更让人高兴的，是每天在课堂上，学生问出的问题五花八门，好多让我也颇费一番工夫，而且也有自己解决不了的，偷偷地下来问度娘。

例如，有学生问《孙权劝学》中“大兄何见事之晚乎？”这句话中“之”的用法。我当时瞬间就懵了，虽然对文言词“之”的用法每年都会给学生总结几种，让他们对号入座，可是这道题我自己都对不上号了。学生各种争论不休，各种据理陈词。我则躲在那漫天的喧嚣中冷静沉思，颇费一番精神后，终于弄明白这个“之”实际上是“放在了主谓之间，取消句子独立性的”。可是以前“之”的这种用法句子都比较明晰，例如“予独爱莲之出淤泥而不染”这个句子里的“之”很明显就是主谓之间。这个句子比较简单，学生自己都能分析出来。但是“大兄何见事之晚乎”这个句子，它的主语比较特殊，学生不好分析。经过我讲解后，绝大多数学生是掌握了，但是仍然有个别同学还是理解不了。这也是正常情况，学生之前对这些文言虚词不是很重视，基础比较差，听不懂也属正常。

再例如，在研讨《大道之行》的时候，一班“问题王”付嘉琨提问“使老有所养”中的“有所”的意思。全班出现了罕见的沉默，他自己也没有答案。汤老师坐在人群中也是虚汗直流啊！结果，无果而终。下课后，一向自信满满的我灰溜溜地赶紧打开电脑，找度娘。来，各位看官，让汤老师给你普及下古文知识：这个句子中的“有所”是和前面的“使”组成固定句式“使……有所”，翻译为“让……能够……”怎么样，“涨姿势”了吧！

尤其值得炫耀一下的，就是最近我们又共同探讨出了“定语后置”句式。教初三九年了，对于倒装句，我一直只是给学生简单地讲过宾语前置和状语后置，其他的类型都绕过去不讲，怕他们听不懂。可是，如今这样的课堂，一切皆有可能。前天，一个学生在《核舟记》里提了一个问题：“……东坡现右足，鲁直现左足，其两膝相比者，各隐卷底衣褶中……”这个句子中“其两膝相比者”这个句子的语法。又是各种唇枪舌剑，最终由我平息“诸侯国”的战乱：定语后置。然后就是各种知识的普及，大部分学生能掌握。昨天，在复习郦道元的《三峡》，问，这篇文章用了什么写作手法？我想死了数以亿计的脑细胞也没个结果，只好低声下气地央及出问题的同学说出答案，那厮一脸的狡黠和得意，很是傲慢地吐出了四个字——大笔点染，我瞬间滋生了想把自己个儿掐死的念头。这样的课堂，你根本无法掌控，各种幺蛾子，各种奇谈怪论，防不胜防。但是，平心而论，自己也是大有裨益啊。以前的课，都是我在上面干巴巴地讲，唾沫横飞，也未必有什么效果，大部分学生昏昏欲睡，不知所云，基本上属于上课翻书，下课合书之类的。可是，这样一变，他们自己寻找问题，自己探讨，记忆自然很深刻了，而且对他们解读文言文的能力是一个质的提升。虽然，这样的课堂也有它的弊端——太过耗时，一节课下来，复习的内容很有限，因为，他们的问题实在是太多了，但是，那种“奇文共欣赏，疑义相与析”的快乐，实在是妙不可言哦。

嗯，是时候静下心来好好看看书了，万一明天又被“挂”到讲台上，汤老师的一世英名啊……

让语文课堂成为“寻宝”之旅

初三第一轮复习轰轰烈烈地开始了，内容是对初一到初三所学古文的系统复习，包括重难点句子的翻译，语法现象的分析，文本主旨的解析等。虽然这些文章都是学生学过的，但是随着时间的推移，所学知识的不断增加，学生对很多内容出现了“回生”，更不用说对语法、课文内容的分析了。本来以为只需要简单地引导学生回顾一下即可，费不了多少时间，哪里知道，一深入实际，才知道里面存在的问题是很大的。好多学生几乎都记不清自己还学过这篇文章，就算记得也只是记得学过而已，上课简单的句子翻译，字词的解释都让他们“面面相觑”，不知所云。一篇《论语十二则》用了整整一节课还是胡子眉毛一把抓，没理清个一二三来，学生早已累得气喘吁吁，我也是讲得口干舌燥。

这，是个问题。

思虑再三，我觉得复习课这么下去，恐怕是赔了夫人又折兵，浪费了时间却收效甚微。是时候有所变革了，必须让课堂换一种面貌。

思考了几个晚上后，我有了自己的思路——把复习课上成探索课，让课堂成为学生向知识宝藏探寻的旅程，让每一位学生都成为“淘金者”，让他们心甘情愿甚至不惜一切也要尽力向“宝藏”靠近。

实践，需要勇气，而勇气，来源于对所从事职业的无上的敬意。不甘于做一个平庸的老师，我们就必须大胆地探索，从没有路的地方踏出一条路来。

不出所料，听完我的复习革新思路后，学生陷入了沉思，或者说陷入了一种惶恐。他们不知道，没有老师的讲解，他们如何能啃得动那么复杂的古文；他们更不敢去想，让他们自己站在讲台上充当老师，来解答其他同学的提问，自己如何应付。这些，是在我意料之中的。我们的学生，被老师扶着走得太安逸了，一旦老师放手了，他们就慌了。

要让他们慌，只有内心惊慌了，才能更好地审视自己，审视知识，这样，这潭冷凝的“死水”才能流动起来，流水才能不腐啊。

先从简单的课文入手。《伤仲永》。

随机抽取一个小组上讲台为大家讲解文本。眼见他们也是做了一番功课了，书上写得密密麻麻的，这在以前可是威逼利诱也做不到的。他们流利地翻译文本后，进入了自由提问环节。一开始，同学们显得有些羞涩或者说不适应，老半天也没个人提问，我便适时引导着问了几个问题，并发挥我“煽动”的特长进行了一番思想动员，接下来，问题逐渐多了，问问题的学生也自信了，一个个问题便连珠炮似的抛了出来。

有些问题，很有水平。比如，本文里“奇”“异”“利”“宾客”的语法，这些词语是学生上初一时第一次对文言语法的接触，当年他们因为年纪小未必理解词类的活用，但是现在站在初三学生的视角自己提出来，说明他们已经对文言语法有了基本的掌握。更让我惊喜的是，在二班，学生居然不但提问了文本里的基本词汇知识，居然还能向课外延展，例如这篇文章对于当代学生的意义，你如何评价方仲永的父亲的“不使学”，你怎么看仲永从一位天才最终“泯然众人矣”，等等。这些问题很多时候连我们老师都不一定能问出来，可是，我们的学生他们居然想到了，这不能不说是一个很大的进步。

这样的课堂，与其说是课堂，倒不如说是茶话会了。课堂气氛活跃民主，每个学生都有一个施展才能的机会，尤其是对那些平时不喜欢表现和不喜欢提问的学生，这种革新让他们多了几分自信和胆量。犹记得那天课堂提问，场面有些失控，学生的问题太多了，搞得我不得不施威“镇压”，一班那个叫康莹的女生，之前上语文课你都会忽略掉她的存在，一直都是安安静静地坐在角落里学习，从来不出声。那天她固执地站在那里要提问，我大声说提问环节到此结束，她情急之中失控地朝我吼，你让我把这个问题问了嘛！言语里满是对我的不满。全班都愣住了，她这么大脾气之前可是从来没有过的。我被她有些忿忿而焦急的表情逗得“噗嗤”一声大笑起来，几秒钟后，班里爆发出山洪般的笑声，掌声。

之后的课堂，基本上就没我什么事了。我自嘲说我只是维持纪律的保安，舞台是他们的，主角自然也是他们了。有时候两个小组为了争着上去讲解，不得不当场采用猜拳的方式定胜负，赢了的兴高采烈，输了的垂头丧气。让人感动的是，班里那些以前上课从来不抬头的学生，现在也成了提问题的专家，而且很多问题都很有见地。他们提问，自然是自己已经充分地弄懂弄清楚了，所以，他们的语文素养也越来越高了。一班王铭璋说，我之前从来不知道啥叫个语法，这下我才明白，什么是名词活用为动词，什么是状语后置了。而且，据说他为了第二天能提出一些“上档次”的问题以便让老师和学生刮目相看，晚上很是认真地解读复习内容。彭家兆，一个很可爱的胖男孩，之前据说语文从来没考过五十分以上，可是现在上课，他总是紧紧地坐在我旁边，紧张地问我这个问题能问不，那个问题有意义没，有时候急得满头大汗。白轩坤是二班的“活宝”，上课从来都能搞气氛。这样的课堂，更成了他的用武之地。他每次提出来的问题都很刁钻，气得上面的同学恨不得“掐死”他，而他呢，得意扬扬，脸上呈现出蜡笔小新那种贱贱的表情，笑得我肚子疼……我想，他们之所以变得如此主动，那是因为他们尝到了学习的甜头，体会到了知识带给他们的尊严和荣耀。他们现在就像红了眼的“淘金者”，心甘情愿甚至费尽心机地朝知识的宝库里努力探索。课堂，无疑是他们虔诚地向宝藏进军的必经之路。

看这些，我很欣慰。

今天早上，是革新后的第三节课，讲的是综合性学习。以前学生填写综合性学习类的题目，基本都是问答题当填空题做，答案很乏味和教条。今天，明显不同了，每个学生都力求答得充分完美，虽然也有一些全班共存的问题，但是我刚提醒了一下，就有聪明的孩子反应过来了，并且强烈要求自己进行修正。

最有意思的是今天作业的布置了。以往布置作业，刚一说完，学生集体愁眉苦脸，唉声叹气的，一副敢怒不敢言的丑样。今天，下课后，我布置今天的作业，吩咐他们自己复习《桃花源记》和《陋室铭》。我话音刚落，正准备他们摆“脸色”给我看呢，忽然二班几个平时比较调皮的男生站起来嚷，老师，只有两课啊！明天上台都不够汇报的，肯定有几个组没机会的！我心里先是一惊，以为自己听错了，然后就是一阵狂喜。你听听，你听听，你好好听听，这是问我要作业的节奏吗？！我按捺住内心的激动，故作为难地说，那你们说怎么办？老师，把《爱莲说》一并复习了吧，反正也没多少的！

哈哈，像这种要求我这辈子都没见过啊！

那怎么行呢！这么多作业，我怕你们光要数量没有质量了！我觉得自己这个时候蛮作的！

不会的！我们一定保质保量完成任务！我们还要加分呢！几乎是全班喊出来的。

你看，这娃娃懂事得不行不行的，让我这个老师欢喜得不要不要的！

就在刚才，那些臭小子们又提出了更为“苛刻”的要求，把语文课堂挪到操场上！

等等，这貌似是要把汤老师变成教语文的体育老师的节奏啊！

有没有？有没有！

这样的课堂，连空气都是生动的呢。我不是任性的老师，但是依然如此任性，而且，我将义无反顾地任性下去，只要每一天都能看到孩子们扬起自信笃学的笑脸，我的语文课堂，必须是百花齐放、不拘一格的，我们将永远朝着“离经叛道”的方向策马奔腾！

一个“课痴”老师的日常

越来越喜欢琢磨课。

就像年少时迷恋金庸小说那般。

尤其是那些名篇，或者名师已经上得很出彩的文章。我总想琢磨出和别人不一样的东西来，不一定非是“剑走偏锋”，最起码一定要让人耳目一新。

常常，研磨一节课的状态，像极了热恋中的小姑娘，“挑兮达兮，在城阙兮。一日不见，如三月兮！”

手机订阅号里关注了十几个与语文教学相关的公众号，里面每天会有很多新颖、实用的语文资源的推送，尤得我垂青的就是课堂实录。每每为不用花一分钱便可饱览名师的课堂实录而心花怒放。碰上要花银子购买的课程，便有些心疼，但依然会咬着牙挥金如土，因为，好课，值得！

每个月买语文教学方面的书籍，几乎占了当月开销的三分之一，没有一千也有好几百了。每次为给小熊同学买十几块钱的玩具，却要犹豫好久。三岁的儿子总是抱怨，妈妈爱书不爱他！

有时候是成批地买。辛苦门卫师傅总得不厌其烦地为我收快递。他们很是疑惑：隔几天买这么多书，看得过来不？

笑话！当然看不过来了啊！

那没关系，看不过来咱先囤着。所谓仓里有米心不慌，当老师的，不囤点粮食，睡不安稳啊！

想课。想着怎么上课。想着怎么把课上得四两拨千斤。

教室就是江湖。对手，文本；同盟军，学生。踏足江湖之前，一定要想清楚，如何联合盟友，攻城略地，在文本字里行间的机关里，突出重围。

有时候，灵光乍现，有了好的思路，兴奋得直想放声歌唱。

大部分时候，是愁眉苦脸的，憋着劲想好几天也没有什么思绪，便会陷入无休无止的抓狂状态。

上学时为了抓紧一切时间背书，练成了绝活：吃饭时一半脑子和同学聊天，另一半脑子自己默默背诵东西，往往是饭吃完了，也背得差不多了。搞得同学们总是疑心我是晚上偷偷起来“开夜车”背书的。

如今，这项“技能”又娴熟地用在了“备课、想课”上，照样出活！但是毕竟不似青春年少，脑子常常会“串行”，所以也就偶尔有点神情恍惚。时间长了，周围的朋友、亲人也就见怪不怪了。

最要命的是，有时候会因为想课而陷入“癫狂”的状态。

上完公开课《湖心亭看雪》后，一直陷在上课提问学生的那个问题里出不来——才华横溢如张岱，为什么要写“看”雪，而不用更为诗意的“赏”字？虽然课堂学生也有解释：赏，是怀着悠闲、愉悦的心情，不符合人物“孤独”的心境。

虽然当时嘴上也是这么认可的，可心里总觉得这个解释太单薄，不足以点透作者用“看”不用“赏”的初衷。

“看”和“赏”，这两个字从上完课就一直在我心里翻腾，纠缠，飞溅。整整一天到晚上，睡觉都是枕着这两个字沉沉睡去的。

第二天刷牙，看着镜子里黑着眼圈的另一个自己，喃喃自语，你说，为啥是“看”雪？

开车送小熊去幼儿园。潜意识又开始纠结了。

等红灯间隙。发怔。

妈妈，我想姥姥了。你啥时候带我去看姥姥？

天知道，他为啥把那个“看”字音咬得那么重，大概是对我一个多月都忙得没时间带他去外婆家表示不满吧！

灵光乍现！

大雪三日。人鸟声俱绝。更定。独往。

不欲见人。更不想人见。只因为，张岱心里早已有约：那苍茫了天地、掩埋了尘世的雪，不就是他的故友至交吗？他一生以冰雪自况，孤傲的心容不下世间百媚千红，唯独对这纯洁剔透、不染尘埃的雪情有独钟。在他内心深处，雪之魂亦己之魂，雪之独亦己之独。

夜半而来，只为看你。不为美景，只想于这天人合一、物我两忘的境界里，彻底将自己放空，将内心郁结的愁绪放空。这平日里无法诉诸于人的孤独和悲愤，不说与你这天地间的精灵，又能说与谁听？

放空自己。尘埃落定。心，便可得几分安宁。哪怕明日里，又要一副盔甲整装示人。

探望故友亲人，自然是“看”。

更为欣喜的是，在网上和教研员郭晖峰老师一交流，居然不谋而合！郭老师说，那天听完我的课后，他一直也在反复思考这个问题，也是刚刚才想通——看旧友、看至交！

莫说己痴，更有痴似己者。是为人生一大幸事！

一日，早自习。读培东老师《猫》教学实录。深为精妙绝伦的课堂设计而折服，看到起兴处，拍案叫绝。

四座皆惊。学生侧目。

甚为尴尬。

一日，上《皇帝的新装》。临时起意，调整思路，谈话式解读文本。

学生热情高涨，妙语连珠，精彩迭出。

甚为自得。

尤喜和工作室小仙女们辩课。

据理力争。面红耳赤。师不师，徒不徒。

学术面前，无大小！

烟火日常，皆为课忙。

都云作者痴，谁解其中味？

曹公之痴，我不甚懂。张岱之痴，我略懂。而吾之痴，唯己最懂！

一生只为一事来

若干年后，当我真正成了一名语文教师时，我才明白，小时候为什么那般痴迷读书，热衷学习语文。原来，冥冥中自有定数，很多年前在心中根植下的那颗向往美好的种子，终是为了有一天，能开出一树的繁花，然后缔结成一粒粒名曰“语文”的果实。

小时候爱看书，是那种渗到骨子里的热爱和痴迷。可是二十世纪九十年代，一个普通的农村家庭，全家人土地里刨食，哪有闲钱去买书看。我的阅读就以课本为主，读完自己的新课本，就去翻哥哥姐姐新发的书，很多字不认识，就那么囫囵吞枣地观其大略。只要有书读，就很开心了，能不能读懂，于我来说并不重要。

后来，我的课外读物扩展到报纸。父亲当时是生产队的队长，每天起早贪黑地为村里奔波劳碌，唯一的“特权”便是每年年底时，可以把大队部积攒一年的旧报纸带回一摞糊墙壁。

过年前的“扫舍”，是让我极为头疼的一件事。须把屋子里的瓶瓶罐罐、衣服被褥全都搬到院子里，然后把屋子里里外外清扫一番，还要用新报纸把隔年的旧报纸替换下来。因为一年的烟熏火燎，报纸都发黄了。

我很舍不得把那些报纸糊到墙上，因为有好多我还没来得及看呢。可是，墙壁上发黄的报纸必须替换成新报纸，这样屋子才能重新亮堂起来。

没奈何，只得忍痛把那些心爱的读物一张一张刷上浆糊贴到墙上。往往这个时候，我是要耍一个心眼的，自告奋勇去做给报纸刷浆糊的苦差事。因为，这个过程我会快速浏览一下报纸两面的内容，然后大脑飞速做出判断：哪边的内容可读性更强一些。最后，那些让我觉得感兴趣的内容就露在了外面。往后的日子，我总是站在炕上，顺着墙上的报纸一张张读过去。屋顶的报纸有点看不清，就把被子叠起来站在上面仰起头读。有时候一连读半个小时，脖子都僵了。

正是打小热爱阅读的习惯，最后让我受益无穷。最直接的表现就是写作功底比较扎实，从小学到中学，我的大部分作文都会被老师当成范文。特别是上初中时，我的每篇作文已经是规定字数的不止四五倍了。一个作文本，别的同学一学期用不到一半，而我，两三篇作文就得换本子。初中的班主任，一个很儒雅的男教师曾带着歉意给我说，你的作文，老师已经批改不了了。写得太好，我不会下评语，所以只好写了一个“阅”，你别介意啊！

哪能介意呢！心里是满满的骄傲！

作文写得好，语文自然也差不到哪里去。从小到大，最喜欢的科目也就是语文了，但是却一直没想过要当一名语文老师。那时节，理想很丰满，觉得自己锦绣文笔，怎么着也得当个作家。现实，往往让人无奈又清醒。

在十八岁那年，我成为了一名语文教师。班里好多男同学的个头比我还高，我却要带着他们从“之乎者也”到唐诗宋词。刚开始那几年，职业生涯很是迷茫，自己没有一个清晰的规划，就那样随大流过一天算一天。因为还年轻，有的是精力，有的是功夫，所以学生的成绩自然还不错，也因此而颇为自得。可是渐渐地，随着年纪的增长，职业幸福感越来越低，甚至一度怀疑自己当初走这条路是否正确。

然而，当我站在讲台上，看着春光里那一双双清澈而明媚的双眸时，我的心是雀跃而欢快的。我知道，我被需要着，被这些稚嫩而灵动的心灵所深深地渴望着。我欢喜着他们在课堂上生龙活虎的样子，欢喜着他们随着我的步伐不断向文字纵深处探索的执着，更醉心于我们一起诵读“起舞弄清影，何似在人间”的飘逸和旷达。我深深地迷恋着课堂上的一处处动人的风景，感慨着生命鲜活而靓丽的色彩。

我知道，在我和他们的心灵间，有一座绚丽缤纷的七彩桥，它的名字就叫做“语文”。这座桥，把不同时代的我们，深深地联结在一起，把不同性情的我们，紧紧地融合成一道灼目的光。

于是，我告诉自己，一定要好好做一名语文老师，一定要做一名好语文老师。

十几年如一日，我努力去践行自己曾经的诺言。为了好好做一名语文老师，我从当时比较微薄的薪水里支出了三分之一，用来购买教学方面的书籍。一份《教师报》，我反反复复能翻阅几十遍，遇到对自己触动深的文章，便摘抄下来，在冬日里清冷难眠的夜晚，一遍遍翻看，一遍遍回味，一遍遍反思。当第一篇文字在《陕西教育》发表时，我在放学后空无一人的学校放声大笑。为了上好一节公开课，周末一个人躲在多媒体教室一张张修改课件，站在校园那棵硕大无比的雪松下，一遍遍试讲。

多年后，一个同事给我发短信：那个周日的下午，我因为有事早早去了学校。结果发现你一个人在雪松下一遍一遍地试讲，激情澎湃。你可知道，躲在树后面的我，泪流满面。那时我就知道，总有一天，你会成为优秀的语文老师。

在专业成长的道路上，我背负着自己最初的梦想，像一个虔诚的圣徒，心无旁骛地跋涉着。一边享受着在语言文字的崇山峻岭中徜徉游览的酣畅，一边又感受着空谷幽兰的寂静和孤独。

语文的时光，是孤独的。文字是孤独的，阅读一篇文章是孤独的，解读一种情思是孤独的，站在课堂上的自己，也常常是孤独的。而这孤独，是如此的必要和不可替代。任何一篇文章，未经独立、深刻的审视，那必然会落入人云亦云的窠臼。那样的语文，不是我想要的语文，也必然不是有灵魂的语文。所以，我渐渐习惯了这种语文疆场上的独来独往，习惯了自己披坚执锐，在语文的沙场开辟出一片属于自己的天与地。喧嚣的人生，必然会被许许多多的名缰利锁牵绊，自然无法坚守初心，安贫乐道。所以，在语文的时光里，我甘愿做一个孤独而执着的苦行僧，以内心无以言说的对语文、对课堂的深情，努力活出自己想要的模样。不是没有离开的机会，也不是没有动过离开的心思，可是夜阑人寂之时，想想这一路走来的点点滴滴，才发觉生命中的每一分每一秒，都已经被深深地打上“语文”的烙印。

享受语文的孤独时光，享受那份与文字、作者独处和闲谈的酣畅惬意。也于这空白而幽静的时刻，深切感受到了那字里行间的百般情愫。柳河东游览小石潭时内心的那份“悄怆幽邃”；稼轩先生面对万里河山被侵占却壮志难酬的悲愤和凄凉；闻一多直面卑劣的敌人，忘却生死、冲冠一怒的慷慨激昂；史铁生饱尝生活的苦难后，对命运通透而豁然的彻悟……这一切的一切，都让我在孤独的文字时光里，对着一杯清茶，细品慢咂，浅斟慢酌。

千江有水千江月，万里无云万里天。在语文的这一泓清泉里，我掬一捧清水以濯我心，透过这清澈无垠的水面，洞察着大千世界的绚烂多姿，体察着人世的百态千姿。

语文的时光，是自我的。你是什么样子，你的课堂便是什么样子。肖培东老师的这句话，我深以为然。就像写文章一样，作家自身的生活阅历、人生体验、思想境界，这些都深深地影响着他笔下的文字。李白的诗必然是奔放奇崛的，而杜甫，则一辈子在用文字疗伤。课堂，就是授课老师的一幅自画像，每一堂课都是不可被复制的。纵然囫囵仿效，往往是东施效颦的闹剧。年轻时，哪里懂得这许多道理，只觉得上课就是要“博采众长”，所以之前很多次公开课，总是喜欢先去网上、书上“征询”大家、名师的意见，拿着他们的课堂实录反复咀嚼、揣摩，然后从中复制和粘贴自己的上课思路。久而久之，课堂渐渐没了自我，没了个性。终于有一天，一个前辈在听了一节我精心复制的公开课后，没有附和在场其他老师一边倒的溢美之词，一语惊醒梦中人。

齐白石说，学我者生，似我者死。画画如此，上课亦是如此。

我自然知道他所指为何，不觉脊背发凉。是啊，这一遍一遍的模仿，一节一节的复制，最终都只是别人思想的兜售。自己的思想在哪里？自己的风格在哪里？长此以往，那可真就成了一个名副其实的教书匠——和打铁匠、修鞋匠一样，一辈子都是在固定的模式里重复，一辈子也只能如此枯燥地生活着。

有了清晰的认识，我便开始了彻底的改变。上课，我不再迷信教参，不再受掣于名师，我会努力去尝试自己不同的理解和感悟。一堂课，我希望它烙下的是属于我和我的学生的个性印记，不可被复制，也不会随大流。于是，我们的课堂，便有了立足于主问题，左右勾连，贯穿全篇的凝练和深刻；也有了“有良田美池桑竹之属”中为何偏偏是“桑竹”而不是其他树木的独特审辨；更有了课堂上百花齐放和万紫千红的盛景。

自我的语文时光，是“不随千秋尽，独放一树红”的曼妙，更是一种从内心深处放飞的心灵之歌。

语文的时光，是朴素的。这种朴素，我以为是语文的最高境界，那是一种历经了自我内心的审视和独特的体验后，以最朴素的面目融于尘世、融于众生的洗练和升华。每一个人，无论隐逸在尘世的哪一个角落，最终都会和这个尘世和解，不是肉体的和解，而是心灵的和解。语文，亦如此。这世间有千万种关于语文的教学理念和方法，处处不同却又处处关联。任何一节语文课，落到最后，一定是落在学生、落在知识、落在课堂的真实上。

教什么，永远比怎么教更重要。技巧永远只是课堂的辅助，是课堂的外在，而内容，必须是课堂的主心骨。曾经一段时间，我迷恋于对课堂外在形式的刻意雕琢。我喜欢让我的课堂充满了此起彼伏的质疑声、解答声、论辩声，甚至于争吵声。我一度以为，冷场的课堂是极为尴尬的，也是失败的。我努力将自己的课堂弄得喧嚣而热闹，让孩子们在语文课上笑得前仰后合，追求技巧大于课堂内容，也三番五次被听课老师不吝送上赞美之词，于是我以为语文课堂本该如此，我以为讨巧的授课形式，远比上课内容更加重要。

这两年，随着教龄的增加，阅历的丰富，知识的见长，越来越不喜欢喧嚣，不喜欢热闹。多次的送教下乡，常会接触陌生的学生，遇到语文功底薄弱的学生，一节课预设的内容往往连一半都不能完成，这个时候，是选择按部就班地将课“演”完，还是入乡随俗，让孩子们真实地上一堂语文课就好？我有了自己全新的认知和理解。语文课堂，应该是朴素的。内容是朴素的，孩子们需要什么样的知识，他们能理解到什么程度，课堂的触角便伸及到什么地方；形式是朴素的，花里胡哨永远是肤浅的掩饰，好的语文课堂应该是一种繁华落尽见真淳的自然之美和原生态之美；情感是朴素的，师生之间，生生之间，生本之间，这些对照的关系中，任何一份情感都应该是最真实而生动的，是发自肺腑的懂与被懂。

朴素的语文，自有一种惊艳了岁月的，美好！

语文时光，是一个人的踽踽独行，又终究不是一个人的山高水长。我在我的语文之旅中，一路邂逅着，又一路离别着。我知道，每一份相遇，都是这段旅程中最动人的风景。只不过，每个人都有自己不同的目标，所以我们终将奔赴那个最优秀的自己，穷极一生，为一事而活。

清澈的爱，只为语文！

汤会娥